Janina David wurde 1930 in Polen als einziges Kind einer bürgerlichen jüdischen Familie geboren. Sie verlor ihre Eltern während des Krieges und verließ nach ihrer Errettung aus dem Getto 1946 Polen alleine. Zwei Jahre verbrachte sie in einem Waisenhaus in Paris und emigrierte dann, kurz vor ihrem 18. Geburtstag, nach Australien, wiederum alleine. Sie erhielt die australische Staatsbürgerschaft, arbeitete in Fabriken und bekam ein Stipendium für das Studium der Künste und Sozialwissenschaften an der Universität Melbourne. 1958 kehrte sie nach Frankreich zurück. Heute lebt sie in London.

»Ein Stück Himmel« diente als Vorlage zur gleichnamigen Fernsehserie, die 1982 mit großem Erfolg ausgestrahlt wurde.

Von Janina David sind außerdem als
Knaur-Taschenbücher erschienen:

»Ein Stück Erde« (Band 1143)
»Ein Stück Freude« (Band 2331)

Vollständige Taschenbuchausgabe
Droemersche Verlagsanstalt Th. Knaur Nachf. München
Lizenzausgabe mit freundlicher Genehmigung
des Carl Hanser Verlages, München/Wien

Titel der Originalausgabe »A Square of Sky.
The recollections of a childhood«. London 1965.
Aus dem Englischen von Hannelore Neves
Umschlaggestaltung Bine Cordes unter Verwendung
eines Bildes aus der gleichnamigen Fernsehserie
mit Dana Vavrova (Foto WDR)
Satz IBV Lichtsatz KG, Berlin
Druck und Bindung Clausen & Bosse, Leck
Printed in Germany 11 10 9 8
ISBN 3-426-02307-5

Janina David:
Ein Stück Himmel

Erinnerungen an eine Kindheit

Knaur

ISBN 3-426-02307-5 780

1

Der Geruch von reifenden Äpfeln und Birnen erfüllt den kleinen Raum. Das Obst liegt in einer Reihe auf dem Fensterbrett, wo die Sonne seine Wangen rot färben wird. Hinter dem halboffenen Fenster träumt und murmelt der Obstgarten, und hinter dem Obstgarten steht wachsam und schützend die flüsternde Mauer des Waldes. Von jedem Fenster des Hauses und von jeder Straße draußen kann man die dunkle Linie der Bäume sehen, die das Dorf umschließen. Sie kommen die Straße gegenüber unserem Haus herauf: die hohen, dunklen Fichten und Föhren, rauh und harzverklebt; die soliden Eichen mit ihren glänzenden, schön geschnittenen Blättern, aus denen wir die schönsten Kronen machen, wenn wir im Wald König spielen; und zwischen ihren knotigen Stämmen schwanken und tanzen die Silberbirken, Prinzessinnen und Bräute in grünen Sommerkleidern, die sich im Frühherbst in eine Kaskade aus Gold verwandeln, wenn die Ferien zu Ende gehen, und es Zeit wird, meine Sommermärchen mit einem Happy-End zu versehen und alle die Heldinnen bis zu einem nächsten Jahr in seligem Schwebezustand zu belassen.

Die Nachtluft pocht vom Quaken der Frösche, und die Dorfhunde geben ihren scharfen Kommentar dazu. Vor meinem Fenster probiert ein Nachtvogel ein neues Lied aus, drinnen im Zimmer surrt wütend eine Fliege, die auf dem Fliegenpapier klebt. Von der Veranda kommt Geflüster und unterdrücktes Kichern. Da sind sie alle, warten nervös und ungeduldig auf das Zeichen von Stefa, daß es losgeht zu einer ihrer nächtlichen Expeditionen in den Obstgarten.

Stefas Stimme murmelt: »Schaun wir, ob sie schon schläft.«

Eine andere Stimme bettelt: »Laß mich auch mitkommen«, und mein Herz macht einen Sprung, denn das ist Tadeks Stimme. Schnell breite ich meine Haare auf dem Kissen aus wie einen Heiligenschein, ziehe mir die Decke bis zum Kinn hoch und falte die Hände, wie Dornröschen in meinem Märchenbuch. Die Tür knarrt. Durch halbgeschlossene Lider sehe ich Stefa, eine Kerze in der Hand, und hinter ihr den schwarzen Lockenschopf und die strahlenden Augen von Tadek. Schweigend schauen sie mich an, während ich den Atem anhalte und süß lächle in meinen Träumen. Dann geht die Tür zu.

»Sie schläft ganz fest«, sagt Stefa.

»Wie hübsch sie ist«, sagt Tadek gleichzeitig, und dann hört man einen unterdrückten Lachanfall, wie sie alle über die Veranda klettern und in den Obstgarten laufen. Jetzt werden sie singen, und Gitarre spielen, und Verstecken spielen unter den Bäumen, und irgendwann in der Nacht kommt Stefa dann zurück, ihre Schürze voll mit halbreifen Früchten.

Ich höre, wie sie unter meinem Fenster vorbeikommen, dann werden ihre Stimmen schwächer, vermischen sich mit dem Rauschen der Bäume von der Straße drüben. In einem schönen Traum schwebe ich ihnen nach. Es ist Sommer 1939, und ich bin neun Jahre alt. Das Dorf Kreuzwege, ein typisches polnisches Dorf, bestand aus ungefähr hundert Bauernhäusern und Sommervillen, verstreut im Wald. Es gab ein Lebensmittelgeschäft, das zugleich auch das Postamt war, und an der Hauptstraße zwei Gasthäuser mit Biergarten.

Nach der plötzlichen Verminderung unseres Vermögens vor zwei Jahren, als in einer Sommernacht die Mühle der Familie abbrannte und dabei der ganzen Stadt ein beachtliches Feuerwerk bot, entschied Mutter, daß wir es uns nicht mehr leisten konnten, für die Ferien ins Ausland zu gehen. Daher verbrachten Stefa und ich jetzt unseren zweiten Sommer allein in den beiden kleinen, weißgekalkten Zimmern in Kreuzwege. Die Villa war in drei kleine Wohnungen aufgeteilt, in der zweiten Wohnung gab es eine Familie, die aus einem Kindermädchen und zwei kleinen Jungen bestand, und in der dritten wohnten die beiden halbwüchsigen Töchter des Hausherrn – Christina, die ältere, war blond und blauäugig, Janka war genauso dunkel wie ich. Das aufregendste an den beiden für mich war, daß sie zwei Mütter hatten, beide noch am Leben. Aber Christinas Mutter lebte nicht mehr hier in der Villa, vielleicht hatte sie Jankas Mutter, die jetzt hier wohnte, nicht so gern. Die beiden Schwestern verbrachten ihre Ferien immer zusammen in der Villa und kümmerten sich um ihre Sommergäste. Bald nach unserer Ankunft im letzten Sommer stieß auch noch ihr dreizehnjähriger Bruder zu ihnen, und ihn wählte ich vom ersten Augenblick an zu meinem Helden. Tadek muß für sein Alter sehr klein gewesen sein, er war nur einen Kopf größer als ich. Schwarze Locken fielen ihm über dichte Augenbrauen bis in die Augen, die vom Feuer des Genies glommen – das stand für mich jedenfalls fest. Außer seinen Khaki-Shorts hatte er offenbar nichts zum Anziehen, war braungebrannt wie eine Kaffeebohne, und für mich das leuchtende Beispiel eines freien Lebens, nach dem ich neidvoll seufzte. Tadek kletterte auf Bäume und Zäune, schwamm im Froschteich, watete barfuß durch Pfützen und verschwand oft stundenlang, keiner wußte wohin. Oft verbrachte er die Nacht in einem Baum, oder im Werkzeugschuppen, schlief zusammen mit der Katze des Bauern eingerollt auf Sägespänen.

Verzweifelt strengte ich mich an, es ihm nachzutun und seine Bewunderung zu gewinnen, aber schon nach ein paar Versuchen mußte ich aufgeben – zerschunden, unter Sonnenbrand leidend, mit Leukoplast verklebt. Ich schob meine Niederlage Stefa und ihrer unerbittlichen Disziplin in die Schuhe, die mir keine Freiheit ließ, nicht einmal in den Ferien.

Die strengen Regeln, denen meine Existenz in der Stadt unterworfen war, wurden auch auf dem Land kaum gelockert. Nur an ganz heißen, trockenen Tagen durfte ich barfuß laufen, und manchmal gelang es mir, abends das Zubettgehen um einige Minuten hinauszuschieben. Aber Stefa ließ mich den ganzen Tag nicht aus den Augen, und wenn wir beide allein waren, dann nahm sie ihre Verantwortung für mich sehr ernst.

Gegessen wurde jeden Tag zur gleichen Minute, und Stefa saß wachsam neben mir, jederzeit bereit, mich mit dem Löffel zu füttern, falls ich nicht aufessen wollte. Noch immer zog sie mich an und wusch mich, wie ein kleines Kind, und zwang mich zu einem Mittagsschlaf – gerade zu der Zeit, da die anderen ihre lustigsten Spiele spielten. Ich hörte meine Freunde rufen und lachen und sah sie herumsausen, während ich steif vor Zorn im Liegestuhl lag, in der Sonne, damit ich braun wurde, vollgemampft mit Essen und Ärger und einem Haß auf die ganze Welt.

Still und ruhig glitten die Sommertage vorbei. Unterricht gab es keinen, ich lag unter den Fichten und las zum x-ten Mal meine Lieblingsbücher, schrieb Gedichte und Geschichten, ging mit den anderen Kindern Pilze suchen, saß am Teich und versuchte, Frösche zu fangen. Ich sammelte Schmetterlinge und spielte endlos lange Spiele mit den Töchtern des Hausmeisters, die in einer Holzbaracke im Garten wohnten. Ich hatte Tage gebraucht, um die Kinder dieser Familie zu zählen, und konnte es am Ende immer noch kaum glauben, daß es wirklich zehn Stück waren; zehn kleine Mädchen, bis auf die Größe eines wie das andere. Alle blond und blauäugig, dünn und schüchtern. Am Abend schlichteten sie sich alle irgendwie in ihre beiden Zimmer, und jeden Morgen quollen sie zeitig wieder heraus – quietschend, krabbelnd, hüpfend, das Jüngste im Arm tragend.

Jeden Sonntag kamen Mutter und Vater zu Besuch und hörten sich Stefas Bericht darüber an, wie ich mich die ganze Woche lang aufgeführt hatte. Mutter wollte immer wissen, ob ich brav gegessen hatte, und Vater fragte immer, ob ich ungezogen gewesen war. Und jede Woche zitterte ich, wenn ich dabei zuhörte. Auf Stefas Diskretion konnte man sich leider nicht verlassen.
Einmal in der Woche kamen die Pfadfinder von ihrem Lager drinnen im Wald zu uns heraus und machten ein Lagerfeuer, und wir saßen bis tief in die Nacht hinein rund um die brennenden Scheite, sangen und hörten Geschichten. Das waren die schönsten Nächte meines Sommers. Schon ganz verschlafen, bettelte ich Stefa immer noch, daß sie mich bleiben ließ, schaute mir den Kreis von Gesichtern rund ums Feuer an, sang im Chor mit ihnen mit, folgte den Rauchwolken bis hinauf in den dunkelblauen Himmel, wo die Sterne unseren Liedern lauschten.
Rund um uns schwenkte der Wald seine tausend Arme, die Fichten flüsterten und nickten und umfingen unsere kleine Welt in ihrer schützenden Umarmung.

Ich lag unter den Fichten am Boden, den Kopf auf einem weichen Moospolster, und dachte an unsere bevorstehende Rückkehr nach Hause. Ich hatte einige aufregende Dinge vor mir. Kurz vor unserer Abreise aus der Stadt hatte ich den neuen Disneyfilm *Schneewittchen* gesehen, unsere Nachbarn hier in der Villa besaßen eine Schallplatte mit den Liedern, und ich hatte sie alle gelernt. Außerdem hatte ich den ganzen Sommer über die Hauptrolle gespielt.
Ich war eine geborene Schauspielerin, bestätigte Stefa mehrmals, allerdings klang es nicht wie ein Kompliment.
Ich beugte mich über den offenen Brunnen und betrachtete mein Spiegelbild im glatten Wasser tief unten. Vor dem blauen Kreis des Himmels konnte ich den Zweig des Birnbaums sehen, und davor mein Gesicht. Genau wie im Film, dachte ich, und fing an, das passende Lied dazu zu singen. Aber statt des Prinzen tauchte plötzlich Stefa auf und scheuchte mich weg.
»Mein Gott, ist das Kind verliebt in sich selbst«, brummte sie. Ich riß mich los und warf einen Stein in den Brunnen. Die strahlende blaue Oberfläche wurde ein runder Schlund, der krampfhaft den Himmel, den Birnzweig und mich verschlang. Erschrocken ging ich weg.
Aber wenigstens in der Klasse würde ich diese Lieder vorsingen. Ein Punkt für mich gegen Arela. Ich dachte an meine einzige ernstzuneh-

mende Konkurrentin in der Klasse. Sie war schwarzhaarig und schwarzäugig wie ich, aber kühl und unnahbar. Bei allem stritten wir uns um den ersten Platz – nur nicht im Zeichnen, da war Arela eindeutig die beste. Ihr Vater war ein bekannter Maler, Arela hatte ganz offensichtlich sein Talent geerbt. Voller Bewunderung bestaunten wir die Wahl ihrer Farben, sie hatte immer ganz andere als die übrige Klasse. Sie konnte Menschen zeichnen, die sich bewegten – die gingen, liefen oder saßen, und man konnte immer ganz genau erkennen, was sie da machten.

Ich ärgerte mich, wenn ich an meine eigenen Zeichnungen dachte. Obwohl ich alles immer ganz genau machte, und trotz der erhabenen Gefühle, die ich mich auszudrücken bemühte, waren meine Figuren ganz leblos, lauter steife kleine Mumien, in einer furchtbar unbequemen Haltung versteinert, ohne einen Funken Leben in ihren papierenen Umrissen.

Da ich Arela also nicht schlagen konnte, wollte ich ihre beste Freundin werden. Aber nach ein paar Wochen voller Annäherungsversuche mußte ich mir eingestehen, daß sie – unglaublich, aber wahr – auf meine Freundschaft keinen Wert legte. Sie war ein stilles, selbstbewußtes Mädchen, das sich ihre Freunde außerhalb der Schule suchte, aber in der Klasse ein anderes Mädchen meiner Gesellschaft vorzog. Ich fand das völlig unbegreiflich und hielt es jedenfalls für einen Beweis eines äußerst schlechten Geschmacks.

Es war mir immerhin ein Trost, daß Arela unmusikalisch war. Ich aber hatte eine gute Stimme, und Singen gefiel mir genauso gut wie Gedichte schreiben, und das liebte ich heiß. Die *Schneewittchen*-Lieder würden sicher ein großer Erfolg werden.

Dann dachte ich an die übrige Klasse. Isaak war natürlich noch immer da, aber heuer mußte ich nicht mehr mit ihm in der Bank sitzen. Ich hatte meine Sünden gebüßt. Bei der Vorstellung lief ich vor Schuldbewußtsein rot an.

Am Anfang des Schuljahrs hatte ich die Bank mit Margot geteilt, einem blassen, schüchternen Mädchen, das mir sofort ewige Liebe schwor. Aber leider konnte sie einfach den Mund nicht halten, und ihre ständigen Bemühungen um meine Aufmerksamkeit erregten statt dessen die der Klassenlehrerin, die daraufhin beschloß, uns auseinander zu setzen.

In der Bank hinter uns saßen die beiden Isaaks – der große Isaak, ein schrecklicher Lausbub, der am meisten bestrafte Junge der Klasse, der keine Sekunde stillsitzen konnte; und der kleine Isaak, der Klassendummkopf, das schmutzigste, stinkendste, zurückgebliebenste Kind in der ganzen Schule. Niemand wollte mit ihm in der Bank sitzen, und der Befehl, sich zu ihm zu setzen, galt als eine der ärgsten Strafen. Die Klassenlehrerin erklärte also, daß ich mich nach hinten zum großen Isaak setzen sollte, und der kleine Isaak nach vorn kommen, um sich zu Margot zu setzen. Mir wurde beinahe schwarz vor den Augen; aus der Klasse kam unterdrücktes Gekicher, als der große Isaak grinsend aufsprang. Die Lage war ernster, als die Lehrerin ahnen konnte. Es war in unserer Klasse üblich, daß die Jungen sich am Beginn des Schuljahrs eine »Freundin« aussuchten. Sie erklärten sich in mehr oder weniger eindeutiger Weise, und bei den häufigen »Kriegen« zwischen zwei Lagern versäumten sie nicht, den Gegenstand ihrer Verehrung besonders gründlich zu verprügeln. Das hielt sie allerdings nicht davon ab, ihre Rivalen zu ernsten Gefechten herauszufordern. Im letzten »großen Krieg« war Karol, mein Kavalier noch vom Kindergarten her, schließlich vom großen Isaak geschlagen worden. Ich hatte Karols blutende Nase mit meinem Taschentuch geputzt und war dem großen Isaak und seinen Annäherungsversuchen gegenüber vollkommen gleichgültig geblieben. Geduldig versuchte er es immer wieder, schickte unter den Bänken Schokolade in Silberpapier zu mir herüber. Ich sammelte Silberpapier, die Versuchung war manchmal schon sehr groß, aber es ging schließlich um meine Ehre, und so schickte ich – vor den Augen der ganzen Klasse – die Schokoladen zurück und blieb ungerührt. Und jetzt sollte ich mich einem Befehl fügen und mich zu ihm in die Bank setzen.

Da rettete Margot die Situation. Bei der Vorstellung, neben dem kleinen Isaak sitzen zu müssen, brach sie zusammen, verzweifelt heulend. Das brachte mich auf eine Idee. Schüchtern stand ich auf und fragte, ob ich denn neben dem kleinen Isaak sitzen dürfte. Die Lehrerin schaute überrascht drein, und die ganze Klasse spitzte die Ohren. Die Lehrerin warf ein, daß ja Margot gestraft werden sollte, nicht ich. Ich warf einen Blick auf den kleinen Isaak, um zu sehen, wie er das Ganze aufnahm, aber der saß nur da und grinste blöd, und freute sich über die allgemeine Aufmerksamkeit. Also fuhr ich mit viel kräftigerer Stimme fort und behauptete, daß ich Margot nicht so unglücklich sehen konnte, daß der große Isaak als Bankgenosse auch schon Strafe genug war, und daß es mir wirklich nicht das geringste ausmachte, mit wem ich in der Bank saß. Ein paar platzten laut heraus. Schnell bot ich der Lehrerin noch an, dem kleinen Isaak bei den Hausarbeiten zu helfen, wenn sie mir nur erlaubte, mich zu ihm zu setzen.

Tief gerührt, gab die Lehrerin ihre Zustimmung – und schrieb eine Bemerkung über meine selbstlose Opferbereitschaft für meine Freunde und über die Vornehmheit meines Charakters ins Klassenbuch; meine Eltern wurden von dem ergreifenden Vorfall ebenfalls in Kenntnis gesetzt.
Ich packte meine Bücher und übersiedelte nach hinten. Der große Isaak warf mir verletzte Blicke zu, die Klasse freute sich über seine Enttäuschung und grinste über meine Heuchelei. Margot fing vor lauter Dankbarkeit gleich wieder zu heulen an, und der kleine Isaak hatte noch immer nicht zu lächeln aufgehört.
In den darauffolgenden Monaten bereute ich meine edle Tat. Der kleine Isaak stank zum Himmel und benutzte nie das Taschentuch, und wenn es noch so dringend war. Aber seine Hausarbeiten waren so arg, daß ich mich nicht mehr zurückhalten konnte, sondern Tag für Tag korrigierte, mit ihm übte, ihn anschrie, bis er schließlich zur allgemeinen Überraschung tatsächlich viel besser wurde. Die Lehrerin schimpfte zwar mit mir, daß ich ihn meine Hausübungen abschreiben ließ, ließ mich aber bis zum Ende des Schuljahres bei ihm sitzen und erklärte dann, daß der kleine Isaak dank meiner Hingabe mit uns in die nächste Klasse aufsteigen würde.
Wenn ich an diese Geschichte dachte, dann hätte ich den kleinen Isaak am liebsten nie wieder gesehen. Aber das blieb mir natürlich nicht erspart, denn in zwei Wochen fing ja die Schule wieder an. Und in zwei Wochen war ich auch wieder zu Hause. Bei dem Gedanken an zu Hause stieg eine Welle von Zärtlichkeit in mir auf. Zu Hause, das war für mich immer schon die mit viel zu vielen Möbeln vollgestopfte Vierzimmerwohnung im ersten Stock unseres Hauses. Dahinter gab es einen kleinen Hof mit Kopfsteinpflaster, in einer Ecke kämpfte ein staubiges Büschel Unkraut ums Überleben. Auf der einen Seite des Hofs stand das winzige Haus des Hausmeisters, Stanislaw, der es irgendwie fertigbrachte, seine ganze Familie mit Frau und sieben Söhnen – vom O-beinigen Kleinkind bis zum feschen Schmiedelehrling – in den beiden kleinen Zimmern unterzubringen. Ich stellte mir vor, daß sie alle ineinander paßten, wie die Holzmöbel in meinem Puppenhaus, die man zu einem soliden Würfel zusammenstecken konnte.
Von unserem Küchenfenster aus sah ich oft den jüngeren Hausmeistersöhnen und ein paar Mädchen beim Spielen zu. Sie machten sehr viel Krach dabei und hatten sehr schäbige Kleider an. Sie rannten über das Kopfsteinpflaster und sprangen über das offene Kanalloch. Zu ihren Spielen gehörte immer furchtbar viel Schreien, Hüpfen, Singen.

Wenn Straßenakrobaten oder Bettler im Hof auftauchten, dann stürzten sie sich auf sie und halfen ihnen die Münzen aufsammeln, die wir aus dem Fenster warfen. Manchmal riefen sie mir zu, ich sollte doch mitspielen kommen, aber das durfte ich natürlich nie.
Hinter der Mauer am Ende des Hofs stand ein großes, dunkles Gebäude. Das war eine Fabrik. Ich hatte keine Ahnung, was dort erzeugt wurde, und nahm eigentlich an, daß die Fabrik nur dazu diente, dieses rhythmische Stampfen zu erzeugen, das das ganze Haus erschütterte. Zu Mittag schoß gellendes Pfeifen durch den Rauchfang, dann hörte das Stampfen auf. Die Fenster dieses mysteriösen Gebäudes waren meistens zu und vor Ruß undurchsichtig. Ganz selten erschien einmal ein junger Mann am Fenster, hielt sein schmutziges Gesicht heraus, inspizierte die Gegend, lächelte uns in unserem Fenster herüben zu und verschwand sofort wieder in der rasselnden Finsternis.
Eine breitere Straße mit Kopfsteinpflaster auf der anderen Seite des Hofes führte in die Vororte unserer Stadt. Dort waren die Häuser niedrig, hatten weißgekalkte Mauern und rote Dächer. An der nächsten Ecke stand ein langes Gebäude, das manchmal als Krankenhaus, manchmal auch schon als Militärbaracke benutzt wurde. Dieser Teil der Aussicht von unserem Haus ist in meiner Erinnerung immer in der Sonne; ich muß sie doch auch an tausend Regentagen gesehen haben, aber die strahlendweißen Mauern und die kirschroten Dächer stehen in den schrägen Strahlen der Abendsonne vor mir, als wäre es in dieser friedlichen Ecke immer nur Sonnenuntergang gewesen.
Am Sonntagmorgen floß das Sonnenlicht durch das Küchenfenster und die offenen Türen und breitete sich in warmen Seen auf dem roten Boden des Speisezimmers aus, glitzerte in den Spiegeln der Diele und in der Kristallvase auf dem Tisch. In der Morgenstille klang ein Kirchenlied von den Baracken herüber, von der Kirche hörte man die Glocken läuten. Dann durchströmte mich immer ein überwältigendes Gefühl von Frieden und Glück, daß ich am liebsten aus dem Bett gesprungen wäre, durchs Zimmer getanzt, gerufen und gesungen und das ganze Haus aufgeweckt hätte. Aber das wagte ich natürlich nie. Das morgendliche Schweigen durfte nicht gebrochen werden, bis meine Eltern aufwachten und ums Frühstück läuteten. Und der Gedanke an Essen genügte, daß es mit meiner Freude vorbei war, daß ich mich zur Wand drehte und hoffte, ich könnte wieder einschlafen und damit den Moment hinausschieben, wo Stefa mit dem Grießbrei auftauchen würde. Die sämtlichen neun Jahre meiner bisherigen Existenz war das mein tägliches Frühstück gewesen, und ich haßte es aus

tiefster Seele. Aber Mutter fand, daß man diesen Grießbrei am schnellsten und einfachsten in meinen unwilligen Mund schieben konnte, und dagegen half mein Betteln, Bitten und Würgen nicht das geringste. Um die Prozedur noch einfacher und schneller abzumachen, wurde ich sofort nach dem Aufwachen gefüttert, ja manchmal schon vorher, so daß mein erster Eindruck des Tages oft ein heißer Löffel war, der mir den Mund aufzwängte und klebrigen Brei hineinschob.

Mürrisch lag ich da und wartete auf das Unvermeidliche und hoffte aus ganzem Herzen, es möge schnell irgendein Unglück passieren, um mir mein Schicksal zu ersparen. Wenn wir doch nur so arm wären, daß wir uns den Grießbrei nicht leisten könnten, wie gern hätte ich trockene Brotrinde und ein Glas Wasser zum Frühstück. Als Stefa erschien, begrüßte ich sie mit einem Seufzer.

»Na, mein Sonnenscheinchen«, trällerte sie spöttisch, »schlecht gelaunt, sobald sie nur die Augen aufmacht, was bist du doch für ein reizendes Kind. Dankbar solltest du sein, daß du lauter so herrliche Sachen hast – Millionen Kinder würden sich freuen, wenn sie das haben könnten, was du wegwirfst. Warum bist du eigentlich so undankbar? Dich wird Gott schon noch einmal strafen...« Das kannte ich schon alles, ich hörte nicht mehr zu, während der Grießbrei in mich hineingeschoben wurde.

Wenn wir nur arm wären, wenn ich nur einmal hungern müßte, wie gern würde ich trockenes Brot essen und Kartoffeln, und nichts dazu. Wenn ich nur nicht fünfmal am Tag alle diese feinen, leicht verdaulichen Sachen essen müßte, die immer eigens für mich gekocht wurden, seit ich mit zwei Jahren einmal so krank war, daß ich seither als zart und anfällig galt und die Hälfte von dem, was alle anderen Leute aßen, nicht essen durfte.

Mit zwei Jahren war ich während eines kurzen Aufenthalts in einem Landhaus von einem unserer Cousins einmal hinter einen Strauch mit unreifen Stachelbeeren gekrochen und hatte mich gründlich vollgemampft, bevor man mich fand und schnell nach Hause brachte. Jetzt erinnerte ich mich nur mehr daran, wie ich in der Finsternis aufwachte, und wie eine riesige Schmerzkugel meinen ganzen Körper ausfüllte, an die Panik in Mutters Gesicht, an meine eigene Angst, und dann an die rasche Fahrt in einem alten Taxi in die Stadt zu ärztlicher Hilfe.

Das Auto rüttelte und knallte, der Motor schnaubte und hustete und knatterte, und ich lag drinnen, in völliger Finsternis, spürte Mutters

panischen Schrecken, wenn das Auto auf den Landstraßen in die Kurven ging, dann preßte sie mich noch fester an sich, und ich war so voll Schmerz und Entsetzen, wie nie wieder in meinem Leben.
In den darauffolgenden Monaten verwandelte ich mich aus einem stillen, freundlichen Kind in einen gereizten Tyrannen. Bis dahin war ich – dem Bericht meiner Mutter zufolge – ein friedliches, einfaches Kind gewesen, mit einem gesunden Appetit, das stundenlang spielen konnte und niemanden belästigte. Nach dieser Krankheit war alles anders. Der Hausarzt dokterte so lang – und erfolglos – mit Diäten, Abführmitteln und Einläufen an mir herum, bis allein schon der Anblick einer weißgekleideten Gestalt mich aufheulend unters nächste Möbelstück trieb, von wo man mich schließlich kratzend und spukkend wieder hervorzerrte; aber um überhaupt eine Behandlung zu ermöglichen, mußte sich schließlich jemand auf mich draufsetzen.
Nach einem Jahr war aus einem glücklichen, rundlichen Watschelkind eine dünne, mißtrauische Göre geworden, die sich beim Anblick von fremden Leuten sofort versteckte, stundenlang im Winkel schmollte, unter Alpträumen litt und sich vor Lärm und Dunkelheit fürchtete. Außerdem weigerte ich mich standhaft, jene Sachen zu essen, die gesund für mich waren, und bettelte statt dessen dauernd um »Erwachsenenessen«, das mir, nach der festen Überzeugung meiner Mutter, auf der Stelle den Garaus gemacht hätte.
Ich wurde also den Grießbrei nicht wieder los. Meine Empörung darüber konnte ich nur dadurch ausdrücken, daß ich alles wieder von mir gab, was man mir einflößte, und das tat ich denn auch mit Begeisterung und brachte dadurch meine Familie in den gleichen Zustand hilfloser Wut, in den sie auch mich gebracht hatte.
Der Kampf ging weiter, bis ich ungefähr ein Jahr später Scharlach bekam. Eine ganze Reihe von verläßlichen, von Verwandten bestens empfohlenen Kinderfrauen hatten wir zu diesem Zeitpunkt schon verbraucht, eine nach der anderen waren sie entweder von selbst gegangen oder aber entlassen worden, weil sie nicht imstande waren, mich zum Essen zu bringen. Als jetzt plötzlich meine Flecken auftauchten, brach das Chaos im ganzen Haus aus. Und dann erschien an einem Nachmittag voll Schwindel und Fieber plötzlich Stefa. Ich sehe sie noch vor mir, wie sie schüchtern hereinkam und Mutter sie als eine Freundin vorstellt, die mich besuchen kommt. Stefa war genauso klein und sauber und adrett wie Mutter, sie hatte rotbraune Locken und freundliche grüne Augen und Sommersprossen auf ihrem rundlichen Gesicht. Sie war gekommen, um sich nach der »Stelle« zu er-

kundigen, aber Mutter hielt sie für zu jung und unerfahren für eine derart schwierige Aufgabe. Aber da an diesem Tag keine andere Bewerberin erschien, brachte Mutter sie herein, damit jeder sehen konnte, wie ungeeignet sie war. Den ganzen Nachmittag saß Stefa an meinem Bett, hielt meine Hand und summte. Die Aura von Einfachheit und Frieden, die von ihr ausging, drang sogar durch mein Fieber und vermittelte mir ein fast vergessenes Gefühl von Zufriedenheit. Als sie am Abend gehen wollte, hielt ich sie am Kleid fest und bettelte, sie sollte doch bleiben, und nach einigem Zögern schickte Mutter Stanislaw dann doch um Stefas Reisekoffer.

Und jetzt, nach sechs Jahren, konnte ich mir ein Leben ohne sie nicht mehr vorstellen. Sie war meine Mutter, meine Schwester, meine beste Freundin, der am meisten geliebte und am meisten gehaßte, alltägliche Gegenstand meiner Zuneigung, der einzige Mensch, an dem ich meinen Zorn auslassen, und den ich um Verzeihung bitten konnte, ohne dabei Angst haben zu müssen, das Gesicht zu verlieren.

Vater war der Ansicht, daß wir beide ungefähr das gleiche Niveau der geistigen Reife hatten, und da war vielleicht etwas dran. Aber ihre Einfachheit erlaubte es ihr, mich fast als ihresgleichen zu behandeln, den ganzen Tag mit mir zu spielen, mir Spiele und Lieder beizubringen, einschließlich einiger Balladen, bei denen Mutters Augenbrauen verblüfft in die Höhe schossen, wenn sie sie hörte. Und wenn uns dann ein paar von diesen Balladen verboten wurden, dann wußten wir wenigstens beide nicht, warum.

Wenn es ums Gehorchen ging, hielt Stefa zuerst eher zu mir, bis man ihr schließlich drohte, sie hinauszuwerfen. Dann fing auch sie an, mich herumzukommandieren, und ihr zu Gefallen gehorchte ich, innerlich auf unsere gemeinsamen Unterdrücker fluchend.

Sobald Stefa also eingezogen war, stieß Mutter einen Seufzer der Erleichterung aus und legte sich ihrerseits mit Scharlach ins Bett. In dem darauffolgenden Durcheinander blieb ich ganz allein Stefa überlassen und wurde sehr rasch wieder vollkommen gesund.

Mutters Krankheit zog sich endlos hin, eine Lungeninfektion kam noch als Komplikation dazu, und es dauerte lang, bis ich sie überhaupt wieder sehen durfte. Ich weiß noch, wie ich in ihr Schlafzimmer getragen wurde und sie anschaute, wie sie dalag im goldenen Licht der Nachttischlampe, es roch sehr stark nach Medikamenten, und Mutter sah mich vorwurfsvoll an. Ohne daß ein Wort fiel, wurde ich wieder hinausgetragen, mit dem vagen Gefühl, etwas angestellt zu haben.

Sobald wir beide wieder gesund waren, stellte Vater fest, daß ich ein verwöhnter Fratz geworden war, und beschloß, jetzt andere Saiten aufzuziehen. Später hieß dieser Abschnitt immer nur »die Zeit, wo Vater dich selbst in die Hand nahm«, aber ich habe merkwürdigerweise gar keine Erinnerung an diese Periode, die als Erbe aber immerhin mehrere eiserne Regeln hinterließ. Mit ein paar scharfen Satzfetzen brachte man es fertig, viele meiner selbständigen Ausflüge in die Welt der Erwachsenen im Keim zu ersticken.

»Tu, was man dir gesagt hat«, »du hast nicht zu fragen, warum«, »nicht zurückschnabeln«, das waren die Standard-Antworten auf unbequeme Fragen, auf ein freches Achselzucken oder einen aufmüpfigen Gesichtsausdruck; überhaupt wurde der Ausdruck meines Gesichts einer scharfen Kontrolle unterworfen, und die leiseste Andeutung von Auflehnung hatte sofort eine Bestrafung zur Folge. Wenn ich den Sinn irgendeiner Anordnung bezweifelte oder um eine Erklärung bat, dann war die Reaktion nur ein scharfes »eben darum«.

»Weil ich es gesagt habe, eben darum«, sagte Mutter dann, plötzlich aufbrausend. Vaters Autorität anzuzweifeln – eine solche Ungeheuerlichkeit wäre mir ohnehin nie eingefallen. Jeder derartige Gedanke mußte schon bei meiner Geburt abgewürgt worden sein, er war niemals ins Licht des Bewußtseins aufgestiegen.

Unter solchen Umständen zog ich mich sehr früh in mich selbst zurück. Mein Kopf war der heimliche Garten, wo ich frei war – da konnte ich wild herumlaufen, ohne Mengen von Westen und Pullovern, ungestört von tausend Regeln, da konnte ich schreien und Türen zuschlagen und barfuß durch Pfützen stapfen.

Ich saß am Kinderzimmerfenster, preßte die Nase gegen die Scheiben, starrte hinaus auf die Welt da draußen, und sah mich in einem grauen, geflickten Kleid, hungrig, zitternd vor Kälte, ein Waisenkind ohne ein Zuhause, einsam und verloren im Regen. Die Vorstellung erfüllte mich mit köstlichen Schauern. Nichts zu essen; keine Schuhe, keinen Wintermantel; und vor allem, keine Handschuhe – keine verhaßten weißen Handschuhe, die man immer tragen muß, sogar zum Spielen im Park! Und keiner da, der mir sagt, was ich alles nicht tun darf. In meinen Augen brannten Tränen des Mitleids und der Begeisterung.

Die Straße hinter den goldgelben Vorhängen des Kinderzimmers pulsierte vor Leben. Das vertraute Klipp-Klapp der Pferdehufe, das Quietschen und Holpern der Wagenräder auf dem Kopfsteinpflaster, manchmal saust zischend ein Auto vorbei. In regelmäßigen Abstän-

den krochen die Fernbusse den Hügel herauf, schnaufend, keuchend und knallend mühten sie sich die lange Straße von der Stadtmitte bergauf hinaus ins flache Land, die gerade vor unserem Haus begann. Ich hörte sie schon von weitem kommen, folgte ihrem mühsamen Anstieg, wenn sie von einem Gang in den anderen schalteten. Sie begannen mit einem neuen, ganz hohen Ton, während ich, vor Spannung ganz steif, auf den ohrenbetäubenden Knall des Auspuffs wartete.
Soweit ich mich zurückerinnern kann, habe ich immer schon unter Lärm gelitten; es läuft mir kalt über den Rücken, wenn Türen zuschlagen oder wenn die Kutscher mit ihren Peitschen knallen. Wenn die Köchin in der Küche Holz hackte, dann verkroch ich mich in mein Zimmer und steckte den Kopf unters Kissen. Das ärgste waren die Gewitter. Zum Krachen des Donners kam noch die deutlich sichtbare Angst auf den Gesichtern von Mutter und Stefa. Wenn ein Gewitter heranzog, dann verhängte Stefa, bleich vor Schreck, schnell alle Spiegel oder anderen metallischen Gegenstände, die sie finden konnte, oder räumte sie ganz weg. Die Fenster wurden geschlossen, die Hauptsicherung ausgeschaltet, Kerzen gebracht. Wenn es blitzte, fingen Stefa und Mutter zu zählen an, um herauszufinden, wie weit das Zentrum des Gewitters noch von uns entfernt war. Und wenn der Donner sehr nahe war, dann bekreuzigte sich Stefa und murmelte leise Gebete, während Mutter im Zimmer auf und ab ging und gereizt zu mir sagte, ich sollte mich doch nicht fürchten.
Aber obwohl ich große Angst hatte, war es mir doch viel lieber, wenn Vater uns Frauen allein ließ. Vater kannte nämlich keine Furcht, wurde aber zornig, wenn andere ängstlich waren. Darum stand er gern auf dem Höhepunkt des Unwetters vor dem offenen Fenster und bewunderte dieses, wie er es nannte, »grandiose Schauspiel«, und erwartete von mir, daß ich die Bewunderung mit ihm teilte. Er zwang mich also, neben ihm zu stehen, hielt meine Arme, so daß ich mir die Ohren nicht zuhalten konnte, und schimpfte, wenn ich zuckte oder womöglich sogar weinte. Wenn Mutter mich schließlich rettete, war ich schon fast ohnmächtig und ganz steif vor Schreck und unterdrücktem Weinen. Sobald das Gewitter vorbei war, bekam ich Kopfweh und fühlte mich stundenlang elend und krank und schrecklich schuldbewußt und schämte mich wegen meiner Feigheit, während Vater durch die Wohnung stürmte und Mutter beschuldigte, aus seinem einzigen Kind einen Schwächling zu machen.
Aber Gott sei Dank waren Gewitter recht selten, und nichts konnte die Flamme der Liebe zu meinem Vater trüben. Ich bewunderte ihn

schrankenlos, prahlte mit ihm vor anderen Kindern und fand es vollkommen natürlich, wenn auch sie, sobald sie ihn nur einmal sahen, seinem Zauber restlos erlagen.

Einmal im Jahr, zu meinem Geburtstag, gab Mutter ein Fest, und einen Nachmittag lang war das ganze Haus voller Kinder. Da Mutter Kinder nicht leiden konnte, und ich deshalb kaum jemals Freunde besuchen oder andere Kinder nach Hause einladen durfte, war das immer ein großes Ereignis, und ich war schon Wochen vorher sehr aufgeregt. Der erste Teil des Nachmittags war noch nicht so wichtig – ausgenommen natürlich der Augenblick, wo meine Gäste kamen und ich ihre Geschenke auspackte. Vater verschwand meistens, wenn wir uns an den Geburtstagstisch setzten, und ich schaute ungeduldig zu, wie meine Freunde sich durch ganze Berge von Kuchen und Früchten hindurchaßen und Schokolade aufs Tischtuch und auf ihre Kleider patzten. Der Fotograf mit seinem gräßlichen Blitzlicht machte jedesmal fast alles kaputt, ich haßte dieses Blitzlicht und bettelte jedes Jahr immer wieder darum, natürlich vergeblich, man möge die glückliche Gruppe doch ohne mich aufnehmen. Sobald der große Schmaus vorbei war, kam Vater zurück, und jetzt begannen die Spiele.

Vater brauchte nur den Mund aufzumachen, da hingen schon alle an seinen Lippen. Seine Zauberkunststückchen, seine Geschichten, die vielen Spiele, die er für uns erfand, das wirkte auf die Kinder wie ein Magnet, und meistens mischten sich auch noch die Eltern und die Kindermädchen ein und bettelten um mehr. Ich sah, wie sie sich alle um ihn drängten, auf seine Knie kletterten, an seinem Hals hingen, und empfand keine Eifersucht, sondern nur unbändigen Stolz darauf, daß ich so einen Vater hatte. Wenn das Fest vorbei war und die Gäste erschöpft nach Hause gingen oder von den Kindermädchen – die selber alle ganz offensichtlich meinen Vater unwiderstehlich fanden – nach Hause gebracht wurden, blieb er bei mir. Ich hatte ihn für immer.

Da lag ich im Wald von Kreuzwege und dachte an unsere Rückkehr in die Stadt und in den Alltag. Mein Kinderzimmer wartete auf mich, ganz in Weiß und Blau, mit Bergen von nie benutzten Spielsachen und langen Reihen von Büchern, meinem größten Schatz; und dem Kinderzimmerfenster, mit leuchtendem Gold drapiert, mit einem weißen Musselinvorhang verhängt und einem breiten Fensterbrett, wo ich sitzen und meine Träume von Armut, Abenteuer und Freiheit träumen konnte.

Von diesem Fenster aus beobachtete ich die Reihe der *dorozkis*, der Mietkutschen, die an der Ecke standen und auf Kunden warteten. Die Kutscher in ihren langen, unförmigen, marineblauen Wintermänteln standen in Gruppen herum, redeten, rauchten, und wenn es kalt war, stampften sie mit den Füßen auf dem Boden und schlugen sich mit den Armen in die Seiten. Merkwürdig fremde Leute mit ihren dröhnenden Stimmen, die in der Welt »da draußen« leben. Man durfte ihnen nicht unbedingt trauen, und sie hatten auch nichts übrig für »uns«. Dem Haus gegenüber auf der anderen Seite der Straße ging es sofort steil bergauf, oben auf dem Hügel stand eine niedrige, verfallene Ziegelmauer, dahinter lag der große katholische Friedhof, der geheimnisvolle, verbotene Garten der Toten.
Manchmal ging ich dort mit Stefa hin – natürlich heimlich –, um Blumen zum Grab ihrer Mutter zu bringen. Stefa kniete dann vor dem kleinen Erdhügel und betete, und ich ging derweil auf Zehenspitzen unter den Blumen und den Grabsteinen herum, schaute mir die merkwürdig fremden, schönen Engel an, die rundlichen Babies mit ausgebreiteten Flügeln, die großen, gütig blickenden Frauen in wehenden Gewändern, die mit fromm geneigten Köpfen und freundlich geöffneten Armen über manchen Gräbern wachten.
»Das ist die Madonna«, erklärte Stefa. »Die Mutter unseres Herrn.«
Ich nickte, voller Scheu über diese plötzliche Nähe zu einem Gott, von dem ich nur eine ganz nebelhafte Vorstellung hatte.
Der Friedhof war für mich voller unerklärlicher Geheimnisse und aufregender Abenteuer. Ich wußte, daß unter dem Marmor und den Blumen Tote lagen, aber die Toten waren freundliche, gütige Wesen, die hier unter der Erdoberfläche ihr ganz gewöhnliches, geschäftiges Menschenleben führten. Stefa erklärte mir, daß ihre Körper verfaulten, und daß die Würmer sie langsam bis auf die Knochen abnagten, aber auch diese Vorstellung störte mich nicht. Der Friedhof war nur ein paar hundert Meter von meinem Kinderzimmerfenster entfernt, und für mich war er ein alter und lieber Nachbar.
Wenn Stefa, die sich für Begräbnisse begeisterte, manchmal der Köchin eine besonders lebhafte Beschreibung einer »schönen Leiche« lieferte, dann träumte ich nachher, daß ich die Toten in ihren unterirdischen Gemächern besuchte. Steif lagen sie in ihren Särgen, aber ich redete mit ihnen; dann sah ich, wie ihre Körper in den grauen Totenhemden zerfielen, es schüttelte mich vor Entsetzen über die Masse sich windender Würmer; ich haßte Würmer, die armen Toten, die sich nicht wehren konnten, taten mir schrecklich leid. Vater bemerkte

natürlich bald, womit sich meine Gedanken beschäftigten, und ging daran, ein bildendes Element einzubauen, indem er erklärte, wie nützlich die Würmer waren, weil sie die Erde durchwühlten und damit den Blumen und Früchten beim Wachsen halfen. Die Vorstellung, daß ein Toter sich in eine wunderschöne Blume verwandelte, regte meine Phantasie nur noch mehr an. Aber einen Zusammenhang zwischen den Lebenden und den Toten sah ich deshalb noch immer nicht.

In den letzten zwei Jahren waren drei meiner nächsten Verwandten gestorben. Die Eltern meines Vaters und seine jüngere Schwester waren kurz nacheinander gestorben, ich durfte zwar nicht mit zu den Begräbnissen, aber später pflanzte ich Blumen auf das große Grab auf dem jüdischen Friedhof, wo sie alle zusammen lagen. Aber noch immer verstand ich nicht, worum es hier eigentlich ging. Die Toten auf dem Friedhof waren immer schon da gewesen, sie waren eine besondere Rasse, die nie etwas anderes gewesen war.

Meine Träumereien am Fenster reichten nicht aus, um die leeren Stunden zu füllen, vor allem nicht am Abend. Stefa hatte oft zu viel zu tun, oder es freute sie einfach nicht, mit mir zu spielen oder mir was vorzulesen. Aber ich kannte schon alle meine Bücher auswendig, und eines Tages – ich war ungefähr vier – wollte sie mir wieder einmal nicht vorlesen, ich ärgerte mich, nahm ein Buch vom Bord herunter und verkündete, daß ich es dann eben selbst lesen würde. In dem Buch stand eine lange Geschichte in Versen, mit vielen Bildern. Ich kannte die Geschichte auswendig, und vor kurzem hatte ich auch die Entdekkung gemacht, daß jedes Wort zu einer bestimmten Gruppe von Zeichen in einer Zeile in Beziehung stand. Ich begann also zu »lesen«, sagte die Verse auf und folgte dabei mit dem Finger auf der Zeile den Wörtern, die ich gerade las; ich war dabei selbst fest davon überzeugt, daß ich tatsächlich las.

Während ich so in voller Fahrt war, ging die Tür auf, und meine Eltern kamen mit einem Gast herein. Ich hob meine Augen nicht, spürte aber, wie sie, starr vor Staunen, an der Tür stehenblieben. Der Gast kam näher, beugte sich über mich und folgte meinem Finger über die Seite. »Sie liest wirklich!« rief sie, deutete auf ein Wort in der nächsten Zeile und fragte mich, was das hieß. Ich murmelte ganz leise die Worte, die noch dazwischen lagen, kam bis zu der bestimmten Gruppe von Buchstaben und brachte das Wort ganz richtig heraus. Die Besucherin war sprachlos.

Vater, der den Trick gleich durchschaut hatte, führte die Dame aus dem Zimmer und blinzelte mir zu, bevor er die Tür schloß. Nichtsdestoweniger verbreitete sich mein Ruhm als Wunderkind wie ein Lauffeuer in der ganzen Familie, und Stefa bekam offiziell die Erlaubnis, mir Lesen beizubringen. Ich stürzte mich mit ungeheurer Begeisterung in dieses neue Spiel und machte gute Fortschritte. Als ich mit fünf in den Kindergarten geschickt wurde, war ich bereits eine geübte und gierige Leserin.

Mein Eintritt in den Kindergarten mit seinen vielen Rangkämpfen und Rivalitäten wurde mir dadurch erleichtert, daß ich mittlerweile auffallend hübsch geworden war. Mutter konnte gar nicht oft genug erzählen, wie abschreckend häßlich ich bei der Geburt gewesen war. Als man mich ihr zum ersten Mal in den Arm legte, wandte sie sich mit einem Schrei des Abscheus von mir ab; sie war überzeugt, ich wäre ein Affe. Wenn man meiner Mutter glauben darf, dann war ich von Kopf bis Fuß mit langem, schwarzem Fell bedeckt, hatte riesige, schwarze schielende Augen und auch nicht die Spur einer Nase. Aber das Fell fiel mir nach und nach aus, zu Mutters Erleichterung, meine Augen verloren ihren Silberblick, und schließlich kam auch eine kleine, ziemlich flache Nase dazwischen zum Vorschein. Als ich fünf war, drehten sich die Leute auf der Straße nach mir um, und Porträts von mir zierten bald alle Fotoauslagen der ganzen Stadt; ich selbst war mir dessen sehr wohl bewußt, sowie auch der Tatsache, daß ich das meinem Vater zu verdanken hatte, denn es sagte ja jeder, ich wäre ihm wie aus dem Gesicht geschnitten. Mutter beschäftigte sich mit immer größerer Ausdauer mit meinen Kleidern, die Besuche bei unserer Schneiderin wurden so häufig – wenn auch lang nicht so gefürchtet – wie die Besuche bei unserem Friseur, welche jedesmal zu einer wahren Familienkrise führten. Bei jedem Haarschneiden heulte ich stundenlang, sowohl vorher wie nachher, und solange ich auf dem Stuhl saß, schrie ich, daß die Wände wackelten. Weder gute Worte noch Appelle an meinen Stolz oder meine Eitelkeit brachten mich dazu, daß ich mich dem Klappern der Schere schweigend unterwarf. Leider wuchsen meine Haare sehr weit hinunter ins Genick, ich mußte daher oft rasiert werden; Finger und Zehen zu Krallen eingerollt, vor Schreck ganz steif, heimlich Gebete und Zaubersprüche murmelnd, so unterwarf ich mich der Folter. Mein Geheul, wenn die Scheren endlich zuzwackten, trieb allen derart die Haare zu Berge, daß der Friseur sich schließlich weigerte, mich noch weiter auf seiner Liste zu führen; worauf Vater, der meine Feigheit zwar mißbilligte, mich aber ohnehin lieber mit langen Haaren gesehen hätte, mich zu

seinem Barbier mitnahm – und dort, in rein männlicher Umgebung, ging die Operation lautlos vor sich, und ich erklärte, daß seine Scheren mich nicht im geringsten zwickten. Von da an wurde mein Genick beim Barbier rasiert, mein Haar aber beim Friseur geschnitten, der, wie meine Mutter nachdrücklich betonte, der einzige war, der meine Locken richtig zu behandeln verstand.
Ich beschäftigte mich auch selber fast soviel mit meinen Kleidern wie meine Mutter. Mit acht Jahren hätte ich mich nie vor Gästen gezeigt oder wäre nie spazierengegangen, ohne das »passende« Kleid anzuziehen. Mindestens zweimal täglich zog ich mich um, und ich wußte ganz genau, welches Höschen, welcher Hut und welche Schuhe zu jedem Kleid paßten. Bevor ein neues Kleid einen Platz in meiner Garderobe bekam, mußte es zuerst der Öffentlichkeit zur Begutachtung vorgeführt werden, zum Beispiel auf Spaziergängen mit Mutter oder auf Besuchen bei Verwandten. Wenn niemand einen Kommentar von sich gab, dann galt das Kleid als Versager und wurde nie zu wichtigen Anlässen getragen. Wenn sich aber zum Beispiel ein Fremder auf der Straße noch einmal danach umdrehte oder uns womöglich sogar nachging, um den Schnitt zu kopieren, dann wurde dieser Triumph bei unserer Heimkehr entsprechend ausgekostet.
Vater schäumte: »Du ruinierst das Kind, machst eine Modepuppe aus ihr, nicht besser als du selber. Alles, was du im Kopf hast, sind Kleider!« rief er, wenn er schon wieder eine neue Schachtel mit Kleidern zu Haus eintreffen sah.
Mutter sagte dann oft, ob sie denn vielleicht nicht tun könnte, was sie wollte? Tat er denn selber nicht auch, was er wollte? Ohne jeden Gedanken an die Folgen? Und außerdem, wer zahlte denn eigentlich für diese Kleider? Gab er sich womöglich der Täuschung hin, daß er es war, der die Familie mit seinem Einkommen erhielt? Verdiente er denn überhaupt genug, um für sich selbst zu sorgen? Um es zu was zu bringen? Wenn sein Gehalt tatsächlich der Arbeit entspräche, die er in der Mühle leistete, dann wären wir alle schon längst verhungert. Nein, das Geld gehörte schließlich ihr, ihr Vater hatte es ihr gegeben, und sie konnte damit tun, was sie wollte. War es denn nicht ohnehin großzügig genug von ihr, daß sie auch noch seine Familie damit erhielt? Und ihn auch? Was war denn mit den Sachen, die er jetzt anhatte? Seinen Schuhen, seinen teuren Pelzmänteln? Mit wessen Geld hatte er das bezahlt – mit seinem oder mit ihrem? »Als du mich geheiratet hast, da hattest du einen Anzug und zwei Paar Schuhe – jawohl, zwei Paar schäbige, alte geflickte Schuhe!« endete sie triumphierend;

dieses Argument schien den Streit irgendwie endgültig abzuschließen.

Vater sagte darauf meistens nichts. Er stand am Fenster und starrte hinaus. Dann drehte er sich plötzlich um, pfiff, lächelte mir zu, falls ich gerade dabei war, ging hinaus in die Diele, nahm Mantel und Hut, kämmte sich sorgfältig, richtete sich die Krawatte, alles ganz langsam und bedächtig, als stünde keine schreiende Frau neben ihm, oder manchmal zischte sie auch nur gedämpft: – in diesem »Doch nicht vorm Personal«-Ton – und das war noch ärger. Dann ging Vater fort, und wir wußten nie, wann er wieder zurückkam.

»Jetzt weint er sich wahrscheinlich am Busen seiner geliebten Familie aus«, sagte Mutter dann einfach in die Luft und ging zum Telefon und erzählte alles haarklein ihrer Mutter. Großmutter fand es richtig, wie sie Vater behandelte, und redete ihr zu, nur fest zu bleiben. Von ihr hörte ich zum ersten Mal das Wort Scheidung, und Stefa erklärte mir, was es bedeutete. Sehnsüchtig wartete ich darauf, daß Vater nach Hause kam. Wie gern hätte ich es, wenn er für immer weggehen und mich mitnehmen würde. Ich haßte Mutter und ihre ganze Familie, und ich liebte Vater und seine ganze Verwandtschaft. Ich war furchtbar stolz darauf, daß ich meinem Vater »wie aus dem Gesicht geschnitten« war, daß ich seine Augen hatte, seine dunkle Haut, seine Locken und vor allem seinen Namen, den mir Mutter immer wie einen Fluch entgegenspuckte, wenn sie zornig war. Wenn ich erwachsen war, dann wollte ich genauso sein wie er; wie Mutter auf keinen Fall.

Aber dann kam Stefa und wandte ein, daß ich bei einer Scheidung bei Mutter bleiben müßte, denn ich sei ja ein Mädchen. Buben durften bei ihrem Vater bleiben, Mädchen mußten bei der Mutter bleiben. Das war ja schrecklich. Ich wußte, daß meine Eltern enttäuscht waren, daß ich ein Mädchen war, sie hätten viel lieber einen Sohn gehabt. Aber Vater hatte sich bald damit abgefunden und hatte mir nie Grund gegeben, an seiner Liebe zu mir zu zweifeln, die der einzige wirklich sichere, unverrückbare Felsen meiner Existenz war.

Mutter war jetzt stolz auf mich, weil ich so hübsch war und weil ich in der Schule so gut war. Aber oft sagte sie mir auch, daß sie mich haßte, daß ich ein Mühlstein um ihren Hals war. Sie verlor sehr schnell die Geduld, und wenn sie wütend war, dann sagte sie jedem, der ihr gerade über den Weg lief, die bösesten Dinge. Eine Stunde später hatte sie dann alles wieder vergessen, überfiel mich plötzlich mit Küssen und Umarmungen und konnte einfach nicht begreifen, warum ich

ihre Zärtlichkeiten nicht ebenso heftig erwiderte. Ich sei eben ein kaltes, gefühlloses Kind, sagte sie dann, und sie hätte ja soviel lieber einen Sohn, wie ihre Schwester.
Geduldig wartete ich, daß Vater heimkam. Sobald ich seine Schritte draußen auf der Stiege hörte – er hatte es immer eilig, nahm immer zwei Stufen auf einmal –, stürzte ich in die Diele und öffnete ihm die Tür, und dann gab es einen Freudenschrei, wenn er mich hochhob und mich in die Luft warf, und meine ganzen aufgestauten Gefühle machten sich Luft in meinem Schrei, halb Angst, halb Jubel, denn ich war sicher, daß er mich rechtzeitig wieder auffangen würde.
Dann kam Mutter mit zusammengekniffenen Lippen und trennte uns, denn er rege mich zu sehr auf, ich würde noch krank werden davon. Aber sie konnte nichts dagegen tun, daß er mich zu seinem Mittagsschlaf ins Schlafzimmer mitnahm. Da lagen wir auf dem Sofa und hatten unsere Märchenstunde. Vater erfand Internate, wo er der Direktor war und ich eine vornehme Dame auf Besuch. Die Geschichten, die er über seine Zöglinge erzählte, brachten mich manchmal zum Weinen, manchmal aber bekam ich auch einen solchen Lachanfall, daß mir tatsächlich am Ende ganz übel wurde. Wenn wir in einer beschaulicheren Stimmung waren, studierten wir das Tapetenmuster und entdeckten hinter der einfachen Symmetrie seltsame Landschaften und phantastische Kreaturen. Ich erzählte ihm meine eigenen eingebildeten Abenteuer mit meinen treuen Gefährten, lauter Mädchen in Ballettkostümen, in den wilden Bergen von Nepal. Wir waren ein Herz und eine Seele, wir verstanden uns oft sogar ohne Worte, und dieses Band zwischen uns wurde mit der Zeit immer stärker und schloß Mutter fast völlig aus. Mein Eintritt in die Welt »da draußen« verstärkte diese Zusammengehörigkeit noch. Stolz führte ich jeden Tag vor, was ich im Kindergarten gelernt hatte, und obwohl sowohl Vater wie auch Mutter meine Erfolge bewunderten, hatte ich doch oft das Gefühl, daß Mutter nur ungeduldig zuhörte und oft auch nur so tat. Es war klar, in ihren Augen war ich nicht so wichtig, und meine Erfolge waren eigentlich ganz lächerlich. Dafür konnte ich nichts, aber ich war eben ein Kind, und ein Kind konnte man doch nicht ernst nehmen. Vater nahm dagegen alles sehr ernst, manchmal vielleicht sogar zu ernst. Er kritisierte mich, er wollte, daß ich vollkommen war, fast erwachsen in allem, was ich tat, und auf diese Art verdarb er mir viele Freuden, indem er auf einem Standard bestand, den ich ja noch nicht erreichen konnte.
Aber er hatte Kinder wirklich gern und freute sich sehr, als ich endlich

alt genug war, um in den Kindergarten zu gehen. Mutter war hauptsächlich darüber froh, mich aus dem Weg zu haben, so daß sie Stefa jetzt auch zur Hausarbeit heranziehen konnte.
Am Anfang war ich zu Tode erschrocken darüber, daß ich allein sein sollte unter den vielen anderen Kindern, und in der ersten Woche mußte Stefa noch bei mir bleiben. Sie begleitete uns auf unseren Spaziergängen in den Park, und ich hing an ihrer Hand, um zu zeigen, daß ich eigentlich zu ihr gehörte und nicht zu diesem fremden Haufen rundherum.
Aber langsam wurde ich in die Spiele und in die verschiedenen Aktivitäten, die unseren Tag ausfüllten, mit hineingezogen. Es ging ziemlich streng zu. Wir zeichneten viel, schnitten Bilder aus und klebten sie auf Papier, machten Skulpturen aus Plastilin, paßten dabei aber auf, daß wir unsere Kittel nicht schmutzig machten, oder wir saßen in kleinen Korbstühlen und hörten uns Geschichten an. Manchmal lernten wir auch Tänze und Lieder. Ich bildete mir viel darauf ein, daß ich jedes neue Lied sofort nach nur einmal Hören nachsingen konnte, und die Lehrerin bat mich immer, ihr dabei zu helfen, daß die anderen das Lied schnell lernten. Auch lesen konnte ich schon, während die anderen erst die Buchstaben lernten.
Kaum hatte ich mich eingewöhnt, da packte mich auch schon der Ehrgeiz nach einer Sonderstellung. Ich war überzeugt davon, etwas Einmaliges zu sein, besser als alle anderen, und machte mich nun daran, diesen Umstand auch den anderen Kindern klarzumachen. Der erste Schritt war, die unbezweifelbare Überlegenheit meiner Eltern herauszustellen. Sie waren die schönsten von allen und die reichsten von allen, und das war meiner Meinung nach schon dadurch bewiesen, daß ich das einzige Kind war, das in einer Kutsche zum Kindergarten gebracht und wieder abgeholt wurde. Und beim ersten Besuch meiner Eltern im Kindergarten organisierte mein Vater ein höchst geräuschvolles »Räuber und Gendarm«-Spiel, worüber sich zwar die Nachbarn beschwerten, was ihm aber sofort die Herzen aller Kinder gewann. Sie gaben auch alle zu, daß Mutter sehr schön war und herrlich roch. Aber keines traute sich in ihre Nähe. Es war ganz klar zu erkennen, daß sie Kinder nicht mochte, wie sie da im Zimmer stand und ängstlich auf die vielen schmutzigen kleinen Finger schaute, die ihrem Kleid verdächtig nahe kamen.
Ich brauchte nicht lang, um herauszufinden, daß ein ordentlicher Fausthieb und ein fester Zug an den Haaren mehr Überzeugungskraft besaßen als Schmollen und Weinen. Nur damit verschaffte man sich

Respekt und Gehorsam. An dem Tag, als ich zur Strafe nach Haus geschickt wurde, weil ich Karols Kittel zerrissen und ihm die Vorderzähne ausgeschlagen hatte, schaute Mutter schockiert drein, Vater aber konnte seine Freude kaum verbergen.
»Wir werden noch einen Buben aus ihr machen«, rief er begeistert; und dann wandte er sich wieder an mich und hielt mir eine strenge Rede darüber, was wohlerzogene kleine Mädchen alles nicht tun dürften – aber es fiel ihm offensichtlich selber schwer.
Während ich noch in den Kindergarten ging, erlebte ich die größte Demütigung meines Lebens. Noch jetzt, trotz der großen Erfahrung und Klugheit meiner neun Jahre, schießt mir das Blut ins Gesicht, wenn ich daran denke.
Ich tanzte leidenschaftlich gern, besonders in der Gruppe, wo jeder von uns ein kleines Solo zu tanzen hatte. Und so schlecht kann ich nicht gewesen sein, denn ich bekam immer eine der Hauptrollen. Jedenfalls übte ich pausenlos und mit Begeisterung, tanzte zu Radiomusik oder zu meinem eigenen endlosen Gesang durch die ganze Wohnung. Für die Schulschlußfeier bekam ich die Rolle eines sterbenden Schmetterlings. Wochen vorher trippelte ich also nur mehr auf Zehenspitzen rund um die Teppiche, flatterte mit den Armen und glitt unvermittelt zu Boden, was schließlich allen auf die Nerven ging. Vater, wie immer bemüht, das Beste aus mir zu machen, gab mir regelrechten Unterricht, so daß die Lehrerin bald begeistert erklärte, ich tanze jetzt wie ein plätschernder Wasserfall, was zwar nicht unbedingt für einen sterbenden Schmetterling paßte, aber jedenfalls viel graziöser war als meine früheren Anstrengungen. Ein paar Tage später war ich mit meiner Mutter bei ihren Eltern zum Abendessen und fragte, ob ich ihnen nicht vortanzen sollte. Darauf versammelte sich die ganze Familie im Wohnzimmer, während ich mich mit halbgeschlossenen Augen um und um drehte, meine Arme von den Schultern bis zu den Fingerspitzen graziös kräuselte und eine, wie ich dachte, ergreifende Darstellung vom Leben eines Schmetterlings bot, wie er in der Sonne schwebt und bei Sonnenuntergang stirbt, in einer graziösen Verwicklung von Beinchen und Flügeln.
Ich tanzte und sang die rührende Mär, als mir plötzlich vom Publikum her merkwürdige Geräusche ans Ohr drangen. Zuerst war ich noch zu sehr in meine Darbietung vertieft, um mich darum zu kümmern, aber als das Lied zu Ende war und ich zusammengesunken am Boden lag, war kein Zweifel mehr möglich. Ungläubig öffnete ich die Augen. Überall im ganzen Zimmer wand sich die Familie, hilflos vor Lachen

sich die Bäuche haltend. Sie wischten sich die Augen und fielen einander schluchzend in die Arme. In der Tür stand Sophie, die Haushälterin, und krähte wie ein Hahn, warf sich plötzlich die Schürze über den Kopf und stürzte wie eine blinde Kuh in die Küche. Sobald sie bemerkten, daß ich jetzt zu Ende gestorben war, klatschten sie alle wie verrückt und riefen nach einer Zugabe.
Ich konnte das nicht verstehen. »Das ist nicht lustig, ich sterbe doch!« rief ich empört, die Stimme schon unsicher von unterdrückten Tränen. Aber darauf lachten sie nur noch mehr, und einer von den Onkeln schlug vor, mich gleich aufzuspießen und seiner Schmetterlingssammlung einzuverleiben. Ich schämte mich ganz schrecklich, blieb still auf dem Boden sitzen und brach endlich in Tränen aus. Ich weigerte mich, auf Mutter zu hören, die mir vorwarf, unhöflich und undankbar zu sein. Den ganzen Nachmittag hatte ich ihnen verdorben. Ich hatte überhaupt kein Benehmen. Sie hatten jedes Recht dazu, über mich zu lachen. Ich war ein lächerliches, eingebildetes Kind. Großvater kam mir zu Hilfe und trug mich aus dem Zimmer hinaus, aber es dauerte lang, bis ich endlich zu weinen aufhörte, und den Rest des Tages verbrachte ich mit Schmollen.
Wieder zu Haus, brachte ich es nicht über mich, Vater zu erzählen, was passiert war. Wäre er nur dabeigewesen, niemand hätte zu lachen gewagt, da war ich ganz sicher. Schließlich hatte ich so getanzt, wie er es mir gezeigt hatte, er war also in gewisser Weise mit mir gedemütigt worden. Mutter erklärte, ich hätte überhaupt kein Gefühl für das, was sich gehörte, und außerdem, und das war noch ärger, nicht den geringsten Sinn für Humor.
Monatelang sekkierte mich die Familie, ich sollte doch noch einmal den sterbenden Schmetterling tanzen. Es ist wohl klar, daß mich keiner je wieder tanzen sah. Wenn ich es gar nicht mehr aushalten konnte, dann sperrte ich die Kinderzimmertür von innen ab, bis Stefa mich einmal dabei erwischte, mißtrauisch wurde und meine Eltern informierte. Daraufhin wurde der Schlüssel zur Tür entfernt, und ich gab das Tanzen für immer auf.
Damals blühten die Geschäfte der Familie, und wir fuhren jedes Jahr ins Ausland in einen eleganten Badeort. Ich erwartete diese jährliche Unruhe mit gemischten Gefühlen. Die Vorbereitungen – Koffer pakken bis spät in die Nacht hinein, neue Kleider – genoß ich sehr, aber die Eisenbahnfahrt haßte ich. Schon Stunden vor der Abfahrt wurde mir übel, und dabei blieb es während der ganzen Reise, so daß Vater es ablehnte, im gleichen Abteil mit uns zu sitzen. Stefa ging es nicht viel

besser, und Mutter labte uns, jammernd und seufzend, mit Zitronensaft und schwarzem Kaffee, was uns allen beiden nicht das geringste half.

Sobald wir aber einmal da waren, war ich überglücklich. Endlich brauchte ich nicht mehr so viel anzuziehen und konnte den ganzen Tag am Strand sein. Im ersten Sommer weigerte ich mich noch, ins Meer zu gehen, der Lärm und die Wucht der Wellen machten mir große Angst. Als Mutter mich einmal mit ins Wasser nehmen wollte, schrie ich derart verzweifelt auf, daß irgendein gutherziger Deutscher zu uns herüber watete und meiner Mutter Vorwürfe machte, weil sie ihre kleine Schwester so grausam bestrafe, worauf Mutter mit ihrem perfekten Deutsch zur Antwort gab, sie dürfe mit ihrem eigenen Kind doch wohl tun, was sie für richtig halte, und der Deutsche sich verlegen wieder zu seinem Sandhaufen zurückzog. Wenn Vater auf einen seiner kurzen Besuche erschien, dann ließ ich mich von ihm natürlich mit ins Meer nehmen. Er bemühte sich auch, mir das Schwimmen beizubringen, aber Mutter, die auch nicht schwimmen konnte und auch vor dem Wasser Angst hatte, erlaubte es ihm nicht. Sie war überzeugt, daß ich ertrinken oder zumindest mich erkälten würde, und Vater, der wahrscheinlich ohnehin fürchtete, daß ich bei Schwimmversuchen unter der Obhut meiner Mutter tatsächlich ertrinken würde, gab nach. Aber deshalb versuchte ich natürlich trotzdem, ob ich nicht doch schon schwimmen konnte, und wäre auch wirklich um ein Haar dabei ertrunken.

Das passierte während unseres zweiten Sommers am Meer, als meine panische Angst vor dem Wasser einer kopflosen Draufgängerei gewichen war. Ich war mit Mutter etwas tiefer hineingegangen, aber als mir das Wasser bis zum Kinn ging, beschloß ich, zum Strand zurückzukehren. Mutters Begleitung dankend ablehnend, machte ich mich langsam auf den Rückweg, warf mich gegen die Wellen, die Augen fest auf einen roten Ball auf den Badetüchern am Strand geheftet. Schon fast am Strand, fiel ich plötzlich kopfüber in ein Schlammloch.

Es gab einen kurzen Kampf mit Schlamm und Wasser, während riesige Glocken in meinen Ohren läuteten und meinen ganzen Körper mit ihrem Dröhnen füllten. Ich wußte, daß ich nicht meinen Mund zum Schreien aufmachen durfte, aber nach ein paar Momenten konnte ich mir nicht mehr helfen, ich wollte tief Luft holen zu einem großen Schrei, da schlug mich von innen etwas hart auf die Brust, und mit einem entsetzlichen Krach explodierten die riesigen Glocken.

Als ich die Augen öffnete, lag ich mit dem Gesicht im Sand, irgend jemand bewegte meine Arme auf und nieder und massierte mir den Rücken. Ich hustete und gurgelte und versuchte, mich aufzusetzen, und sofort fielen Mutter und Stefa über mich her und weinten und küßten und umarmten mich und schlugen und beschimpften mich und einander.

Es stellte sich heraus, daß Mutter sich gerade in dem Augenblick, als ich verschwand, umgedreht hatte, mich weder im Wasser noch auf dem Strand sah, Stefa Zeichen machte, die zur Antwort gab, daß ich nicht zurückgekommen war. Besorgt ging Mutter darauf zurück und begegnete dabei auf ihrem Weg, schon im Seichten, einem Paar heftig strampelnder Beine. Die packte sie und zog daran. Trotz der Schlammschicht über meinem Gesicht erkannte sie mich und schrie um Hilfe. Als ich wieder zu mir kam, umstand mich eine große Menge von halbnackten Menschen, die alle bei meinem ersten Gegurgel vor Erleichterung aufseufzten und sich sofort geschlossen anboten, uns das Schwimmen beizubringen. Mutter lehnte ab.

Die Tage vergingen. Ich spielte viel im Sand, sammelte Muscheln und lernte genügend Deutsch, um mich mit den blonden, weißhäutigen, hier lebenden Kindern zu verständigen; außerdem entwickelte ich eine brennende Sehnsucht danach, ebenso blond und blauäugig zu sein wie sie.

Auf der Rückreise von unserem ersten Sommer in Deutschland schauten wir in Danzig aus dem Zug und sahen ein kleines Mädchen mit seinen Eltern auf den Bahnsteig kommen; sie hatte langes, blaßgoldenes Haar, ein weißes Kleid, eine rosige und weiße Porzellanhaut und sah ganz unglaublich sauber und adrett aus.

»Schau dir das Kind dort an!« sagte Mutter zu Stefa. »Warum kann denn unseres nie so weiß und irgendwie sauber aussehen?« Darauf schauten sie beide mich an, und ich ließ schuldbewußt den Kopf hängen. Was hätte ich nicht gegeben für blondes Haar, blaue Augen und weiße Haut! Meine blauäugigen Freundinnen schworen mir, daß sie die Welt durch eine Art von blauem Schleier sahen, und ich war sicher, daß ich alles in viel trüberen Farben sah als sie.

Nach unserer Rückkehr von diesem ersten Sommer am Meer sagte ich dem Kindergarten ade und bereitete mich auf die Schule vor.

Angesichts der wachsenden Diskriminierungen der Juden auf den Schulen und Universitäten wurde beschlossen, mich auf die einzige jüdische Schule in der Stadt zu schicken. Die Schule war in einem düsteren alten Gebäude am Stadtrand untergebracht, einer notdürftig umgebauten Zinskaserne, und enthielt in drei überfüllten Stockwerken sowohl Volksschule als auch die höhere Schule. Ihr akademisches Niveau war eines der höchsten des ganzen Landes; die Klassen waren überfüllt, es gab keinen richtigen Spielplatz, aber wenigstens hatte man keine Unannehmlichkeiten zu fürchten, keine Behinderungen beim Aufstieg.

Schon von klein auf hatte ich immer gehört, wie unerhört wichtig die Schule war. In die Schule gehen zu dürfen, war die größte Auszeichnung, auf die ein Kind hoffen konnte, das war der Schlüssel zu einer herrlichen Zukunft, wo man alles tun konnte, was man wollte. Das goldene Tor in diese Zukunft war, in weiter Ferne, die Immatrikulation. Dahinter lag das gesamte Universum und wartete darauf, entdeckt zu werden. Wie oft hatte ich auf meine Fragen die Antwort bekommen: »Warte nur, bis du in die Schule kommst, dann wirst du es verstehen.« Ich platzte vor lauter Fragen, die jetzt endlich alle eine Antwort finden würden.

Außerdem erfaßte ich jetzt zum ersten Mal – und die Familie erkannte es an –, daß ich langsam groß wurde. Ich war kein kleines Kind mehr. Mutter führte mich zur Aufnahmeprüfung, auf dem ganzen Weg rechneten wir miteinander und sagten Gedichte auf. Ich lief neben Mutter her, die recht nervös war, und war voll Begeisterung für den unbekannten Prüfer, freute mich darauf, ihm zu zeigen, was ich alles im Kindergarten gelernt hatte, und wollte ihm beweisen, daß ich der Ehre, in seine Schule aufgenommen zu werden, würdig war.

Die Prüfung war leicht, ich kam gleich in die zweite Klasse. Der Direktor erklärte meiner Mutter, daß er mich ruhig auch in die dritte Klasse schicken könnte, aber dort würde ich dann zwei Jahre jünger sein als alle anderen Kinder und würde mich vielleicht einsam fühlen; außerdem müßte ich dann das letzte Jahr der Volksschule wiederholen, denn für die Aufnahme in die höhere Schule gab es ein festgesetztes Mindestalter.

Mutter war sehr stolz auf meinen Erfolg und ermahnte mich, nur so weiterzumachen. Dann gingen wir auf eine große Einkaufstour, kauften Bücher, Bleistifte und Federn, ein ledernes Federetui, handbemalt, auf einer Seite einen Reißverschluß, und einen herzförmigen Bleistiftspitzer aus rotem Glas. Und dann noch eine schwere Schultasche, am Rücken zu tragen; das war gut für meine Haltung, viel vernünftiger als eine Aktentasche, so wurde uns versichert, die mich auf einer Seite schief machen würde.

Noch am gleichen Tag bestellte Mutter drei Schuluniformen, eine hellblaue, die daher für die Schule ohnehin ganz ungeeignet war, und ein paar Schulanzüge, wie sie alle Schüler in der Schule zu tragen hatten.
Der Standard-Anzug war schwarz oder marineblau und aus Serge. Meiner war aus königsblauem Taft mit Perlmutterknöpfen und einem großen, steifen weißen Kragen, der viel größer war als vorgeschrieben.
Auf diese Weise gab ich vom ersten Tag an allen in der Schule zu verstehen, daß ich etwas Besonderes war. Bei jeder Bewegung knirschte und krachte der Taft, und wenn ich mir eine große Glocke um den Hals gehängt hätte, dann hätte ich auch nicht mehr auffallen können.
Mir eine Stellung in dieser Gruppe zu verschaffen, die schon ein ganzes Jahr gemeinsam verbracht hatte, war nicht so leicht wie im Kindergarten. Mir selbst überlassen, hätte ich mich vielleicht mit der passiven Rolle eines Gefolgsmannes zufriedengegeben, aber meine lange Vorbereitung auf das Schulleben ließ das nicht zu. Die Familie erwartete von mir, auf allen Gebieten die erste zu sein, und dazu gehörte auch die Beliebtheit bei den anderen Schülern. Lesen machte mir keine Mühe, Schreiben kaum. Schon in der ersten Woche hatte ich meine sämtlichen Schulbücher durchgelesen und langweilte mich jetzt, wenn sich meine Mitschüler stotternd durch Geschichten hindurchquälten, die ich schon auswendig kannte. Nur beim Rechnen haperte es. Von Anfang an war Vater entschlossen, mir dabei zu helfen. Die anderen Gegenstände überließ er Mutter, und sie paßte auf, daß ich meine Hausaufgaben machte. Mutters Enthusiasmus war ansteckend, sie fand verschiedene Lernmethoden, half mir, schwierige Dinge im Gedächtnis zu behalten, und zeigte überraschend viel Geduld und Verständnis. Aber Rechnen war schon immer ihre Schwäche gewesen, daher sollte Vater das in die Hand nehmen. Und da fing das Drama an.
Vater war ein begabter Mathematiker und hatte beschlossen, daß seine Tochter in seine Fußstapfen treten sollte. Er hätte nie zugegeben, daß seine Tochter diese »Schwäche« vielleicht von ihrer Mutter geerbt haben könnte – oder daß seine Unterrichtsmethoden, die noch aus seiner Zeit auf einem russischen Gymnasium stammten, möglicherweise nicht die allerbesten wären.
Diese Rechenstunden wurden zu einem wahren Alptraum. Von dem Augenblick an, da ich in sein Zimmer trat, meine Bücher zitternd in

der Hand haltend, wurde Vater – dieser heißgeliebte, wenn auch manchmal etwas einschüchternde Gefährte – zu einer furchtbaren Gottheit, die mit dröhnender Stimme sprach, unverständliche Formeln rezitierte und darauf bestand, daß ich sie ihm nachsagte. Mechanisches Lernen, ganze Kapitel auswendig hersagen, so hatte man zu seiner Zeit in der Schule unterrichtet, und er rief sich diese Stunden ins Gedächtnis und ließ mich Formeln und Systeme lernen, die in unserer Schule ganz unbekannt waren, und die auch weit über meine beschränkten Kenntnisse und Fähigkeiten gingen. Ich begriff überhaupt nicht, wann und wo ich diese Dinge anwenden sollte. In höchster Angst und Konfusion plapperte ich mit zitternder Stimme nach, was er mir sagte, und beobachtete dabei ängstlich sein Gesicht, ob sich nicht schon die ersten Spuren eines Tobsuchtsanfalls zeigten. Das waren die einzigen Male, daß er mich anschrie, und dann diese plötzlichen Ausbrüche wie: »Verstehst du das?« »Worüber spreche ich jetzt gerade?« oder: »Und wie gedenkst du das auf dein Problem hier anzuwenden?«, die mich in solche Verwirrung stürzten, daß ich ihn mit offenem Mund anstarrte, im Hirn nichts als absolute Leere. Das brachte ihn natürlich erst recht in Wut, er klopfte mit den Büchern auf den Tisch, fuchtelte mit ihnen vor meinem Gesicht herum, nannte mich eine geborene Idiotin, eine undankbare Tochter, eine Schande für die ganze Familie. Die Stunden endeten immer damit, daß Mutter auf der Bildfläche erschien und mich von diesem »Rohling mit einem Herzen aus Stein« wegführte. Am Ende meines ersten Schuljahres war ich fest davon überzeugt, daß ich tatsächlich Mutters Schwäche geerbt hatte und nie auch nur das geringste verstehen würde von allem, was mit Zahlen zusammenhing.
Ich hatte die erste Klasse übersprungen und dadurch ein ganzes Jahr Hebräisch versäumt, daher engagierte Mutter eine Nachhilfelehrerin, damit ich die anderen in der Klasse einholen konnte. Die Nachhilfelehrerin war ein junges und hübsches Mädchen aus der obersten Klasse, sie hatte dunkle Haare, schöne, große, sehr regelmäßige Zähne und lächelte sehr viel. Mir gefielen unsere Stunden sehr, und ich wendete jeden Trick an, der mir einfiel, um Fräulein Ruth dazu zu bringen, über andere Dinge zu reden. Mutter war immer dabei, saß irgendwo hinten mit ihrem Strickzeug und hörte zu, damit sie mir später bei meiner Hausübung helfen konnte. Auf diese Art lernten wir beide die Anfangsgründe dieser Sprache, und später, als ich mit der Klasse mitkam, erklärte ich Mutter jede Lektion, und so lernten wir zusammen Hebräisch.

An den Nachmittagen, an denen Fräulein Ruth für ihre Stunde kam, war die Jause üppiger als sonst, und auch Mutter vergaß ihre Schlankheitsdiät und redete dem schüchternen Mädchen zu, von den riesigen Cremekuchen und dem Obst so viel zu essen, wie sie konnte. Ich begriff aus Mutters Bemerkungen, daß Fräulein Ruth sehr arm war, deshalb gab sie mir ja auch Stunden, und ich war etwas enttäuscht, daß sie es für Geld tat, und nicht nur, um mir zu helfen.

Während meines ersten Jahres im Kindergarten starb mein Großvater David nach einer langen Krankheit. Ich wußte schon, daß er Krebs hatte, brachte das aber überhaupt nicht in Verbindung mit seiner Krankheit und seinem Tod. Er war schon so lange bettlägerig, daß ich mich gar nicht daran erinnern konnte, ihn jemals auf gesehen zu haben. Nach seinem Tod besuchte ich die Familie meines Vaters noch öfter als früher. Ich hing sehr an meiner Großmutter und an Tante Helena und erklärte jedem, der es hören wollte, daß ich die Familie meines Vaters viel lieber hätte als die Familie meiner Mutter. Mutters Familie lebte in einer großen Wohnung im größten und neuesten Haus der Stadt. Die Wohnung war voller Kristall und Porträts in schweren Goldrahmen, ihre Möbel waren eigens für sie entworfen. Überall lagen Teppiche, in verglasten Bücherschränken standen große Mengen von Büchern, es war überhaupt alles so geräumig und viel zu kompliziert für den Verstand eines Kindes.

Zusätzlich zu den Menschen gab es in der Wohnung noch Edelsittiche, Kanarienvögel und zwei Schildkröten, außerdem verschiedene Hunde, die mein Onkel nach Haus gebracht hatte. Einmal gab es sogar eine Schlange und einen Affen, aber die beiden verschwanden ziemlich rasch wieder.

Das Haus der K.s stand am K-Platz und war geradezu ein Wahrzeichen der Stadt. Der Name meines Großvaters war im ganzen Bezirk bekannt, jeder kannte auch sein langes schwarzes Auto; noch berühmter war der silberne Skoda-Sportwagen meines Onkels, von denen es im ganzen Land nur eine Handvoll gab. Ich war sehr stolz darauf, daß ich zu ihnen gehörte. Es war mir klar, daß fast alles, was sie besaßen, eines Tages mir gehören würde, ich brachte das aber nicht in Zusammenhang mit irgend jemandes Tod.

Eines Tages spazierte ich mit Vater durch die Gärten rund um unsere Mühle, und wir blieben oben auf einem kleinen Hügel stehen und schauten hinaus auf die Landschaft. »Das ganze Land, so weit du sehen kannst, wird einmal dir gehören«, sagte er, und die Vorstellung machte mich aufgeregt und glücklich.

Im Unterschied zu den K.s schien niemand Vaters Familie zu kennen. Sie lebten in einer kleinen Wohnung in einer schäbigen, ruhigen Hintergasse, wo es weder einen Lift gab noch Zentralheizung und heißes Wasser, keine Haustiere und kaum jemals einen Besuch. Das Personal bestand aus einer einzigen hexenartigen Alten, vor der ich mich fürchtete, und die nie ein Wort zu mir sagte. Aber die Wohnung war sehr sonnig und das ganze Jahr voll grüner Pflanzen. Ich habe nie eine Wohnung gesehen, die so sehr einem Gewächshaus glich. Pflanzen hingen von Untersätzen herunter, breiteten sich über die Fenster aus, wuchsen durch die Vorhänge hindurch und fingen auf der anderen Seite zu blühen an. Manchmal debattierte die Familie monatelang darüber, ob man die Vorhänge noch etwas länger nicht waschen oder aber vielleicht doch den Zweig abschneiden sollte, der hindurchgewachsen war. Der kleine Balkon war eine Laube voll der farbenprächtigsten Blumen, die das ganze Jahr über zu blühen schienen.
Meine wöchentlichen Besuche bei ihnen waren ein Ereignis. Ich kam immer mit einem krampfhaft an mich gedrückten Blumenstrauß an, was in dieser Umgebung überflüssig schien, aber Mutter bestand darauf. Sofort wurde ich überhäuft mit Küssen und Ausrufen und köstlichem Gebäck und heißer Schokolade, und hier aß ich alles – im Gegensatz zu meinem Benehmen zu Haus, wo mir schon beim Anblick von Essen übel wurde. Dann setzte ich mich Tante Helena auf den Schoß und erzählte ganz ausführlich alles, was in der Woche passiert war, und mein Publikum hörte mir erstaunlicherweise immer ernst zu und stellte mir dann Fragen. Sie wollten ganz genau wissen, wie Mutters neues Kleid aussah und worüber sie mit Vater redete. Ich erzählte ihnen alles, und sie hörten hingerissen zu, seufzten, schlugen die Hände über dem Kopf zusammen, wunderten sich und schüttelten die Köpfe über die erstaunlichen Dinge, die ich ihnen berichtete.
Großmutter wurde bei jedem Besuch kleiner und gebückter. Sie klagte über Rückenschmerzen und darüber, daß sie immer schlechter sehen konnte. Aber ihre Hände konnte sie nie still halten. Als das Sticken nicht mehr ging, verlegte sie sich aufs Häkeln und produzierte Mengen von spinnwebzarten Deckchen, Tischdecken, Servietten, die jeden Quadratzentimeter auf den alten und unschönen Möbeln zudeckten. Vieles davon fand auch den Weg in unser Haus, wo Mutter es hochhielt und ihren Freundinnen zeigte.
»Es ist wirklich unglaublich, wo sie doch schon fast blind ist«, sagte Mutter dann immer. »Diese Sachen sind noch genauso schön wie die, die sie mir zu unserer Hochzeit schenkte.«

Großmutter David mußte sich eines Tages zu Bett legen, und wieder tauchte das Wort Krebs auf. Dieses Mal begriff ich, daß sie sterben mußte. Tante Helena blieb Tag und Nacht bei ihr, wurde von Tag zu Tag blasser und dünner, freute sich aber noch immer ganz genauso, wenn ich sie besuchen kam. Wir gingen in den Zimmern herum und schauten uns neue Pflanzen an, und später saß ich auf ihrem Schoß und schaute ihr in die Augen, während wir miteinander redeten. Sie trug ein Pincenez an einer langen goldenen Kette, und in jeder Pupille war ein Milchtropfen.

»Vielleicht kommt er heraus, wenn du weinst?« schlug ich ihr einmal vor.

Die Zeit verging, Großmutter wurde immer schwächer, Vater wurde immer öfter von der Arbeit weggeholt, und einmal, als sie ihn in der Nacht holten, überredete er Mutter, mit ihm zu kommen. Bald darauf kam sie zurück, allein, sehr gereizt, und sagte, daß sie nie wieder wohin gehen würde, wo sie nicht erwünscht war.

Großmutter starb nach zwei Jahren im Bett, und am Ende mußte sie schrecklich leiden. Auf dem Tisch neben ihrem Bett stand eine Schachtel mit sehr großen Pillen, und ich hatte Mutter sagen gehört, daß das Luminal war und daß die Menge, die Großmutter nahm, ausgereicht hätte, um ein Pferd umzubringen; aber sie konnte nicht einmal einschlafen davon.

In den letzten paar Wochen ließ man mich nur mehr selten zu ihr. Vater kam meistens sehr spät heim, und statt mit mir zu reden oder zu spielen, stand er schweigend am Fenster und sah hinaus. In unserer vollgestopften Wohnung waren die Fenster der einzige Ort, wo niemand unseren Gesichtsausdruck sehen konnte; ich ging auch immer zu meinem Fenster, wenn ich unbeobachtet träumen wollte.

Dann wurde Tante Marysia herbeigeholt, und eine Weile war ich ganz außer mir vor Begeisterung, bis Stefa mir erklärte, daß sie nur deshalb gerufen wurde, weil Großmutter im Sterben lag. Tante Marysia lebte in Warschau. Sie war Vaters älteste Schwester und eine auffallend schöne Frau, so groß wie Vater, mit einer biegsamen schlanken Figur und einem kleinen Kopf, und sie hatte auch die gleichen schwarzen mandelförmigen Augen mit langen Wimpern. Sie hatte sehr jung geheiratet, ihren Mann bald darauf verloren, sich von ihrem zweiten Mann ein oder zwei Jahre nach der Hochzeit wieder scheiden lassen und lebte jetzt allein mit ihrem Sohn Sigmund, der ungefähr zehn Jahre älter war als ich.

Tante Marysia bewunderte ich wegen ihrer Schönheit, aber Sigi liebte

ich inbrünstig. Etwa einmal im Jahr kam er zu uns auf Besuch und stellte in wenigen Tagen das ganze Haus auf den Kopf, und wenn er da war, wurde auch Vater – so behauptete wenigstens Mutter – wieder ein Schuljunge. Sigi schlief im Eßzimmer, und jeden Morgen veranstalteten wir eine herrliche Polsterschlacht, bei der auch Vater mit Begeisterung mitmachte. Mutter und Stefa entfernten mit finsteren Gesichtern alle zerbrechlichen Gegenstände aus unserer Nähe und schlossen sich dann mißbilligend in der Küche ein. Aber unsere Kämpfe dauerten leider nie lang, Sigi fing bald zu keuchen an und mußte sich ausruhen, Vater erzählte uns dann Geschichten, bei denen wir alle vor lauter Lachen fast starben. Dann stürzte Sigi in die Küche, nahm Mutter in die Arme und bettelte, sie möchte wegen dem Wirbel nicht mehr böse sein.
Das aufregendste an Sigi war, daß er »von frühester Kindheit an Zukker gehabt hat«. In seinem Zimmer stand eine kleine goldene Waage, worauf alles, was er aß, vorher sorgfältig gewogen wurde. Mutter kaufte eine spezielle Schokolade für ihn, die ich nie auch nur kosten durfte, ich war daher überzeugt, daß ich von einem einzigen Bissen davon auch gleich »Zucker« bekommen würde.
Als es Großmutter noch schlechter ging, trafen Sigi und Tante Marysia ein, und die Freude über den unerwarteten Besuch ließ mich fast seinen Anlaß vergessen. Ich saß gerade an Großmutters Bett, als ihr Gesicht plötzlich verfiel; Tante Helena griff schnell nach der Pillenschachtel und deutete Stefa an, sie sollte mich hinausbringen. Draußen blieben wir lange sitzen und warteten, wir wollten nicht fortgehen, ohne uns zu verabschieden. Wir hörten, wie Tante Helena mit jemandem telephonierte, und dann kamen Vater und der Arzt zusammen an, gefolgt von Tante Marysia und Sigi. Stefa und ich warteten noch immer, aber als ich endlich vorsichtig zur Tür ging, weil ich unbedingt auf Wiedersehen sagen wollte, kam Vater heraus und schob mich sanft zurück.
Sein Gesicht war blaß und müde, unter seinen Augen waren die dunklen Ringe, die er immer bekam, wenn er krank oder erschöpft war. Dieses Mal erschienen die Ringe in der einen Stunde, die er am Bett seiner Mutter verbracht hatte. Er sagte Stefa, sie sollte mich nach Haus bringen und Mutter ausrichten, was los sei.
»Was ist denn überhaupt los?« fragte ich auf dem ganzen Heimweg, aber Stefa hastete schweigend weiter, ich mußte schließlich laufen, um mit ihr Schritt halten zu können. Zu Haus angekommen, ging Stefa zu Mutter hinein und machte mir die Tür vor der Nase zu. Drin-

nen hörte ich Gemurmel und dann Mutter mit klarer Stimme sagen, daß sie nirgends hingehen würde. »Wenn sie mich sehen wollen, dann können sie mich darum bitten. Ich sehe nicht ein, warum ich jetzt wohin gehen soll, wo ich schließlich nie gern gesehen war.«
Ich hatte nur eine ganz vage Vorstellung davon, was geschah, aber ich spürte, daß Mutter sich wieder einmal sehr hart und ungerecht gegen die Familie meines Vaters betrug. Ich ging hinein zu ihr und fragte sie, warum sie denn nicht hingehen und Großmutter besuchen wollte.
»Weil man mich nicht eingeladen hat«, antwortete sie mit der harten, trockenen Stimme, die sie immer hatte, wenn sie überzeugt war, im Recht zu sein, alle anderen aber das Gegenteil fanden. »Merk dir das«, sagte sie weiter zu mir, »geh nie irgendwohin, wo du nicht eingeladen bist, sonst wirst du finden, daß du ein unerwünschter Gast bist.«
Großmutter starb noch in der Nacht, und Vater kam erst am nächsten Tag wieder nach Haus.
Nach ihrem Tod war die Atmosphäre zu Haus sehr gespannt. Vater hörte beinahe zu reden auf. Wenn ich ins Zimmer kam, dann lächelte er mich traurig an, aber mit Mutter redete er fast kein Wort mehr. In der Nacht nach dem Begräbnis hörte ich ihn ganz ruhig zu ihr sagen: »Ich werde dir nie verzeihen, daß du an diesem Tag nicht gekommen bist.« Mutter sagte irgendwas, daß sie gerade in einem solchen Augenblick die Familie nicht durch ihre unwillkommene Gegenwart in Verlegenheit bringen wollte.
»Du bist viel zu stolz«, sagte mein Vater, immer noch sehr leise, mit einer Stimme, die plötzlich ihren ganzen Klang verloren hatte, »zu stolz und zu hart, und du weißt nicht, was Leiden ist.« Mutter antwortete gereizt, daß er ihr das hoffentlich nicht anwünschen wolle. Ich spürte einen Streit in der Luft liegen. Auch ich fand, daß Mutters Benehmen unverzeihlich war, und ich war entsetzt darüber, daß ich so eine Mutter hatte. Was konnte denn ich von ihr erwarten, wenn sie Vater auf diese Art behandelte? Mein Herz blutete für ihn. Ich ging hinein und sagte, ich hätte ihm noch keinen richtigen Gutenachtkuß gegeben – das war immer meine Ausrede, wenn ich noch ein bißchen zärtlich mit ihm sein wollte. Wir blieben eine lange Zeit beieinander sitzen, er vergrub sein Gesicht in meinem Haar, und ich bemühte mich, ihm einfach durch die Stärke meines Gefühls zu verstehen zu geben, wie heiß ich ihn liebte.
Bald nach dem Begräbnis kam zu Haus die Rede auf Tante Helena. Jedesmal, wenn Mutter mit Großmutter beisammen war, sprachen sie

darüber. »Sie kann nichts arbeiten, sie kann sich nicht um die Wohnung kümmern, sie kann nicht einmal für sich selber sorgen.« Das bezog sich auf ihre Blindheit. »Andererseits hat sie auch kaum genug Geld zum Leben. Marek will sie nicht in ihrer alten Wohnung lassen, da gibt es zu viele Erinnerungen für sie. Aber wo soll sie denn hingehen? Hier kennt sie wenigstens das Haus und ihre Nachbarn. Ich finde, wir können es uns nicht leisten, sentimental zu werden. Marysia hat natürlich sofort erklärt, daß sie sie nicht nach Warschau mitnehmen kann. Wahrscheinlich ist sie schon hinter Nr. 3 her...«
Dabei schauten sie beide auf mich und senkten ihre Stimmen.
»Hoffentlich denkt Marek nicht an dich«, sagte Großmutter. Mein Herz machte einen Satz. Tante Helena bei uns zu Haus!
»Doch, doch«, antwortete Mutter. »Aber ich habe ihm natürlich gleich gesagt, das kommt nicht in Frage. Die Wohnung ist doch schon für uns zu klein. Noch eine weitere Person dazu, wohin sollten wir sie denn stecken? Und außerdem, es ginge ja doch nicht, auch nicht in einer größeren Wohnung. Ich könnte wirklich nicht immer so tun, als würde ich mich darüber freuen, daß sie hier ist, und sie würde sich dabei sicher auch nicht wohl fühlen. Marek wird ihr natürlich weiterhin ihren monatlichen Wechsel geben – das heißt, ich werde sie weiter unterstützen –, aber sie muß sich einfach selber irgendwo was suchen.«
Innerhalb einer Woche war etwas gefunden. Ein möbliertes Zimmer bei Freunden. Klein und dunkel, aber... »Für sie macht das keinen Unterschied, sie sieht doch ohnehin kaum mehr.« Mutter klang sehr erleichtert. Ende des Monats würde Tante Helena dort einziehen.
Aber am Tag vor der geplanten Übersiedlung wurden wir früh am Morgen durch heftiges Läuten an der Tür geweckt. Stefa öffnete, und die alte Ryfka stürzte herein, Großmutters alte Köchin, die noch weiter bei Tante Helena geblieben war. Energisch schob sie Stefa zur Seite und stürmte ins Schlafzimmer.
»Fräulein Helena ist tot!« hörte ich sie schreien. »Heute früh hab' ich sie gefunden, im Bett, sie war schon ganz kalt.«
In wenigen Minuten war Vater angekleidet und aus dem Haus, Ryfka rannte neben ihm her, der schwarze Schal flatterte in der Luft wie ein schwarzer Vogel. Mutter kam ins Kinderzimmer, setzte sich und starrte wortlos zu Boden. Dann kleidete auch sie sich an und ging fort, kam aber bald wieder zurück. Ich war gar nicht erst zur Schule gegangen, ich hatte das Gefühl, das würde man mir heute nachsehen. Mutter war ganz bleich, ihre Hände waren geballt.

»Sie hat das Luminal genommen, das noch übrig war«, sagte sie zu Stefa. »Sie muß alles auf einmal geschluckt haben, die Schachtel war leer. Gestern hat sie Ryfka frei gegeben und ihr gesagt, sie kann über Nacht nach Haus gehen. Wahrscheinlich wollte sie ganz sicher sein, daß sie nicht zu früh gefunden würde. Ich werde ihr Gesicht nie vergessen« – fuhr sie fort, wie zu sich selber –, »aber was hätte ich denn tun sollen? Sie hierher zu bringen, das war doch unmöglich. Wir haben wirklich nicht genug Platz. Und sie wäre doch bei uns auch nicht glücklich gewesen. Wahrscheinlich hatte sie Angst davor, allein zu leben, sie sah ja schon fast nichts mehr, und ihre Augen wurden immer schlechter...« Sie brach ab, ging im Zimmer auf und ab, nahm irgendwelche Sachen auf und legte sie wieder hin, und wir folgten ihr mit den Augen, wie sie weiterhin im Kreis rund ums Zimmer ging.

In den folgenden Wochen hatten wir es alle nicht leicht. Trotz meiner großen Liebe zu Großmutter und Tante Helena konnte ich diese gedrückte Stimmung nicht lange ertragen, nach ein paar Tagen wollte ich gern wieder so leben wie früher, aber dann sah Vater mich an, wortlos, vorwurfsvoll, und ich schämte mich und ging zurück ins Kinderzimmer und dort auf Zehenspitzen herum, damit mich nur ja niemand hörte.

Es wurde Winter, und Vater ging es nicht gut. Er hatte immer schon einen Raucherhusten gehabt, und im Winter bekam er immer schnell Bronchitis und Asthma. Jetzt fing auch sein Zwölffingerdarmgeschwür, das längere Zeit schon verheilt war, wieder an, ihn zu quälen, und dazu noch die Diät, die er haßte, das Drängen des Arztes, er solle nicht so viel rauchen, und seine Anfälle von Schlaflosigkeit – alles zusammen bewirkte, daß er bald nur mehr aussah wie ein Schatten. Die braunblauen Ringe um seine Augen sahen so aus, als würden sie nie wieder weggehen, und seine Augen waren jetzt doppelt so groß wie früher.

Oft lag ich in der Nacht wach und hörte ihn husten und pfeifend keuchen, und ich hielt ängstlich den Atem an und wartete, daß der Anfall vorüberging. Manchmal stand er dann auf, ging ins Eßzimmer und drehte das Licht an, und dann wußte ich, daß er die nächsten paar Stunden, oder manchmal auch bis zum Morgen in seinem Lieblingssessel zwischen Fenster und Buffet sitzen und rauchen und lesen würde. Am Morgen hing dann immer eine blaue Rauchwolke in der Ecke, und Mutter kniff die Lippen zusammen und schnupperte, wenn sie hereinkam. Mutter verstand uns einfach nicht, fand ich; genoß es, meinen Vater so nahe zu wissen, und schlief wieder ein.

Ende des Winters, als es Vater langsam besserging, bekam ich eine Erkältung und wurde zu Bett geschickt. Das war ein alter Brauch. Ich hatte oft Erkältung, dann fühlte ich mich immer die ersten paar Tage fiebernd und elend, aber dann ging es mir besser, und ich verbrachte immer noch eine weitere Woche im Bett, glücklich und zufrieden und hoffend, ich könnte ewig so im Bett bleiben.
Nach den ersten paar Tagen machte es mir immer großen Spaß, vom Bett aus den ganzen Haushalt zu kommandieren. Bald kamen neue Bücher an, neue Spielsachen, und ich verbrachte glückliche Tage, indem ich selber las oder Stefa zuhörte, oder Mutter, oder sonst jemand, der bereit war, mir vorzulesen. Im Bett langweilte ich mich nie, und die Familie wunderte sich immer wieder darüber, was ich doch für ein sonniges Kind war, sobald ich nur einmal im Bett lag. Solange nur meine Krankheit keine schmerzhaften Behandlungen nach sich zog, wie etwa Injektionen, oder Schröpfen, solange war ich ein musterhafter Patient. Mutter kam oft mit mir spielen und zeigte dabei viel Geduld und Phantasie, so daß ich mir manchmal sogar vorstellte, wenn ich nur lang genug krank wäre, dann würde sie sich schließlich so an mich gewöhnen, daß sie mich eines Tages wirklich besser verstehen könnte. Aber sie hatte so oft erklärt, keine Ahnung zu haben, wie sie mit mir umgehen sollte, überhaupt nicht zu wissen, wie man eigentlich ein Kind aufzog, daß ich mich schließlich selber für eine besondere Art von Lebewesen hielt, ohne jede Aussicht auf einen echten Kontakt mit den Erwachsenen, solange ich nicht selbst erwachsen war. Und das kam mir damals in so weiter Ferne vor wie der Mond.
Meine Erkältung in diesem Winter sprach allerdings nicht auf die üblichen Behandlungsmethoden an. Es wurde eine Bronchitis daraus, dann eine Bronchopneumonie, und plötzlich wurde mir aus verschiedenen aufgeschnappten Gesprächsfetzen klar, daß ich offenbar wirklich ernstlich krank war.
Nach den ersten Injektionen wurde mein Zustand noch ärger, so daß man beschloß, damit aufzuhören. Gleich bei der ersten Injektion hatte der Arzt unglücklicherweise irgendeinen Nerv getroffen, daher wahrscheinlich der Schmerz und meine ohrenbetäubenden Schreie. Jetzt war das Bein von der Hüfte bis zur Zehe geschwollen und steif. Mutter, sehr besorgt und ganz aus dem Häuschen, dankte dem Arzt und entschuldigte sich für mein Benehmen. Sie standen beide vor meinem Spielzeugschrank, während der Arzt seine schwarze Arzttasche zumachte und sich endlich zum Gehen wandte.
Da griff Mutter in den Schrank und holte eine Spielzeugnähmaschine

heraus, im Augenblick mein liebstes Spielzeug. »Bitte, bringen Sie das Ihrer kleinen Tochter – Sie hatten so viel Geduld mit Janie, ich weiß, sie wird sich freuen, wenn Sie das mitnehmen. Nicht wahr, Janie?« wandte sie sich an mich, und ich konnte gerade noch meine Bestürzung hinter einem matten Lächeln verbergen. Ich wollte mein Lieblingsspielzeug nicht hergeben, an keinen Menschen, und am wenigsten diesem gräßlichen Mann, der mir so weh getan hatte. Wenn es schon notwendig war, ihm dafür zu danken, dann sollte er sich doch eine oder zwei Puppen nehmen, die interessierten mich nicht, die waren alle viel zu schön angezogen, als daß man mit ihnen spielen konnte. Aber doch nicht meine Nähmaschine!
Der Arzt war überrascht, lehnte höflich ab, und meine Hoffnung stieg. Mutter sah mich mit einem warnenden Blick an. Ich riß mich zusammen und bat ihn – mit einer von Tränen fast erstickten Stimme –, die Nähmaschine zu nehmen. Und er tat es.
Die Krankheit zog sich endlos hin. Langsam ging der Schmerz in meiner Brust weg, ich konnte das Bein rühren, und mein Kopf wurde klar, so daß ich wieder zu meinen Büchern zurückkehren konnte. Ich interessierte mich wieder für meine Umgebung und genoß die Veränderung im Haushalt, die meine Krankheit mit sich gebracht hatte. Mutter hatte vom Anfang meiner Krankheit an bei mir im Kinderzimmer geschlafen, was ich ihr hoch anrechnete, obwohl mich diese plötzliche Intimität auch irgendwie schuldbewußt und verlegen machte. Jetzt zog sie wieder aus, und Stefa legte sich aufs Sofa schlafen. Ich hatte sonst immer allein geschlafen, und daß ich jetzt in der Nacht jemanden bei mir hatte, machte mir erst so richtig die Aufregung klar, in die ich den Haushalt offenbar gestürzt hatte.
Großvater K. kam jeden Nachmittag mit einem neuen Buch oder Spielzeug auf Besuch. Dann saß er an meinem Bett, lächelte und wußte nicht, was er tun sollte, und ich lächelte zurück und hielt seine Hand. Manchmal saß er so lang da, daß sein Kopf zu nicken anfing, oder er döste im Lehnstuhl ein, während ich still dalag und mein neues Buch las. Wenn er aufwachte, lächelte er schuldbewußt und sagte: »Ich sollte doch eigentlich auf dich aufpassen, aber in Wirklichkeit hast du auf mich aufgepaßt.« »Macht nichts«, antwortete ich, »ich sag' nichts.« Dann nahm er das Buch und fing an, mir vorzulesen, aber bald ging seine Stimme in Gemurmel über, und schließlich schliefen wir beide ein.
Vater verbrachte natürlich seine ganze freie Zeit mit mir. Wir spielten unsere Spiele, und er erzählte mir Geschichten. Manchmal, wenn

ich mich zu matt fühlte, um zuzuhören, stand er am Fuß des Betts und beugte sich über das Nickelgestell zwischen den Rüschen und Schleifen des weißen Vorhangs, und in seinen Augen lag eine unendliche Traurigkeit, aber zugleich eine Wärme, die mich zu umschließen und zu ihm zu ziehen schien, obwohl doch mein Körper schwer unter den Kissen lag. Aber ich konnte meine Augen nicht von seinen abwenden und spürte, wie vollkommen wir beide zueinander gehörten. Wir konnten einer des anderen Gedanken lesen und zur gleichen Zeit die gleichen Gedanken denken. Ich hätte das nie laut zu sagen gewagt, aber ich war ganz sicher: wenn Vater mir jetzt wortlos, mit seinem Willen allein, befohlen hätte, irgend etwas zu tun, zum Beispiel aufzustehen und zu tanzen, es wäre mir ein leichtes gewesen. Ich wußte, daß er sich große Sorgen um mich machte, daß er wollte, daß ich bald gesund würde, und sobald ich das einmal begriffen hatte, wollte ich auch gesund werden und bald wieder aufstehen. Ich versuchte zu lächeln, um ihm zu zeigen, daß ich ihn verstanden hatte, und sofort stieg aus den Tiefen seiner Augen ein Lächeln als Antwort herauf und strömte zu mir herüber, und ich hatte ganz plötzlich das Gefühl, als würde ich an einem warmen Sommertag in einem kleinen Teich aus lauter Sonnenstrahlen liegen. Vater lächelte oft auf diese Art. In seinen Zügen veränderte sich dabei fast nichts, aber auf einmal strahlte diese Wärme von ihm aus, und seine Augen leuchteten in einem neuen Glanz, als wären von einem Sommerhimmel die Wolken weggefegt.

Undeutlich erinnerte ich mich, wie vor ein paar Jahren, als ich noch ganz klein war und ein Ohrenabszeß hatte, Vater mich in seine Hausjacke packte und mit mir an der Brust stundenlang in der Wohnung auf und ab ging. Das war meine allerschönste Erinnerung, trotz der Ohrenschmerzen. Oft wünschte ich, er würde mich auch jetzt noch einmal so tragen, obwohl ich natürlich schon zu groß war, um in seine Jacke zu passen. Alles, was ich damals sehen konnte, war sein Gesicht, wie er besorgt zu mir herunterschaute, und seine lächelnden, gütigen Augen. Die alte samtene Hausjacke war noch immer sein liebstes Kleidungsstück, und jedesmal, wenn Mutter drohte, sie wegzuwerfen, stieß sie auf den geschlossenen Widerstand von uns beiden, und verstand nicht, warum ich derart an dem alten Fetzen hing. Aber ich sei eben immer auf Vaters Seite, bemerkte sie zu Stefa, und ich ließ sie ruhig in dem Glauben.

Eines Tages, als ich mich schon viel besser fühlte, beschloß ich, Vaters Zuneigung und Besorgnis um mich zu testen. Wie üblich, kam er am

Morgen vor dem Fortgehen zu mir herein und fragte, ob er mir etwas bringen sollte, und ich verlangte mit schüchterner Stimme ein paar Micky-Maus-Hefte. Nun waren aber Comics von jeder Art, auch die harmlosen Donald-Duck-Hefte, in unserem Haus tabu. Das war Plunder, das war schädliches Zeug, und es war mir strengstens verboten, sie jemals in die Hand zu nehmen, sei es zu Haus, sei es in der Schule oder sonstwo. Ich hielt mich meistens daran, aber es fiel mir schwer. Die ganze Schule war voll davon, und da ich sie schon ständig vor der Nase hatte, erlag ich manchmal der Versuchung, fühlte mich aber nachher schrecklich schuldig.
Ich konnte auch gar nicht verstehen, warum ich diese Cartoons zwar im Kino, aber keinesfalls auf dem Papier sehen durfte. Es bestand kein Grund zu der Befürchtung, daß ich jemals Comics den Büchern vorziehen würde. Seit Jahren schon las ich gierig alles, was mir an Gedrucktem in die Hand fiel. Ich las in der Zeitung sogar die persönlichen Anzeigen und ließ auch die Leitartikel nicht aus. Wenn ich keine neuen Bücher oder Zeitungen mehr hatte, las ich Reklamehefte, das Einwickelpapier im Abfallkorb in der Küche, Etiketten, Spielanleitungen und sogar Stefas Groschenhefte. Meine eigene Bücherei enthielt zirka zweihundert Bücher, von den Märchenbüchern meiner ersten Lesejahre bis zu den ernsteren Büchern für Jungen, die ich nach Großmutter Davids Tod geerbt hatte, als Vater seine eigene Kinderbibliothek zu uns nach Haus brachte. Damals teilte er die Sammlung und ließ mich einige seiner alten Lieblingsbücher lesen, darunter den ganzen Jules Verne und das meiste von Dickens, die andere Hälfte wurde für später aufgehoben. Die Bücher standen alle bei mir im Kinderzimmer auf den Bücherbrettern, aber es wäre mir nie eingefallen, eines der verbotenen Bücher aufzuschlagen. Oft sah ich sie sehnsüchtig an, manchmal ging ich so weit, sie zu berühren oder vom Bücherbord herunterzuholen. Aber ich wußte, daß ich es nie wagen würde, sie zu lesen und Vater danach ins Gesicht zu sehen.
Aber jetzt hatte ich mir die Comics in den Kopf gesetzt. Ich war doch sicher noch viel zu krank, als daß man mich für meine Bitte bestrafen würde. Comics durften in unserem Haus nicht einmal erwähnt werden, und ich hatte oft gehört, daß ich jedes Buch haben konnte, das für mein Alter paßte, aber nie, nie diesen billigen Schmarren.
Sogar noch jetzt, in Kreuzwege und in Sicherheit, war ich verblüfft über meine damalige Kühnheit. Vater stand einen Moment lang sprachlos da, dann stürzte er mit einem Ausruf des Zorns aus dem Kinderzimmer und schlug die Tür zu. Stefa war entsetzt, als ich ihr

erzählte, was vorgefallen war, sie fürchtete, Vater würde tagelang wütend sein, und dann hätten, wie üblich, alle darunter zu leiden.
Am Abend kam Vater mit einem Berg von Heften in beiden Armen zurück, warf sie auf mein Bett und ging wortlos wieder hinaus. Wie benommen saß ich da, begraben unter meinen Schätzen. Aber mein Triumph wurde durch Vaters Ärger völlig verdorben. Ich konnte nicht aus dem Bett springen, ihm nachlaufen und ihn um Verzeihung bitten, und er weigerte sich zwei Tage lang, zu mir ins Kinderzimmer zu kommen. Gelangweilt blätterte ich den Berg von Comics durch, las mich satt an Micky Maus und Donald Duck und verstand überhaupt nicht mehr, warum ich dieses Zeug jemals hatte lesen wollen. Ich konnte Vaters Zorn nicht vergessen, und obwohl ich jedesmal sehr begeistert tat, wenn jemand ins Zimmer kam, hatten die Comics für mich ihren ganzen Zauber verloren.
Als ich endlich aufstehen durfte, stellte sich zu meiner größten Überraschung heraus, daß ich allein weder gehen noch stehen konnte. Ich hatte fast drei volle Monate im Bett zugebracht. Meine Kleider schlotterten nur so an mir, waren viel zu weit und viel zu kurz, und die Strumpfhalter an meinem Leibchen zogen mit den Strümpfen auch gleich die Beine herauf. Ein Erholungsaufenthalt war eindeutig angezeigt, also fuhren Mutter und ich zusammen in einen eleganten Bergkurort. Stefa blieb zum ersten Mal zu Haus, sie stand weinend auf dem Balkon und winkte mit einem vollgeheulten Taschentuch, als wäre es ein Abschied für immer.
Im Zug schaute mich Mutter zweifelnd an. Ihre Nervosität war so offenkundig, daß ich beschloß, ihr zu beweisen, daß ich mich durchaus wie ein normaler Mensch benehmen konnte, sobald man mich als solchen behandelte. Ich übergab mich kein einziges Mal, unterhielt mich die ganze Zeit mit den Mitreisenden und spielte mit einem netten älteren Herrn Karten.
Der Kuraufenthalt war ein voller Erfolg, und zum ersten Mal kam ich auf die Idee, daß es doch möglich sein mußte, meine Eltern zu meinem eigenen Vorteil zu »manipulieren«, vor allem bei ihren plötzlichen Wutanfällen. Vaters Zorn strahlte meistens gleich auf mehrere benachbarte Gebiete aus, und eine Anordnung, einmal ausgesprochen, wurde niemals zurückgenommen, eine Diskussion kam ohnehin nicht in Frage.
Mutter wurde schneller zornig als er, aber ihr Zorn verrauchte auch schneller, und oft vergaß sie selbst die Strafe, die sie verhängt hatte. Aber sie verstanden es beide gleichermaßen, in mir den Eindruck zu

erwecken, daß sie mich einzig und allein deshalb beobachteten, um herauszufinden, was mich im Augenblick am meisten interessierte, und um mir diesen Gegenstand dann zu entziehen. Schon seit langem hatte ich eingesehen, daß ich nie zuviel Interesse oder Zuneigung zeigen durfte, denn sonst wurde mir das Objekt meiner Wünsche bei der ersten Gelegenheit weggenommen. Meine Leidenschaft für Bücher wurde in dieser Weise ausgenutzt, und jeder Fall von Ungehorsam hatte die Drohung zur Folge, daß ich einen oder zwei Tage lang nichts lesen durfte. Ein längeres Verbot dagegen gereichte dem Feinde selbst zum Schaden, denn dann schlich ich gelangweilt und mißmutig im Haus herum, war allen im Weg und schaute so unglücklich drein, daß endlich sich jemand erbarmte und das Verbot wieder aufhob.

Ich war den drei Erwachsenen völlig ausgeliefert, und sie hatten mir auch unzählige Male gesagt, daß ich der einzige Grund war, warum die beiden überhaupt noch beisammen blieben. Stefa, die dritte, war ja ohnehin nur meinetwegen da. Aber auch sie drohte von Zeit zu Zeit damit, uns zu verlassen, und einmal nach einem fürchterlichen Krach mit Mutter blieb sie tatsächlich einen ganzen Tag lang weg. Das war der schwärzeste Tag meines Lebens. Stundenlang weinte ich und schrie nach ihr und ließ mich von Mutter nicht einmal anrühren, als sie mir zu erklären versuchte, daß sie Stefa beim Stehlen erwischt hatte und daß sie keine Diebin in unserem Hause dulden würde. Ich glaubte ihr einfach nicht. Vater war gerade auf einer Geschäftsreise, ich war mit Mutter allein zu Haus. Am Abend waren wir beide vollkommen erschöpft. Mutter machte mir ein Essen und bestand darauf, mich zu füttern, als wäre ich noch ein Baby, aber ihre Hand zitterte so arg, daß sie mir mit jedem Löffel an die Zähne schlug. Mein Gesicht war vom Weinen geschwollen, ich konnte kaum noch die Augen offenhalten, aber ich weigerte mich, zu Bett zu gehen, und ich wollte mich unter keinen Umständen von Mutter ausziehen lassen. Meine Ablehnung muß sehr offenkundig gewesen sein, denn Mutter schaute traurig und verletzt drein, und einen Augenblick lang empfand ich Reue. Aber dann läutete es an der Tür, wir rannten beide hin, und da stand Stefa, rotäugig und durch die Nase aufziehend, und bat um die Erlaubnis, ihren Koffer zu packen. Aber ich klammerte mich wortlos so lang an ihre Beine, bis Mutter versprach, daß sie bleiben durfte.

Und jetzt redete sie davon, daß sie noch heiraten wollte, bevor der Krieg ausbrach.

Alle redeten vom Krieg; Vater freudig erregt und zugleich düster; Mutter schaute furchtbar erschrocken drein, sobald er davon sprach, zur Armee zu gehen, und erinnerte ihn zornig daran, daß er jetzt gewisse Verantwortungen und Pflichten hatte und nicht mehr den jungen Helden spielen könnte, so wie beim letzten Mal.

Damals im Jahre 1920 war Vater von der Schule weggelaufen, um zu Pilsudskis Armee zu gehen, und hatte gekämpft, bis er, schwer verwundet, auf Krücken nach Haus geschickt wurde, 1 Meter 80 groß, dünn wie ein Stecken, mit vielen Medaillen behängt und mit einem funkelnagelneuen Schnurrbart. Er wurde von der ganzen Stadt als Held gefeiert und später von dem Quota-System, das Juden den Zutritt zur Universität verwehrte, ausgenommen. Dabei nutzte Vater dieses Privileg nicht einmal aus, denn nach seiner Hochzeit hängte er das Jurastudium an den Nagel und weigerte sich ohne jede Angabe von Gründen, je wieder an die Universität zurückzugehen. Das war eines der Dinge, die Mutter ihm nie verzieh. Ich hatte häufigen Bemerkungen über diesen Gegenstand entnommen, daß Mutters Eltern sehr gegen die Heirat gewesen waren, und auch jetzt noch betrat Vater kaum jemals das Haus seiner Schwiegereltern. Mit Großvater verstand er sich recht gut, aber Großmutter konnte ihn nicht ausstehen, sie gingen einander aus dem Weg. Nach der Hochzeit hatte Großvater angeboten, sie finanziell zu unterstützen, Vater und Mutter das Studium in Warschau zu bezahlen, wo sie sich an der Universität ja auch kennengelernt hatten. Aber zur allgemeinen Enttäuschung der Familie lehnte Vater dieses Angebot ab. Da er in seinem Studium sehr erfolgreich war, offenbar sehr viel Talent dazu hatte, fanden das alle völlig unverständlich. Und Mutter bekam dadurch einen wunderschönen, hieb- und stichfesten Vorwurf über seinen fatalen Mangel an Ehrgeiz in die Hand, den sie ausgiebig benutzte, sobald die Begeisterung darüber, mit dem schönsten Mann der Stadt verheiratet zu sein, sich etwas gelegt hatte, und langsam die Nachteile zum Vorschein kamen.

Für Vater war die Zeit in der Armee die glücklichste Zeit seines Lebens. Schon allein bei dem Wort Krieg leuchteten seine Augen auf, und Lieder und Geschichten strömten aus ihm heraus. Mutter fürchtete sich vor dem Krieg und hatte für Soldaten nicht das geringste übrig, zumindest konnte sie überhaupt nichts Romantisches daran sehen, obwohl ihr eigener geliebter Bruder, der, in dessen silbernem Skoda ich mich bei jeder Fahrt regelmäßig übergab, Offizier war und vom Militär genauso begeistert war wie Vater. Das war überhaupt das einzige, was die beiden miteinander gemeinsam hatten, worüber sie sprechen konnten, ohne sich schrecklich über einander zu ärgern. Und selbst hier hatte Vater den Vorteil, schon tatsächlich auf dem Schlachtfeld gekämpft zu haben, während Onkel damals ja noch ein Kind war. Der zweite große Unterschied bestand darin, daß Onkel, im Privatleben ein erfolgreicher Ingenieur, Reserveoffizier war, und außerdem Junggeselle. Vater, verheiratet, mit Verantwortung und Pflichten beladen, worauf alle nicht müde wurden, ihn ständig hinzuweisen, wäre mit größter Begeisterung Berufssoldat geworden.

»Wer weiß, wenn mich damals nicht gerade dieses Schrapnell getroffen hätte, dann wäre ich vielleicht dabeigeblieben«, sagte er oft nachdenklich. Dieses Schrapnell, und die darauffolgende Krankheit, hatten diesen Traum anscheinend zerschlagen. Aber im nächsten Krieg würden sie ihn ja wieder nehmen. Sein Tornister war jedenfalls gepackt. Und er polierte liebevoll den zusammenfaltbaren Zahnbecher, den blechernen Seifenbehälter und die zusammenklappbare Zahnbürste, die er eigens für diesen Zweck gekauft hatte. Schon allein der Anblick dieser Gegenstände brachte meine Mutter auf die Palme. Kriege waren in ihren Augen entsetzliche Katastrophen, gräßliche Umstürze, bei denen unschuldige Menschen getötet und ganze Städte verwüstet wurden. Sie waren nicht etwas, wo erwachsene Kindsköpfe marschieren und singen und mit ihren Schwertern rasseln konnten.

Ich stand natürlich eher auf Vaters Seite. Zivilisten wurden in Kriegen schließlich soweit wie möglich verschont. Nur die Soldaten kämpften. Ich hatte nichts gegen Vaters Krieg, aus dem er mit Ruhm bedeckt zurückkehren würde – vorausgesetzt natürlich, er kehrte wirklich zurück. Und über diesen Punkt machte ich mir Sorgen.

Wie jedes polnische Kind, das nach dem Großen Krieg geboren wurde, wuchs auch ich auf mit einem großen Vorrat an Volksliedern und Gedichten, die die Armee und die Soldaten verherrlichten.

In jedem einzelnen Lied hieß es unweigerlich immer Abschied nehmen, oft mitten in einem Tanz, und ihre Liebsten winkten ihnen immer mit ihren weißen Tüchern und warfen ihnen Blütenblätter nach. Und genauso unweigerlich kamen die Soldaten am Ende nicht mehr zurück. Irgendwo in fernen Landen schaufelten die schweigenden Kameraden ihnen ein namenloses Grab, das treue Pferd stampfte noch einmal darauf, und plötzlich ersproß daraus eine weiße Rose, ohne Ansehen der Jahreszeit. Es war alles sehr traurig und sehr schön zu singen oder »mit Bewegung« aufzusagen, aber im Fall von Vater kam das natürlich nicht in Frage.

Dabei wäre dieses Unausdenkbare vor zwei Jahren beinahe passiert. Ich war besonders ungezogen gewesen, und Stefa verpetzte mich bei Vater, als er nach Haus kam. Er kam ins Kinderzimmer, blieb stehen, sah mich streng an und sagte dann mit einer sehr traurigen Stimme: »Ich sehe also, daß du mich doch nicht wirklich liebst.«
Ich öffnete den Mund, um zu protestieren, aber er fuhr fort: »Versuch nicht, dich herauszureden. Wenn du so ungezogen bist, dann kannst du mich nicht lieben. Und wenn du mich nicht liebst, dann habe ich hier nichts mehr verloren. Ich gehe fort. Es gibt jetzt einen Krieg, weit weg von hier, in Spanien. Dort werde ich hingehen und kämpfen. Und wenn ich falle, dann werde ich dort für immer im fremden Land liegen, und du wirst mich nie wiedersehen.«
Eine Welle des Entsetzens erfaßte mich. Das war nicht möglich. Das durfte nicht sein. Der ganze Raum wich vor mir zurück. Ich war am Ertrinken. Verzweifelt rang ich nach Atem, suchte nach einem Ausweg. Und plötzlich fand ich heraus aus der Dunkelheit. Natürlich konnte das nicht geschehen, es war nur ein Märchen. Vater konnte nicht nach Spanien gehen, denn Spanien gab es ja gar nicht.
Zu Vaters großer Enttäuschung fing ich zu lachen an, ich erstickte fast vor Erleichterung, ich tanzte durchs Kinderzimmer, streckte meine Arme aus und lachte, bis mir die Tränen über die Wangen liefen. Endlich hatte ich alle Furcht vergessen, warf mich in seine Arme und gratulierte ihm zu diesem guten Witz.
»Freust du dich denn so, daß ich gehe?«
»Aber du kannst doch gar nicht«, erklärte ich ihm, voller Herablassung über seinen kindischen Einfall. »Spanien gibt es doch gar nicht. Das ist ein Märchenland. Du glaubst doch nicht an Märchen, oder?«
Als wir uns wieder etwas beruhigt hatten, erklärte ich ihm, daß Stefa immer, wenn sie Märchen vorlas, mir dazu gesagt hatte, das passierte in Spanien. Vielleicht war Spanien in ihren Augen wirklich ein erfundenes Land. Als ich älter wurde und begriff, daß diese Märchen erfundene Geschichten waren, da verschwand zusammen mit Zauberern, Feen und sprechenden Tieren auch Spanien ins Reich der Phantasie. Ein Krieg in Spanien war wie ein Schloß in Spanien. So etwas gab es einfach nicht.
Aber jetzt, im Winter 1938/39, schien der Krieg sehr wirklich. Schon waren Flüchtlinge in unserer Stadt eingetroffen. In den letzten paar Monaten waren Hunderte von deutschen Juden in polnischen Städten angesiedelt worden. Vater war zur Grenze gegangen, um bei der Einrichtung eines Auffanglagers zu helfen, und als er zurückkam, sah er

krank und erschöpft aus, und brachte auch eine Gruppe von Flüchtlingen mit, die unter der jüdischen Bevölkerung der Stadt aufgeteilt werden sollte.

»Oh, diese Kinder«, sagte er immer wieder, »ich kann sie nicht leiden sehen. Sie nennen mich alle Onkel und laufen hinter mir her wie junge Hunde. Fast hätte ich ein paar verlaufene mit nach Haus gebracht«, fügte er hinzu und blinzelte mich an.

In diesem Jahr kam eine neue Schülerin in unsere Klasse, ein deutsches Mädchen, ein bißchen älter als wir, das nur deutsch konnte. Die Klassenlehrerin erklärte uns, daß sie ein Flüchtling war, und daß wir daher besonders nett zu ihr sein und ihr immer helfen sollten. Wir bemühten uns alle, ihr Polnisch beizubringen, und lobten sie für jedes neugelernte Wort über den grünen Klee. Wir hörten alle sehr beeindruckt zu, wenn die Lehrerin deutsch mit ihr sprach. Ich hatte die paar Worte auf deutsch, die ich einmal gewußt hatte, schon ganz vergessen, und strengte mich sehr an, um mit Berthe in Kontakt zu kommen. Wir konnten bald sehen, daß sie nicht genug aß. Während die anderen alle ihre weißen Brötchen und ihr Obst auspackten, knabberte sie in der Pause an einem kleinen Stück Schwarzbrot. Ich dachte darüber nach, was man tun könnte, daß sie mehr aß. Mir tat die arme Berthe wirklich leid, aber gleichzeitig träumte ich auch deshalb davon, meine Jause mit ihr zu teilen, weil dann ich weniger essen müßte. Mehrere Tage schlich ich um sie herum und warf sehnsüchtige Blicke auf ihr Stück Schwarzbrot. Mit den paar deutschen Brocken, die ich noch wußte, gelang es mir, ein Gespräch anzufangen, und ihr klarzumachen, daß ich Schwarzbrot über alles liebte. Sie war überrascht und bot mir ein Stück an. Bedauernd lehnte ich ab. Sie gab nicht nach. Da hatte ich plötzlich eine Idee: ich packte meine Luxusjause aus und teilte sie in zwei Hälften. Jetzt lehnte sie ab, und ich drang in sie. Schließlich kamen wir zu einem Vergleich, den wir das ganze Schuljahr hindurch beibehielten: sie gab mir ihr halbes Schwarzbrot, und ich ihr eine Hälfte von meinem wohlgefüllten Sandwich, und mein ganzes Obst.

Berthe kam auch zu meiner Geburtstagsfeier, und trotz meiner frommen Lüge, daß ich keine Geschenke annehmen würde, brachte sie mir ein Buch mit, das mir sehr gefiel und mich zu Tränen rührte. Den ganzen Nachmittag beschäftigten sich Mutter und Großmutter vor allem mit ihr. Sie unterhielten sich mit ihr auf deutsch, und als ich sah, wie die schüchterne Berthe lächelte und wirklich auftaute, war ich furchtbar stolz auf meine Mutter und sehr dankbar.

Heuer wird Berthe auch wieder in unserer Klasse sein, aber jetzt kann sie schon fließend Polnisch und ist keine exotische Ausländerin mehr.

Langsam wurde es kühl unter den Fichten, ich stand auf und packte meine Sachen zusammen. Ein deutliches Zeichen dafür, daß die Ferien bald vorbei waren, wenn ich den ganzen Nachmittag mit Gedanken an zu Hause und an die Schule verbringen konnte. Noch vor einem Monat wäre das unmöglich gewesen, da dachte ich nur an die Gegenwart, und der Sommer lag noch endlos vor mir. Es waren schöne Ferien gewesen. Nur ein paar Vorfälle hatten einen Schatten auf sie geworfen; ich spürte einen Stich vor Schmerz und Zorn, wenn ich an einen bestimmten Sonntagmorgen dachte.
Maryla, die älteste Tochter des Hausmeisters, war an diesem Sonntag zur ersten Kommunion gegangen, und als sie von der Kirche zurückkam, ging ich mit Stefa und allen anderen Kindern hinaus, um sie zu begrüßen. In ihrem weißen Kleid und Schleier, mit einem weißen Blumenstrauß in weiß behandschuhten Händen sah sie wie ein glückliches Englein aus. Sie trat zu uns und gab einem nach dem anderen einen Kuß, aber als ich an die Reihe kam, wich sie vor meinen ausgestreckten Armen zurück.
»Geh weg, ich darf dich heute nicht berühren«, sagte sie zornig.
Stefa zog mich weg und versuchte zu erklären: »Du kannst nichts dafür; es ist nur, weil sie eben heute nicht mit einem jüdischen Kind spielen soll. Heute ist sie rein. Morgen ist wieder alles in Ordnung.«
Am nächsten Morgen kam Maryla auch wirklich, wie üblich, schon zum Frühstück, und wir gingen in den Garten spielen. Aber meine frühere Begeisterung war erloschen. Also ließen sich die Probleme unseres Lebens in der Stadt nicht einmal hier in Kreuzwege vergessen: Der Krieg zwischen uns und den anderen war überall gegenwärtig. Hier hörte man zwar nichts von eingeschlagenen Fenstern, schmutzigen Zeichnungen und Slogans auf Häusern von Juden, oder von Geschäften, die boykottiert wurden. Auf den Dorfstraßen schrie uns keiner Schimpfworte nach, wie so oft in der Stadt. In der Stadt rechnete ich damit, da war ich gewappnet – mit dem einzigen mir zur Verfügung stehenden Mittel: ich mimte Gleichgültigkeit, schaute ausdruckslos in zornige Gesichter. Aber hier, ohne meine Rüstung, traf mich der Schlag tief. Stefa spendete den üblichen Trost: »Wenn du groß bist, wirst du Katholikin. Da bin ich ganz sicher. Außerdem«, fügte sie hinzu, »bleibt dir gar nichts anderes übrig. Deshalb bin ich ja auch die ganzen Jahre bei dir geblieben, ich habe meinem Beichtvater

versprochen, daß ich dich bekehren werde, sonst würde er mir gar keine Absolution geben. Es ist ja eine Sünde, für euch zu arbeiten, das weißt du doch.«

Nein, das hatte ich nicht gewußt. Deshalb also blieb sie bei uns – und ich hatte gedacht, es war meinetwegen...

»Aber sag's nicht deinen Eltern, daß ich es dir gesagt habe«, redete sie weiter, »sonst werfen sie mich hinaus. Und das willst du doch nicht, oder?«

Nein, das wollte ich nicht. Alles, nur das nicht. Nur nicht Stefa verlieren.

Außerdem hatte die Vorstellung, katholisch zu werden, ja auch ihre Reize. Da waren einmal die vielen schönen Bilder; Stefa zeigte mir oft die Bilder in ihrem Gebetbuch. Wie gut gefielen mir die Engel und die Madonna und das kleine Jesuskind. In unserer Stadt gab es mehrere Kirchen und auch eine Kathedrale, und Stefa redete mir von Zeit zu Zeit zu, mit ihr hineinzugehen, aber das wagte ich nie, da hatte ich zu große Angst. Einige von meinen jüdischen Freunden gingen regelmäßig mit ihren Kindermädchen in die Kirche, manche kannten sogar die Gebete und konnten auch einer Messe folgen, alles natürlich in größter Heimlichkeit, denn wenn ihre Eltern jemals draufkämen, dann gäbe es einen furchtbaren Skandal. Vielleicht war es diese Angst vor Entdeckung, die mich immer wieder zurückhielt; oder auch ein vages Gefühl, daß ich damit meine Familie verraten würde. Die größte Angst hatte ich aber davor, was wohl passieren würde, wenn ich jemals den Fuß in eine Kirche setzte.

Ich sah schon vor meinem inneren Auge, wie ein Priester in seiner schwarzen Soutane mich erkannte und mit schrecklichen Flüchen und vielleicht sogar mit Hieben aus der Kirche scheuchte.

Nein, wenn ich jemals eine Kirche betreten würde, dann als Christin, mit genauso viel Recht, hier zu sein, wie die anderen auch.

Von Zeit zu Zeit hatte ich geradezu eine heftige Sehnsucht danach, zu ihnen zu gehören. Viele meiner Freunde waren Katholiken, und was sie mir über ihre Religion erzählten, gefiel mir sehr.

»Wenn ich irgend etwas gern haben möchte«, sagte Christina, »dann bete ich zur Heiligen Jungfrau.«

»In welcher Sprache?« fragte ich.

Sie schaute überrascht drein. »Auf polnisch natürlich. Ich rede einfach mit ihr und erzähle ihr alles über mich, und dann sage ich ihr meine Bitte. Und sie erhört mich natürlich und gibt mir, was ich will. Wenn es gut für mich ist. Manchmal erhört sie mich auch nicht. Aber ich kann immer zu ihr beten, oder zu Jesus, oder zu einem von den Heiligen. Wenn ich eine sehr dringende Bitte habe, dann kaufe ich eine Kerze und zünde sie vor ihrem Bild an, und dann erhört sie mich ganz sicher.«

Ja, in unserer Straße nicht weit von unserem Haus gab es eine Madonna. Jeden Tag sah ich, wie Kinder und ältere Frauen sich dort bekreuzigten, das Glas über dem Heiligenbild küßten und in die Dose, die unter den Blumen versteckt war, ein paar Münzen fallen ließen. Wie oft ließen Christina und Marja mich allein stehen und knieten plötzlich dort nieder und redeten ein paar Worte mit der Madonna, und ich kam mir furchtbar auffallend und verlassen vor. Was konnten wir denn tun angesichts dieser Solidarität der Menschen mit Gott, die uns von allen Seiten so triumphierend umgab?

In der Schule hatten wir gerade mit dem Alten Testament angefangen und lasen ein paar ausgewählte Geschichten aus der Bibel. Wir lernten auch ein paar Gebete auf aramäisch. In den ersten Monaten war ich derart enthusiastisch bei der Sache, daß meine Mutter lachend prophezeite, ich würde noch das frömmste Mitglied der Familie und würde eines Tages einen bärtigen Juden im Kaftan heiraten. Weder Mutter noch Vater waren im geringsten religiös. Mutter zündete zwar jeden Freitag abend die Kerzen an, aber das kam mir nur als leere Geste vor; sie tat es, weil ihre Mutter es auch tat, das war eben eine Familientradition, ohne irgendeine religiöse Bedeutung.

Einmal im Jahr gaben die Großeltern die Seder-Mahlzeiten, und dabei kam die ganze Familie zusammen. Großvater sagte laut die Gebete vor, und die Onkel beteten mit. Letztes Jahr war ich wahnsinnig stolz darauf, daß ich schon im Gebetbuch lesen konnte, und daß ich die traditionellen Fragen stellen durfte, die dem jüngsten Mitglied der Familie beantwortet werden. Eigentlich sollte das ja ein Junge tun, aber an diesem Abend waren keine Jungen dabei.

Und einmal im Jahr gingen Mutter und überhaupt die ganze Familie, nur Vater nicht, in die Synagoge zu einem feierlichen Gottesdienst. Wahrscheinlich war es am Jom Kippur, über den wir am Ende des letzten Schuljahres eben gelernt hatten. Aber bei dieser einen Gelegenheit, als ich die Frauen der Familie begleiten durfte, bemerkte ich enttäuscht, daß sie die ganze Zeit nichts anderes taten als über die Kleider und die Hüte der verschiedenen anwesenden Freundinnen und Verwandten zu reden, und niemand achtete im geringsten darauf, was da unten bei den Männern geschah, wo der Gottesdienst abgehalten wurde. Ich begriff überhaupt nicht das geringste von dem, was ich da

sah, und Mutter war viel zu intensiv am Tratschen, um mir meine Fragen zu beantworten.
Mein religiöser Eifer dauerte nicht lang. Meine Gebete sagte ich zwar morgens und abends noch immer auf, aber schon nach ein paar Wochen hatte ich ihre Bedeutung völlig vergessen. Ich sagte die Formeln mit geschlossenen Augen auf und hätte gern gewußt, wie ich mit meinem Gott sprechen konnte, daß er mich auch hörte. Ich hatte kein Bild von ihm, und bei uns gab es keine Engel, keine Madonnen, keine dikken, lächelnden Babys, keine langhaarigen Männer mit blutenden Herzen über ihren Gewändern. Meinen Gott stellte ich mir als einen streng blickenden, sehr alten Mann vor, mit schwarzen Haaren und schwarzem Bart, der auf einer Wolke saß und gereizt zu uns herunter auf die Erde schaute. Falls ich es wagen sollte, ihn auf polnisch anzureden, würde er mich nicht verstehen und sich vielleicht schrecklich über mich ärgern. Seine Sprache war offenbar aramäisch, und die wenigen aramäischen Worte, die ich früher einmal wußte, hatte ich schon längst wieder vergessen. Ich fühlte mich völlig mutlos.
Stefa, die immer dabei war, wenn ich meine Gebete aufsagte, reagierte darauf mit Verachtung, aber auch irgendwie eingeschüchtert. »Geh, sag schon dein Inimini«, mahnte sie mich, wenn ich einmal darauf vergaß, und stand schweigend neben mir, ein ungläubiges Lächeln auf den Lippen, während ich schnell die für mich sinnlosen Formeln herunterleierte, zornig und verlegen zugleich.
Sobald ich erwachsen war, würde ich katholisch werden, das stand fest. Dann würde ich auch das Recht haben, in eine Kirche zu gehen und mitzubeten und mitzusingen, dann würde ich in meiner eigenen Sprache mit Gott sprechen können, und die Madonna und alle Heiligen und die Engel würden mich beschützen. Und dann würde ich endlich zu ihnen gehören, zu dieser großen Menge, die jetzt gegen mich war. Blond und blauäugig würde ich davon zwar leider nicht werden. Aber ich würde dazugehören, und sie müßten mich akzeptieren.
Eines Tages fragte ich Mutter ungeduldig, warum sie denn nicht Christin werden wollte. Mutter sah mich entsetzt an: »So etwas darfst du nie wieder zu mir sagen«, stieß sie hervor.
»Warum denn nicht?«
»Weil ich meinen Gott liebe«, antwortete sie und ging aus dem Zimmer. Aber wie konnte sie ihn lieben, wenn sie doch überhaupt nie zu ihm betete? Da war eben nichts zu machen – ich mußte warten, bis ich erwachsen war.

2

Jemand lief durch den Wald und rief meinen Namen. Es war Tadek. Ich packte meine Sachen und stürzte ihm entgegen, vor gespannter Erwartung wurde mir ganz schwindlig.

Hatte er endlich bemerkt, daß ich ihn liebte? Lief er jetzt zu mir, um mir zu sagen, daß auch er mich vom ersten Augenblick an geliebt hatte? Würde er morgen mit mir Pilze suchen gehen?

»Deine Mutter ist da, sie packt schon. Du fährst noch heute abend in die Stadt. Es gibt Krieg.«

Atemlos liefen wir den Hügel hinauf, rutschten auf den Fichtennadeln aus, wärend Tadek mir diese Neuigkeiten mitteilte. Durch die spärlicheren Baumstämme hindurch schimmerten schon die weißen Mauern unserer Villa und die glänzende Motorhaube des silbernen Wagens. Tadek ging plötzlich langsamer und zog mich am Arm. Ich blieb neben ihm stehen.

»Es wird bald Krieg geben«, sagte er mit unsicherer Stimme. »Vielleicht sehen wir uns nächsten Sommer nicht, wenn der Krieg so lang dauert.«

»So lang dauert er sicher nicht«, beruhigte ich ihn, bemüht, erwachsen zu klingen, lässig.

»Vielleicht aber doch«, widersprach er und kratzte sich vor Verlegenheit den Kopf. Es war klar, daß er mir etwas Wichtiges sagen wollte und es nicht herausbrachte. Mein Herz klopfte so laut, daß ich sicher war, er konnte es hören.

»Ich möchte dir etwas sagen«, brachte er endlich stockend heraus, »aber du mußt mir versprechen, daß du es keinem anderen Menschen je weitersagst. Ganz besonders nicht deinen Eltern.«

Mein Kopf drehte sich, meine Lippen waren steif, ich konnte kaum sprechen, aber ich schwor ihm, das Geheimnis nie, nie zu verraten. Aber er war noch immer nicht sicher: »Wie alt bist du denn jetzt?«

»Bald zehn«, log ich. Bis zu meinem zehnten Geburtstag hatte es noch gute sechs Monate Zeit.

»Nein, du bist wirklich noch zu jung«, murmelte er bedauernd.

»Überhaupt nicht, ich bin gar nicht zu jung«, bettelte ich, »und alle sagen, daß ich für mein Alter sehr vernünftig bin. Bitte sag mir, was es ist?«

Krieg oder nicht Krieg, ich konnte unmöglich von Kreuzwege wegfahren, ohne zu erfahren, was Tadek mir sagen wollte. Vielleicht wollte er mich heiraten, wenn wir beide alt genug waren? Wollte er mich bitten, auf ihn zu warten, während er in den Krieg ging? Er war vierzehn. Wenn es wirklich Krieg gab, und wenn der auch so lang dauerte wie der letzte, dann würde er sicher zur Armee gehen... Ich erstickte vor Aufregung. Natürlich würde ich auf ihn warten. Das wäre genau wie in diesen schönen traurigen Liedern...

Die verlegene Stimme neben mir murmelte: »Wenn du groß bist, wirst du mir versprechen, daß du dann katholisch wirst?«

Ich rannte durch den Wald und bemühte mich, meine Tränen und den Schmerz, der mich zu verschlingen drohte, zurückzuhalten, während die Luft rund um mich noch von Tadeks Worten dröhnte. Ich überquerte die Straße und kam in den Garten, und jetzt durfte ich mich gehenlassen, ich warf mich auf die erstbeste Person, die ich sah, und mein erstaunter Onkel bekam eine ungeheure Tränenflut auf seine makellosen Rockaufschläge, während er abwesend meinen Kopf tätschelte und mir versicherte, es sei kein Grund zur Panik, der Krieg war noch nicht erklärt, vielleicht würde er auch gar nicht ausbrechen.

Für Erklärungen hatte niemand Zeit. Mutter küßte mich schnell und schickte mich dann hinaus spielen, während sie mit Stefa unsere Sachen packte und eilig in Onkels Auto verstaute. Vater war nicht mitgekommen.

Im Nu waren die Zimmer leer, die Ferien vorbei, die weißgekalkten Wände leer und fremd. Das war nicht mehr mein Zimmer, das war ein fremdes Zimmer, bei fremden Leuten gemietet. Stefa nahm die letzten Äpfel vom Fensterbrett und räumte sie in ihre Tasche. Hinter dem Obstgarten ging die Sonne unter, der Himmel leuchtete orange und golden durch die schwarzen Bäume.

Janka und Christina kamen jede mit einem Arm voller Blumen und zwängten sie zwischen Stefa und mich auf den Rücksitz. »Nächsten Sommer kommst du wieder, du wirst sehen, es gibt gar keinen Krieg«, sagten sie.

»Mit Gottes Hilfe«, antwortete Mutter.

Sonst brauchte man sich von niemandem mehr zu verabschieden. Onkel ließ den Motor an, die Hunde, Gänse und Hühner stoben unter lautem Protestgeschrei auseinander, die Kinder winkten und lachten, und schon fuhren wir los.

Der Himmel im Westen schien in Flammen zu stehen, als wir durch die herbstlich leeren Felder über die staubigen Straßen fuhren, wir holperten über unzählige Schlaglöcher, und jedesmal, wenn ein Bauernpferd auftauchte, krochen wir im Schrittempo an ihm vorbei und hofften, es würde nicht scheuen. Als wir das erste Dorf erreichten, war die Sonne schon untergegangen, und die Straße mit den kleinen, windschiefen Häusern war grau, wie eine Scheibe von einem Nebellaib. Ein Mädchen ging ganz knapp vor dem Auto über die Straße, Onkel fluchte. Sie war barfuß, weiches Haar fiel ihr gerade auf die Schultern, sie war genauso grau wie die Straße, und ich hatte einen Augenblick lang das Gefühl, als sei alles ein Traum, und ich würde gleich aufwachen, und der letzte Tag in Kreuzwege war nur ein Alptraum.

Plötzlich bemerkte ich, daß das Mädchen ein Brötchen aß. Ein helles Brötchen, zusammengelegt, wahrscheinlich trocken und knusprig. Der Schmerz, der mich noch ganz erfüllte, wurde jetzt von Hunger überlagert, und zum ersten Mal, seit ich Tadek am Nachmittag im Wald getroffen hatte, war ich wieder hellwach.

Jetzt wollte ich auch ein Brötchen zum Abendessen, genauso eins, wie es das graue Mädchen gehabt hatte. Ich war schon drauf und dran, zu fragen, ob ich zu Haus gleich eins haben konnte – da plumpste ich mit einem Schock von Zorn und Enttäuschung in die Wirklichkeit zurück. Sobald wir zu Haus waren, würde man mir sofort meinen Grießbrei verpassen. Krieg oder nicht, daran gab es nichts zu rütteln, das war die letzte, unverrückbare Realität.

Wenn es Krieg gab, würden wir vielleicht richtig arm werden und konnten uns dann endlich keinen Grießbrei mehr leisten?

Als wir nach Haus kamen, war es schon finster. Der Wagen hielt vor dem Haus, ich schaute hinauf auf die Reihe hellerleuchteter Fenster im ersten Stock und sah eine hohe, schwarze Gestalt am Fenster lehnen. Es dauerte eine Sekunde, bis ich Vater erkannte. Ich hatte ihn zwar oft auf diese Art am Fenster stehen sehen, die Stirn an die Scheiben gepreßt, aber immer nur von innerhalb des Zimmers. Jetzt sah ich ihn zum ersten Mal so, wie auch die anderen ihn von draußen sahen, und seine Anonymität jagte mir schreckliche Angst ein. Einfach irgendein Mann, ohne Gesicht, an irgendeinem Fenster. Ich ließ mir meine Panik nicht anmerken.

Stanislaw stand da wie immer und wartete darauf, uns zu begrüßen. Aber diesmal schüttelte er mir nicht wie sonst die Hand, sondern nahm mich in seine Arme und trug mich die Stiegen hinauf zu Vater, der schon in der Tür stand und wartete.

Niemand tat in dieser Nacht ein Auge zu. Ich wurde ein paar Mal davon wach, daß ich Nägel in Holz schlagen hörte, schwere Gegenstände wurden über den Boden geschleift, Vater und Mutter stritten.

Wir sollten am nächsten Tag abfahren und bei Verwandten in einer großen Stadt weiter im Osten bleiben. Alle verließen schon unsere Stadt, die nahe an der deutschen Grenze lag und im letzten Krieg völlig zerstört worden war. Vater weigerte sich mitzukommen; er ging zur Armee.
Zeitig am nächsten Morgen kam Onkel, um uns Lebwohl zu sagen. Ich verstand nicht, was »mobilisiert« bedeutete, aber er sah in seiner Offiziersuniform jedenfalls großartig aus. Seine hohen Schaftstiefel krachten imposant, und alle Knöpfe glänzten. Vater klopfte ihm dauernd auf die Schulter, er genoß es, das gute Tuch und die vielen Goldschnüre zu fühlen. Mutter schluchzte, Stefa heulte, und ich wußte, daß die Männer jeden Augenblick die Geduld verlieren würden. Also trat ich einen Schritt vor, schüttelte jedem ernst die Hand und zeigte nicht die geringste Spur von Rührung; Mutter gab mir schließlich sogar einen Schubs und befahl mir, Onkel zu küssen, und ich mußte mir wieder einiges anhören über meine schreckliche Gefühlskälte.
Als das vorbei war, fuhr Onkel weg, und wir kletterten in die Kutsche und fuhren zum Bahnhof. Der nach Osten abfahrende Zug war überfüllt, aber Vater trieb doch noch Plätze für uns auf. Dann stand er unten am Fenster und hielt unsere Hände, und als der Zug anrollte, ging er noch daneben her, Mutter hielt ihn am Ärmel fest. Dann sahen wir ihn noch einen Moment lang winken und lächeln, und dann war er verschwunden. Mutter sank in ihrer Ecke zusammen und fing zu schluchzen an, ich bekam Angst und hätte am liebsten auch geweint, aber Mutters ungehemmtes Schluchzen war mir so peinlich, daß meine eigenen Tränen versiegten. Die anderen Passagiere waren offenbar voller Mitleid für sie, einer legte ihr den Arm um die Schultern, ein anderer brachte eine Thermosflasche mit Kaffee. Ich drehte mein Gesicht zum Fenster und flehte innerlich meinen Vater an, doch unbedingt bald nachzukommen.
Die nächsten zwei Wochen vergingen in einer chaotischen Atmosphäre. Wir kampierten zusammen mit meinen Großeltern unter Bergen von Gepäck in einer leeren Wohnung. Das Radio lief Tag und Nacht, und jeder erstarrte erwartungsvoll, wenn die Nachrichten kamen. Zeitungen lagen überall auf dem Boden herum. Es gab keine Bedienung, Mutter und Großmutter wechselten einander in der Küche ab, mit jeweils unvoraussehbaren Ergebnissen. Und dann geschah es. Jemand stürzte in die Wohnung, eine Zeitung in der Hand schwenkend: »Sie haben die Grenze überschritten.« Der Krieg hatte begonnen.

Noch am gleichen Tag kam Vater, auf einem Fahrrad. Im Zug hatte er keinen Platz gefunden. Er war müde und verbittert. Die Armee hatte ihn nicht genommen. Ich tanzte wortlos durch die Wohnung. Wenn Vater bei uns war, dann hatte ich vor dem Krieg keine Angst mehr.
Jetzt begannen die Luftangriffe, die Sirenen heulten und trieben uns hinunter in die Luftschutzräume. Aber Bomben fielen nur selten, und immer weit weg von unserer Straße. Ich wollte nicht unten im Keller bleiben bei den vielen schreienden Kindern, ich ging lieber, an Vaters Hand, im Hinterhof auf und ab, und bemühte mich, ungerührt dreinzuschauen, trotz des ohrenbetäubenden Lärms. Ich reckte mir den Hals aus, versuchte, zusammen mit den Männern die Flugzeuge zu identifizieren, und hörte mit ernstem Gesicht ihren endlosen Diskussionen zu. Die Deutschen hatten keine Schuhe, ihre Panzer waren aus Pappkarton. Sehr weit würden sie nicht kommen.
Merkwürdigerweise mußte man aber zugeben, daß die Luftangriffe immer intensiver wurden, und daß der Feind vorging, trotz der allzeit siegreichen Armee, die uns verteidigte. Weiter nach Osten zu fliehen war sicher sinnlos, unnötig und feige – aber plötzlich verstauten wir unser ganzes Gepäck in einen großen roten Bus und fuhren mit Höchstgeschwindigkeit nach Warschau.
Auf halbem Wege dahin auf einer gelben, sandigen Straße erschienen plötzlich deutsche Flugzeuge über uns am wolkenlosen Himmel und stürzten im Tiefflug über die Felder. Der Bus blieb stehen, wir sprangen heraus und krochen schnell in den Straßengraben, Vater warf einen Koffer über Mutter, einen anderen über mich, und da lagen wir zwischen Unkraut und Schlamm, als die Flugzeuge zurückkamen und das Feuer eröffneten. Ich hob den Kopf und schaute mich vorsichtig um: Vater stand unter einem Baum, rauchte und beobachtete die Flugzeuge. Die Straße war leer. Im Graben vor mir lag eine Reihe von Koffern, die die Reisenden schützen sollten. Auf dem Feld über der Straße war eine Bauernfamilie beim Kartoffelgraben überrascht worden, jetzt standen sie alle auf und liefen auf das Bauernhaus zu. Die Flugzeuge kamen noch einmal zurück. Sie flogen so tief, daß ich einen Augenblick lang glaubte, das Gesicht des Piloten sehen zu können, und die Augen schloß, vor Angst, sie könnten auch mich sehen. Noch einmal knatterten die Maschinengewehre, dann waren sie verschwunden.
Wir krochen aus dem Graben heraus und stiegen schnell wieder in den Bus. Eine Frau weinte, jemand beschwerte sich, daß man ihn in die Brennesseln gestoßen hatte, wir waren alle mit Schlamm verklebt

und zitterten. Die Bauern lagen immer noch unter den Kartoffeln, die Gesichter in die Erde vergraben.
Nach unserer kleinen Stadt kam mir Warschau sehr groß und laut vor. Ich war noch nie hiergewesen, und ich freute mich schon auf lange Spaziergänge und Trambahnfahrten mit Sigi. Wir wohnten bei Tante Marysia, sie überließ uns ein kleines Zimmer in ihrer Wohnung. Die Großeltern zogen bei Freunden in der Stadtmitte ein. Tante Marysia lebte im obersten Stockwerk eines kleinen Hauses am Ende einer von Bäumen bestandenen Straße nicht weit vom Flughafen.
»Kein sehr günstiger Platz bei einem Angriff«, sagte Vater und bekam sofort Vorwürfe wegen seiner Panikmache. Von einem Angriff auf Warschau war doch keine Rede. Die Deutschen würden nie so weit kommen.
Ein paar Tage vergingen in glücklicher Aufregung, während ich die neue Wohnung und die Gegend rundherum erforschte, die Kinder in der Straße kennenlernte und lange Trambahnfahrten machte. Die Luftangriffe wurden immer häufiger, kamen aber nie in unsere Nähe. Und überhaupt war Warschau ja so groß, so voll von Menschen, und so erfüllt von dem heroischen Willen zum Widerstand, daß man hier beim besten Willen keine Angst zu haben brauchte.

Dann hielt eines Tages Oberst Manuiastowski eine Rede, in der er alle waffenfähigen Männer aufforderte, die Stadt zu verlassen und nach Osten zu gehen, um nicht dem Feind in die Hände zu fallen. Vater begann sofort zu packen und ging am nächsten Morgen fort und ließ Mutter, die die ganze Nacht geweint und gejammert hatte, völlig gebrochen zurück.
Tante Marysia fand ein solches Benehmen unmöglich. Sie war schon lange daran gewöhnt, allein zu leben, und konnte nicht verstehen, wie eine Frau so von ihrem Mann abhängig sein konnte. Und überhaupt fand sie eine derart offene Zurschaustellung von Gefühlen unpassend und geschmacklos. Es war nur ein Zeichen von Mutters Selbstsucht, daß sie Vater in Warschau festhalten wollte. Sicher würden die Deutschen alle arbeitsfähigen Männer entweder einsperren oder erschießen.
Die Vorstellung, daß die Deutschen tatsächlich bis nach Warschau kommen könnten, trieb meine Mutter in einen neuen Heulanfall.
Tanta Marysia zog sich in ihr Schlafzimmer zurück und war in zehn Minuten fest eingeschlafen. Es war uns schon aufgefallen, daß sie die

merkwürdige Fähigkeit besaß, sofort einzuschlafen, wenn die Lage kompliziert wurde. Am Anfang eines jeden Luftangriffs schlüpfte sie in ihr Bett, noch bevor die Sirenen aufhörten zu heulen, und schlief tief und fest bis zur Entwarnung. Sigi wurde auch zu Bett geschickt, aber da er nicht die gleiche Gabe sofortigen Vergessens besaß wie seine Mutter, lag er im Bett und las. Mutter und ich stiegen hinunter ins Erdgeschoß und saßen dort zusammen mit den anderen Hausbewohnern auf den Treppen. Das Haus hatte keinen Keller, und Tante Marysia behauptete, daß wir unten auch nicht sicherer waren, aber es jedenfalls viel unbequemer hatten als sie da oben im vierten Stock. Die anderen Hausbewohner teilten ihre Meinung nicht. Ihre merkwürdige Gewohnheit war allen bekannt, die meisten schüttelten einfach den Kopf darüber, aber ein paar fanden, daß sie mit ihrer Sorglosigkeit das Schicksal herausforderte. Man redete schon davon, sie mit Gewalt herunterzuholen, weil sie die Sicherheit des ganzen Hauses gefährde.

Nach Vaters Abreise zeigte Tante Marysia ganz unverhüllt ihre Verachtung für Mutter und ließ uns vollkommen allein. Sie wies Mutter noch an, das Essen für uns selbst zu machen, dann redete sie kein weiteres Wort mehr mit uns. Sobald Vater weg war, zerfiel der Haushalt in zwei feindliche Lager. Das machte Mutter nur noch unglücklicher. Ihre eigenen Eltern lebten zu weit weg für häufigere Besuche, denn es gab jetzt bereits jeden Tag einen Luftangriff. Zu Mittag aßen wir in einem Restaurant, war ich sehr aufregend fand, denn das war sonst nur auf Ferien im Ausland vorgekommen. Am Abend saßen wir zusammen auf unserem Diwan, warteten auf das Aufheulen der Sirenen und fühlten uns von Stunde zu Stunde einsamer und ängstlicher.

Der Zwischenfall mit der ausländischen Zahnpasta löste vorübergehend die Spannung und vereinigte uns eine Nacht lang in gemeinsamem Gelächter.

Wir hatten ein Paket aus dem Ausland bekommen, Mutter sah sich die verschiedenen Dosen und Tuben darin an und stieß auf eine Tube mit rätselhafter Aufschrift. Ihr Englisch war schon ziemlich eingerostet, aber nachdem sie auf der Tube gelesen hatte: »This is the best ...« – der Rest der Aufschrift war ihr unverständlich –, war sie überzeugt, es müsse sich um Zahnpasta handeln. Noch am gleichen Abend beschloß ich, diese Zahnpasta zu probieren. Der Geschmack sagte mir gleich, daß mit Mutters Englisch nicht alles in Ordnung war. Schnell nahm ich den Mund voll Wasser, um das Zeug auszuspülen, aber o Schreck! je mehr ich den Mund spülte, um so heftiger fing es zu schäumen an.

Zur größten Verblüffung der Familie stürzte ich mit Schaum vor dem Mund ins Wohnzimmer, rollte wild mit den Augen und gab unzusammenhängende Geräusche von mir. Mit mehreren Gläsern Wasser wurde ich endlich den Schaum los, aber den Geschmack dieser hervorragenden Rasiercreme bekam ich die ganze Nacht nicht aus dem Mund.

Ein paar Tage nach Vaters Abreise hielt uns ein besonders langer Luftangriff die ganze Nacht im Stiegenhaus fest. Um fünf Uhr früh hörten wir, erschöpft und schon halb schlafend, plötzlich von einer Männerstimme unseren Namen rufen. Zu unserer größten Überraschung sahen wir Großvater durch die dichtgedrängte Menschenmenge auf den Stufen sich zu uns vorarbeiten. Er starrte ihnen ins Gesicht und schrie laut nach uns. Der Angriff war noch immer in vollem Gang. Die ganze Nacht hatten wir überall die Bomben fallen gehört, und jetzt bei Tagesanbruch kamen noch die Maschinengewehre und die schweren Geschütze dazu. Es war einfach unglaublich, daß Großvater mittendrin auftauchte, und noch unglaublicher, daß er darauf bestand, daß wir sofort mit ihm zu seinem Haus gingen. Mutter wollte sich zuerst nicht vom Fleck rühren, aber als die anderen Nachbarn sich einmischten und ihr zuredeten, doch mit ihrem Vater zu gehen – »dort haben Sie richtige Luftschutzräume, da sind Sie sicherer mit dem Kind« –, gab sie schließlich weinend nach. Wir liefen schnell nach oben, um ein paar von unseren Sachen zu holen und uns von Tante Marysia zu verabschieden. Sie schlief fest, und wir wollten sie nicht aufwecken. Sigi winkte uns fröhlich von seinem Bett zu und wünschte uns viel Glück.

Der Marsch, der jetzt folgte, war wie eine Art wahnsinniges Versteckspiel zwischen uns und den Flugzeugen über unseren Köpfen. Wir rannten in Hauseingänge und wieder heraus, wichen dem Maschinengewehrfeuer aus der Luft und den Glas- und Ziegelschauern von den Häusern aus, jede Minute damit rechnend, daß es jetzt aus war. Einmal wurde ein Haustor genau in dem Augenblick, da wir wieder heraushetzten, von einer Bombe eingedrückt. Hinter einer anderen Tür fanden wir eine Gruppe von schreienden, blutenden Frauen aus den Wohnungen darüber. Eine andere Haustür ließ sich nicht öffnen, während wir in panischer Angst davor hocken blieben, bis die Flugzeuge über uns wieder verschwanden. Es schien Stunden zu dauern. Ich war schon zu erschöpft und zu verstört, um etwas anderes zu empfinden als das Bedürfnis, mich niederzulegen. Und immer wieder öffnete sich noch eine Straße vor uns wie ein Tunnel, mit langen Reihen von geschlossenen Türen zu beiden Seiten, und von oben lauerte der Tod.

Endlich war das Ende in Sicht. Nur einen Platz mußten wir noch überqueren, dahinter fing die Straße an, wo die Großeltern wohnten. Aber der Platz bot überhaupt nicht den geringsten Schutz, und die reglosen Körper, die überall herumlagen, zeigten uns deutlich, was denen geschah, die sich hier ins Freie wagten.

Wir zögerten beide, Mutter und ich, aber Großvater erkannte, daß wir uns immer mehr fürchteten, packte uns beide fest am Kragen und zog uns wortlos und im Laufschritt über den Platz. Im Augenblick war der Himmel leer. Keine Flugzeuge waren in Sicht. Wenn sie zurückkamen, bevor wir auf der anderen Seite waren... Ich konzentrierte mich mit dem bißchen Bewußtsein, das mir noch geblieben war, auf die mechanische Bewegung meiner Beine, und die übrige Welt zählte nicht mehr, bis wir endlich die todbringende Wüste hinter uns ließen und in eine Menschengruppe hineinrannten, die auf der anderen Seite wartete. Sie klatschten, weil wir so tapfer waren, und schimpften mit uns, daß wir uns so blind in Gefahr begeben hatten. Noch ein paar Schritte, und wir traten in ein großes Haus, ein Mietshaus mit vier Innenhöfen, wo die Großeltern und verschiedene Cousins und Cousinen in einer kleinen Wohnung zusammengepfercht lebten. Der Luftangriff war vorbei. Ich wurde gleich, noch als die Sirenen zur Entwarnung heulten, zu Bett gebracht, während Mutter, noch immer zitternd und Großvater am Ärmel haltend, von einer Schar von Verwandten geküßt, gestreichelt und getröstet wurde.

Da die Großeltern beschlossen hatten, uns vorläufig bei sich aufzunehmen, wurde in der leeren Vorratskammer ein Klappbett für uns beide aufgestellt, und ich fing an, die neue Umgebung zu erkunden. Die Wohnung war so vollgestopft mit Menschen, daß ich sie zuerst gar nicht zählen konnte.

In jedem Zimmer wohnte eine ganze Familie, dazu gab es zwei Hunde, und in der Küche war unsere alte Sophie. Ich fand das alles unheimlich aufregend, das endlose Hin und Her zwischen den Zimmern, die Tratschereien, die plötzlich aufflammenden Streite und die tränenreichen Versöhnungen, und die spannenden Geschichten, die beim Essen erzählt wurden.

Den Pekinesen konnte ich nicht ausstehen, und das beruhte völlig auf Gegenseitigkeit, aber in den Collie war ich sofort verliebt. Der machte es sich bald zur Gewohnheit, jede Nacht unter mein Bett zu schlüpfen und sich streicheln und küssen zu lassen, aber wenn Mutter zu Bett

ging, verscheuchte sie ihn immer. Das arme Tier hatte eine panische Angst vor den Bomben und kroch beim ersten Ton unter irgendein Bett, zog die Bettdecke herunter und versteckte sich dahinter. Ich hatte genausoviel Angst wie er, und wenn ich ihn zu mir rief, kam er gleich und versteckte seinen Kopf unter meinem Rock, und so zitterten und stöhnten wir zusammen bis zur Entwarnung.
Am Tag nach unserem Einzug in die neue Wohnung ging Großvater zurück zu Tante Marysia, um einige Kleider für uns zu holen. Erst spät am Abend kehrte er zurück und erzählte, daß das Haus eine Stunde nach unserem Aufbruch von einer Bombe getroffen worden war. Es war ein Volltreffer, der das Stiegenhaus unter sich begrub, aber die Wohnungen kaum beschädigte. ... Tante Marysia wäre also nichts passiert, wenn nicht unglücklicherweise die anderen Hausbewohner, als die Bomben immer näher und näher fielen, Tante nicht mehr länger da oben den Teufel versuchen lassen wollten und ihr und Sigi befahlen, sofort herunterzukommen. Die Bombe schlug ein, als die beiden gerade die Wohnung verließen. Tante und Sigi wurden beide an der gleichen Stelle verletzt, beide hatten sie eine tiefe Wunde die ganze rechte Körperseite entlang. Man brachte sie in ein Krankenhaus, wo Großvater sie besuchte und hörte, was geschehen war. Von den anderen Hausbewohnern überlebte nur noch ein Ehepaar aus einer der Wohnungen im Erdgeschoß. Über Sigis Überlebenschancen äußerten die Ärzte sich nicht optimistisch, wegen seiner Diabetes.
»Wenn ich euch nicht rechtzeitig aus diesem Haus dort gezerrt hätte ...« Großvaters Stimme brach, er sagte den Satz nicht zu Ende.
Am selben Nachmittag klopfte es plötzlich energisch an der Tür, und Großmutter und ich liefen in den Gang. Man hörte jetzt viel von Diebstählen und Raubüberfällen, daher trauten wir uns zuerst nicht zu öffnen. Da klopfte es noch stärker, daß die Tür wackelte. Endlich schob Großmutter den Riegel zurück und trat sofort mit einem Aufschrei einen Schritt zurück. Vor uns stand eine große Gestalt in einem Armeemantel, der ihr zerrissen und schmutzig bis zu den Knöcheln hing. Die Mütze hatte der Mann tief über die Augen gedrückt, das übrige Gesicht war von einem lockigen schwarzen Bart bedeckt. Großmutter fing sich als erste. Sie zog ihren Schal enger um sich und fragte mit schwacher Stimme, was der Herr denn hier wünsche. Die Gestalt war noch einen Augenblick lang sprachlos, dann bewegte sich der schwarze Bart, und eine vertraute Stimme sagte: »Mutter?«
Es war Onkel. Er nahm an der Verteidigung von Warschau teil und hatte uns eben jetzt nach einer langen und intensiven Suche endlich

gefunden. Darauf fielen alle Frauen in der Wohnung in einen Taumel der Begeisterung, drängten sich an ihn, streichelten seine Uniform, bürsteten, putzten und stopften, wo es nötig war, standen alle paar Minuten wieder von der Arbeit auf, um ihn aufs neue zu umarmen und zu küssen und immer wieder die gleichen Fragen zu stellen: Wie war die Lage in der Stadt? Waren die Deutschen wirklich im Anmarsch? Konnte sich die Stadt überhaupt noch länger halten? Was sollten wir tun?

Onkel hatte keine guten Nachrichten. Er riet uns, einen Luftschutzraum zu finden und dort zu bleiben. Er selbst würde so oft als möglich kommen und uns etwas zu essen bringen.

Wieder heulten die Sirenen. Wir gingen alle zusammen hinunter und nahmen dankbar die Einladung der Leute an, die im Erdgeschoß lebten. Ihre Wohnung war schon ganz voll, und wir saßen am Boden, während Onkel seine Sachen zusammenpackte und sich von allen verabschiedete, und alle umarmte, küßte und ihnen auf die Schultern klopfte. In dieser Versammlung von Frauen und alten Männern vertrat er allein Kraft, Hoffnung, das Leben selber; solange er bei uns war, fühlten wir uns alle sicherer. »Wenn wir nur irgend etwas tun könnten, statt hier zu sitzen und darauf zu warten, daß das Haus über uns einstürzt«, sagte jemand und brachte dadurch die Gefühle aller Anwesenden zum Ausdruck.

Gerade als die Tür hinter Onkel zufiel, wurde das ganze Haus von einer ungeheuren Explosion erschüttert. Ich lag auf Mutters Schoß, den Kopf an die Mauer gelehnt. Als die Bombe einschlug, prellte mein Kopf nach vorn und schlug dann so heftig zurück gegen die Mauer, daß ich das Bewußtsein verlor. Als ich wieder zu mir kam, war es rund um mich ganz schwarz. Ich hörte aufgeregte Stimmen und spürte viel Bewegung, und wunderte mich, wie die Leute sich in der Finsternis so frei bewegen konnten. Dann begriff ich, daß ich blind geworden war. In den nächsten Stunden lösten sich langsam wieder Umrisse aus den Schatten, aber zuerst sah ich alles dreifach. Die ganze Nacht hindurch übergab ich mich immer wieder auf dem fremden Teppich, und mein Kopf schien anzuschwellen wie ein Ballon und unter dem Plafond zu schweben.

Später erfuhr ich, daß die Bombe die Mauer, an der wir lehnten, zum Teil umgerissen und außerdem den Liftschacht zerstört hatte. Onkels unglaubliches Glück hatte ihn vor dem, wie wir alle glaubten, sicheren Tod gerettet. Der Luftdruck warf ihn zu Boden und riß ihm die Mütze vom Kopf. Während wir alle ganz still in der Wohnung saßen

und keiner es wagte, hinauszugehen und zu schauen, was von ihm noch übrig war, spazierte er unverletzt herein und fragte, wie es uns ginge.
In den nächsten Tagen folgten die Luftangriffe so dicht aufeinander, daß wir beschlossen, einen Teil unserer Sachen in den Luftschutzraum zu bringen und dort gleich zu übernachten, statt jede Nacht aus dem Schlaf gerissen zu werden. Das Hauskomitee erklärte, daß die Keller unter jedem Teil des Hauses für die Bewohner dieses Teils reserviert seien. Wir waren besonders gut dran, denn der Keller in unserem Flügel hatte eine »bombensichere« Decke und noch zusätzlich verstärkte Wände. Er war zwar noch nicht ganz fertig, sollte aber in einer Woche soweit sein. Mutter und ich gingen hin und suchten uns unsere Plätze aus.
Am Eingang zur Kellertür schaute ich in die Finsternis vor mir, als mich plötzlich eine Welle der Panik derart überflutete, daß ich wie angewurzelt stehenblieb. Ich weigerte mich, auch nur einen Fuß in dieses schwarze Loch zu setzen, aus dem mir Grabesgeruch entgegenströmte. Die Finsternis da drinnen barg für mich irgendwelche unvorstellbare Schrecken; ich riß mich von Mutter los, floh in eine Ecke des Stiegenhauses und fing dort derart wahnsinnig zu brüllen und zu schreien an, wie ich mich selbst noch nie gehört hatte.
Mutter war zuerst zornig, dann verblüfft und führte mich hinauf. Oben in der sonnigen Wohnung beruhigte ich mich wieder, flehte sie aber an, nicht in diesen Keller zu gehen, sondern einen anderen ausfindig zu machen. Und zu meiner ungeheuren Erleichterung gab sie nach einer Weile nach. Nachdem sie mich nach dem Grund für meinen plötzlichen Ausbruch gefragt hatte, und ich ihr nicht erklären konnte, was da über mich gekommen war, teilte sie der Familie mit, daß sie das als ein Omen betrachte. Sie vertraue meiner Intuition und würde einen anderen Keller suchen. Die anderen Familienmitglieder konnten ja tun, was sie für richtig hielten.
Es gab mehrere empörte Szenen mit den Verwandten, die Mutter vorwarfen, sie lasse sich von einem Kind tyrannisieren, und sie würde Panik verbreiten. Großmutter erklärte, sie würde sich nicht vom Fleck rühren, Großvater dagegen ging fort und suchte die ganze Gegend nach einem anderen Keller für uns ab. Er kehrte bald ziemlich enttäuscht zurück und sagte uns, daß alle Keller voll wären, nur im vierten Innenhof gäbe es noch einen, der allerdings kein richtiger Keller war, und auch ziemlich ungeschützt. Leute waren zwar kaum drinnen, dafür aber eine ganze Menge Glas.

Wir gingen den Keller inspizieren. Eine Glasmanufaktur, auf Laborgeräte spezialisiert, hatte ihn als Lagerraum benutzt. Vom Fußboden bis zur Decke standen hölzerne Stellagen gefüllt mit einem Wald von seltsamen, durchsichtigen Formen. Birnen, Spiralen, zerbrechliche Röhren in allen möglichen Fassonen krochen die Wände entlang wie in einem Traumdschungel. Bei jedem Schritt stieg eine Welle von zartem Geklirr in die Luft auf. Wir beschlossen, hier einzuziehen, und machten uns sofort ans Werk, das Glas wegzuräumen und in sicheren Ecken zu verstauen. Dann holten wir unser Bettzeug und breiteten es auf dem Zementboden aus; dann noch Essen, Kerzen, einen Spirituskocher, und die Übersiedlung war fertig.
Gerade zur rechten Zeit. In der nächsten Nacht meinten wir, für Warschau sei der Jüngste Tag angebrochen. Ich weiß nicht mehr, wie viele Tage es dauerte, aber uns kam es wie eine Ewigkeit vor; ich lag fast zu einem Ball eingerollt, hielt den Atem an, bis mir fast die Brust zersprang, schloß die Augen und hielt mir die Hände über die Ohren. Über uns heulten die Flugzeuge auf, Wände stürzten donnernd um, Glas zerbrach klirrend, und in regelmäßigen Abständen drangen Wolken von Staub in den Keller, die uns noch mehr schreckten. Manchmal ließ der Lärm nach, und durch halbgeöffnete Augen sah ich Schatten, die sich im Kerzenlicht bewegten. Mutter, weiß und zitternd, versuchte mich aufzurichten, mir etwas Wasser einzuflößen, aber ich konnte nicht schlucken, und ich wollte mich auf keinen Fall aus meiner Stellung rühren. Ich hatte das Gefühl, als hätte mein Körper bereits aufgehört zu leben, und ich konzentrierte mich ausschließlich darauf, mir diesen Zustand zu erhalten. Ich wollte nichts von dem, was rund um mich vorging, sehen oder hören, und ich wollte es nicht spüren, wenn die Bombe endlich einschlug.
Von Zeit zu Zeit bekam ich einen unerträglichen Krampf, der mich zwang, meine Lage zu ändern, dann bewegte ich mich ganz vorsichtig, probierte die Wirkung meiner neuen Lage auf die Kräfte da oben über mir aus. Ich hatte die abergläubische Überzeugung – die ich selber als absurd erkannte, gegen die ich aber machtlos war –, daß keine Katastrophe über uns hereinbrechen würde, solange ich nur in meiner einmal angenommenen Lage verblieb.
Schließlich war ja auch bisher nichts passiert, also hatte ich vielleicht doch die magische Formel gefunden. Aber wenn ich meine Lage änderte, oder in meiner Konzentration nur einen Augenblick nachließ, dann würde die schützende Glocke um uns bersten, das Böse hereinschlüpfen, und die nächste Bombe galt dann uns.

In meinen kurzen hellen Momenten vermerkte ich ganz unbeteiligt die verschiedenen Veränderungen rund um uns. Der Keller war jetzt voller Neuankömmlinge, unsere Familie war eng zusammengedrängt in einer Ecke.
Bei einem der ersten Angriffe erhob sich plötzlich ein Sturm der Entrüstung darüber, daß in der Stille zwischen den Explosionen aus einer dunklen Ecke friedliches Schnarchen ertönte. Empört begannen alle nach diesem gefühllosen Rohling zu suchen, und die Gemüter kühlten sich auch nicht ab, als sich herausstellte, daß der Rohling niemand anderer war als der Pekinese aus unserer Wohnung. Irgend jemand behauptete, man müsse den Hund beruhigen, bevor der Lärm ihn wahnsinnig machte, und obwohl der Hund doch zur Genüge bewiesen hatte, wie wenig der Lärm ihn störte, wurde er hinausgescheucht. Trotz des hysterischen Weinkrampfes seines Besitzers, der jetzt den Keller erfüllte, sahen wir das Tier nie wieder.
Eines Nachts gab es einen dramatischen Zwischenfall, als während eines besonders langen Luftangriffs Großmutter und Sophie plötzlich in unseren Keller stürzten, nur halb bekleidet und von Kopf bis Fuß mit Gips bedeckt. Bisher hatten sie es abgelehnt, zu uns in unseren Unterschlupf zu ziehen, ihr bombensicherer Keller war ihnen lieber. An diesem Abend fielen die Bomben, bevor noch der Alarm eingesetzt hatte. Wir hatten uns in unserem Keller häuslich eingerichtet, aber Großmutter, die es zu dem Keller gleich unter ihrer Wohnung nicht so weit hatte, war mit Sophie noch oben geblieben. Sie waren beide gerade dabei, sich anzuziehen, als die Bombe einschlug, das Haus in zwei Teile schnitt und alle Leute im Keller unter sich begrub. Gegen das Gewicht der sechs Stockwerke, die darauf herabstürzten, hatte auch die besonders verstärkte Decke des Luftschutzraumes keine Chance.
Großmutter und Sophie waren zwar unverletzt, aber ganz benommen. Sie hatten sich gerade in den beiden entgegengesetzten Räumen der Wohnung aufgehalten, während die drei mittleren Räume zwischen ihnen einfach verschwanden. Da die beiden Stiegenhäuser noch in Ordnung waren, konnten sie die Wohnung verlassen und zu uns in den Keller kommen.
Von Zeit zu Zeit tauchte Onkel im Kerzenlicht auf, dann gab es immer diese rührenden Szenen, wenn sich alle an ihn hängten und klammerten, ihn um Nachrichten anflehten, oder ihn einfach nur berühren wollten. Er hatte immer noch soviel Glück. In seinem Mantel waren Kugellöcher, bei der Explosion eines Schrapnells hatte er einen Stiefel verloren, aber ihm selbst war nichts passiert.

Dann kamen die letzten achtundvierzig Stunden, als die Deutschen, entschlossen, die Verteidigung zu durchbrechen, ihre gesamte Feuerkraft auf diese Stadt konzentrierten. Achtundvierzig Stunden lang schlugen die schweren Bomben ein, und der Himmel spie Feuer und Tod. Unser Haus büßte alle seine Dächer ein, die meisten Wohnungen in den oberen Stockwerken wurden zerstört. Überall brach Feuer aus, und Großvater, der die Feuerwehr organisiert hatte, war Tag und Nacht draußen und bemühte sich, das Feuer wieder einzudämmen.
Als der Vorderteil unseres Hauses plötzlich Feuer fing, wurden alle Keller verständigt, man möge sich auf eine Evakuierung vorbereiten. Die Straßen rundherum standen entweder bereits in Flammen oder lagen in Schutt und Trümmern. Es schien der helle Wahnsinn, sich jetzt hinauszuwagen, aber falls die Vorderfront zusammenbrach, würden wir unter den Trümmern begraben.
Ich wurde aus meiner Ecke hochgehoben und aufgerichtet. Man teilte uns mit, daß wir uns Decken über die Köpfe ziehen sollten und auf weitere Anweisungen zu warten hätten. Mutter setzte sich neben mich und nahm meine Hand. Sie war in eine blaue Decke gewickelt, aus der nur ihr Gesicht heraussah, sehr klein und rund und mit dem weißen Gipsstaub angezuckert, der alles bedeckte. Mit leiser Stimme fing sie an zu beten, ich hörte verlegen den bekannten hebräischen Worten zu, als sie plötzlich auf polnisch weiterbetete:
»Gott ist groß und er ist gut und gerecht. Er wird mich am Leben lassen, daß ich für mein kleines Mädchen sorgen kann.«
Meine Verlegenheit wich einer tiefen Rührung, dem ersten Gefühl, das ich mir gestattete, seit dieser Alptraum begonnen hatte. Ich vergrub mein Gesicht in Mutters Decke und weinte und spürte, wie Erleichterung und Hoffnung mich durchströmten und die unerträgliche Qual der letzten Tage und Nächte von mir abwuschen.
Da erklangen von der Stiege her eilige Schritte, und Großvater kam atemlos herein, seine Augenbrauen und der Schnurrbart waren versengt, seine Augen blutunterlaufen. Mit heiserer Stimme verkündete er, daß das Feuer, das den Eingang bedroht hatte, gelöscht war, und daß wir also bleiben konnten, wo wir waren. Bald danach hörten die Bombardierungen auf. Warschau kapitulierte. Wir stiegen aus dem Keller heraus und untersuchten, was vom Haus noch übriggeblieben war. Es war nicht viel. Als eine Kellergenossin uns ein Zimmer in ihrer Wohnung anbot, zogen wir zu ihr. Ein merkwürdiges Gefühl, wieder oben zu sein, in Sonne und frischer Luft. Es fiel mir schwer, mich nicht zu ducken, wenn über uns ein Flugzeug vorbeiflog. Onkel

erschien mit einem Sack voller Konserven, Großmutter trieb etwas Mehl auf und fing an, Brot zu backen. Feldküchen erschienen, und zum ersten Mal sah man die Leute widerwillig Schlange stehen. Und die Flüchtlinge, die noch vor kurzem in die Stadt geströmt waren, bemühten sich jetzt, diesen Unglücksort so schnell wie möglich zu verlassen. Wir besprachen, was wir tun sollten. Unter den Umständen schien es am vernünftigsten, wieder nach Haus zu gehen. Nach diesen letzten Tagen hatten wir genug von Warschau, und schon der Gedanke an zu Hause trieb uns allen die Tränen in die Augen. Großvater begann, sich nach Transportmöglichkeiten umzuhorchen. Personenzüge waren für die Armee reserviert, und nur besonders privilegierte Zivilisten konnten auf einen Platz in einem Viehwaggon hoffen. Großvater beschloß, Pferd und Wagen zu »organisieren« und uns selbst zu kutschieren. Alles schien bereits bestens geregelt, als ich plötzlich krank wurde.

Anscheinend hatte ich mich in den langen Nächten auf dem Zementfußboden des Kellers erkältet; während meine Temperatur immer höher kletterte, trat der Familienrat zusammen und überlegte die Lage. Man war sich nicht darüber einig, was schlechter für mich sei, die kalte, fensterlose Wohnung, oder die eisige Herbstluft. Die Heimfahrt würde mehrere Tage lang dauern, und niemand konnte abschätzen, was unterwegs alles passieren würde. Großvater erklärte sich bereit, den Anordnungen des Arztes zu folgen, aber mehrere Tage lang war kein Arzt aufzutreiben. Aber da es mir immer schlechter ging, und die Familie ihn immer mehr bedrängte, klapperte Großvater schließlich eine Feldküche nach der anderen ab und fragte bei jeder Schlange, ob nicht zufällig ein Arzt dabei sei. Auf diese einfache Art fand er auch tatsächlich einen, versprach ihm ein Essen mit drei Gängen, um ihn überhaupt von der Schlange wegzulocken, und brachte ihn nach Haus, wo Mutter sofort drei Konservendosen öffnete, und der Arzt, vor Sattheit strahlend, verkündete, daß ich mindestens noch eine Woche lang unter keinen Umständen reisen dürfte.

In den nächsten Tagen verloren wir Onkel. Seit der Kapitulation hatte er dauernd über seine Zukunft nachgedacht. Großmutter flehte ihn an, doch die Uniform endlich auszuziehen und bei uns zu bleiben. Viele Offiziere und Soldaten nahmen diese Gelegenheit wahr, um zu ihren Familien zurückzukehren, und Großmutter konnte nicht begreifen, warum Onkel nicht dasselbe tun wollte. Er fand, er habe kein Recht, sich selber zu demobilisieren. Es gab lange, leidenschaftliche Debatten über die Ehre der Armee, das Beispiel, das er seinen Soldaten geben mußte, die Genfer Konvention. Ein Offizier hatte die Pflicht, sich einer Gefangenschaft zu entziehen. Bei dem Wort Gefangenschaft brachen Mutter und Großmutter in Tränen aus. Es war undenkbar, daß Onkel gefangengenommen würde. Sie flehten ihn an, bei uns zu bleiben, aber er zögerte und wußte nicht, was er tun sollte, und als er eines Tages nicht mehr kam, wußten wir, daß er gefangengenommen worden war.

3

Die Tage vergingen in steigender Unruhe, während die ganze Familie darauf wartete, daß mein Zustand sich besserte. Großvater trieb einen Bauernkarren und ein Paar Zugpferde auf. Mehrere Nachbarn gesellten sich zu uns, alle ungeduldig darauf drängend, Warschau endlich zu verlassen. Schließlich gab Mutter nach, ich wurde in alles eingewickelt, was wir noch an Kleidung besaßen, und wir setzten uns auf den Wagen. Großvater stieg auf den hohen Kutschbock, die Peitsche schnalzte, und holpernd fuhren wir über das Kopfsteinpflaster davon.

Ich reckte meinen Hals aus den vielen Tüchern und schaute mich ständig um wie ein Wetterhahn, zum großen Ärger der anderen Passagiere, die um keinen Preis Aufmerksamkeit erregen wollten. Die Deutschen waren anscheinend hinter allen jungen Männern her, und wir hatten mehrere bei uns auf dem Wagen. Es fing zu regnen an, und schon beim ersten Tropfen spannten alle einen Schirm auf und verschwanden darunter, mit Seufzern der Erleichterung.

Furchtlos streckte ich weiter meinen Kopf heraus. Vielleicht sah ich Warschau zum letzten Mal, das konnte ich mir doch nicht entgehen lassen. Nach der erzwungenen Gefangenschaft der letzten Wochen wollte ich jedes einzelne Haus sehen und mir merken, jede Ruine, und vor allem jeden deutschen Soldaten. Der Krieg konnte doch morgen schon zu Ende sein, und dann würde ich sie nie wieder sehen!

Als wir das Kopfsteinpflaster und die noch schwelenden Ruinen endlich hinter uns ließen, beugte sich Mutter unter ihrem Schirm hervor.

»Verfluchte Stadt, möge ich dich nie wiedersehen!« sagte sie.

Der Karren war in eine lange Schlange von Fahrzeugen eingekeilt und

kam nur langsam vorwärts. Von Zeit zu Zeit mußten wir ausweichen, wenn uns motorisierte Kolonnen auf ihrem Weg nach Warschau entgegenkamen. Ich betrachtete diesen endlosen grau-grünen Strom, strotzend von Stahl, der da in die Stadt flutete, die wir hinter uns ließen, und war sehr erleichtert, daß wir nach Hause fuhren.
Als wir am Abend in einem Dorf haltmachten, konnte ich kaum noch sehen oder hören, und mein Kopf fühlte sich so schwer an wie eine Bombe. Nur ganz vage nahm ich die Debatte wahr, die rund um mich im Gang war. Ich wurde auf den Boden des Wagens gelegt, zwischen zwei Reihen von großen Füßen, über mir dröhnten die Stimmen dahin, und von beiden Seiten beugten sich fremde Gesichter zu mir nieder.
Auf dem Marktplatz, mitten in einem grünen Strom von Uniformen, der links und rechts von uns in Richtung Warschau floß, wurden wir angehalten, um die Soldaten vorbeizulassen, aber inzwischen phantasierte ich bereits, und es wurde daher beschlossen, daß ich in ein Krankenhaus gebracht werden sollte.
Großvater hob mich vom Wagen herunter und hielt mich mit Hilfe eines anderen Mannes aufrecht. Das Militärkrankenhaus, das in einer Schule untergebracht war, war am Ende einer kleinen Nebengasse deutlich zu sehen, aber ich war zu schwer, um getragen zu werden. Mutter erspähte einen Mietwagen an der Ecke und rannte hin. Der Fahrer schätzte die Lage mit einem Blick ab und sagte dann: »Das macht hundert Zlotys.«
Mutter schaute ihn ungläubig an. Die Fahrt würde keine fünf Minuten dauern. Hundert Zlotys, das war die reinste Erpressung, zu unverschämt, um es auch nur in Betracht zu ziehen (hundert Zlotys war das Monatseinkommen eines guten Arbeiters).
»Mein Pferd ist müde«, erklärte der Kutscher. »Gut, wenn Sie nicht wollen, dann eben nicht.«
Mutter schaute hilflos zu uns herüber, dann ließ sie den Kutscher plötzlich stehen und eilte zum Marktplatz. Durch den roten Schleier vor meinen Augen sah ich, wie sie vor dem riesigen Gendarm stehenblieb, der hier den Verkehr regelte. Er beugte sich zu ihr herunter und hörte aufmerksam zu, und im nächsten Augenblick kamen sie beide zu uns. Dann blieb der Gendarm vor dem Kutscher stehen und brüllte irgend etwas. Der Mann zuckte die Achseln. Da packte ihn der Gendarm an den Beinen, zog ihn vom Sitz herunter und warf ihn mit einem Ruck auf die andere Seite der Straße.
In diesem Augenblick kam ein junger deutscher Offizier auf einem

Motorrad vorbei, erfaßte die Szene mit einem Blick, sprang von seinem Gefährt und trat zu dem Gendarm. Nach einer kurzen Diskussion bot der Offizier an, uns zum Krankenhaus zu fahren. Galant half er Mutter beim Einsteigen und winkte Großvater, uns zu folgen. Dann hob er mich Mutter auf den Schoß, und ein paar Minuten später half er uns allen vor der Tür des Krankenhauses wieder heraus.

Vollkommenes Chaos empfing uns. Ärzte und Schwestern hasteten durch die Räume, Türen schlugen, laute Stimmen brüllten unverständliche Befehle. Wir standen in einem großen Zimmer mit drei blutverschmierten hölzernen Tischen und Kübeln voll schmutzigem Verbandszeug. Der Geruch von Äther machte mich schwindlig. Wir liefen wieder in den Korridor hinaus, wo es uns endlich gelang, die Aufmerksamkeit eines jungen Arztes zu gewinnen. Er war eben dabei, sich so schnell wie möglich Zivilkleidung anzuziehen, aber er ließ sich überreden, mich im Treppenhaus schnell zu untersuchen. Er erklärte uns, daß das Krankenhaus eben geräumt wurde, und daß alle Ärzte und Schwestern so schnell wie möglich verschwinden wollten, um nicht den Deutschen in die Hände zu fallen.

Während er sich bemühte, aus seinen Stiefeln herauszukommen, verkündete er, daß Mutter, wenn sie mich morgen noch lebend sehen wollte, mich noch heute in ein warmes Bett stecken und mindestens zwei Wochen lang drin liegen lassen müßte. Gleichzeitig schüttete er ihr Berge von bunten Pillen in die Hand, mit einem Schwall von Instruktionen: »Diese hier dreimal täglich, diese stündlich, diese in der Nacht... Ich kann leider sonst nichts mehr für sie tun, ich muß schauen, daß ich aus der Stadt verschwinde, bevor sie mich erwischen.« Und damit hastete er die Stiegen hinunter und winkte uns noch mit einer Zivilhose zu.

Draußen wartete noch immer der junge Deutsche in der Kutsche geduldig auf uns. Er erkundigte sich nach der Diagnose und schüttelte mitfühlend den Kopf, als er Mutters Gesicht sah.

»So ein Pech, und ausgerechnet in diesem Nest hier«, meinte er und half uns beim Einsteigen. Dann kutschierte er den Wagen zurück zum Marktplatz, stieg auf sein Motorrad, winkte uns noch einmal freundlich und fuhr davon.

Voll Bedauern sahen wir »unserem« Wagen nach, wie er, mit einem anderen Fahrgast auf dem Kutschbock, davonrollte, und uns vier in diesem Dorf, das keiner von uns kannte, auf unseren Koffern sitzend zurückließ. Die Soldaten sangen auf ihrem Marsch nach Warschau. Es wurde Abend. Mutter saß auf ihrem Koffer und drückte mich an sich und war offensichtlich den Tränen nahe, und Großmutter war erschöpft und gereizt und jammerte laut darüber, daß ausgerechnet uns so etwas passieren mußte. Großvater dagegen, wie üblich, tat etwas. In einer kleinen Nebenstraße fand er einen jüdischen Gastwirt, der uns, von unserem Schicksal gerührt, bei seiner Familie aufnahm. Ich wurde in ein riesiges Doppelbett gesteckt, das nach fremden Körpern roch, und schlief sofort ein.

Als ich wieder die Augen öffnete, riß ich vor Verblüffung über die Szene vor mir den Mund auf. Ich war in einem fremden Zimmer, erhellt nur von einigen Kerzen, die auf einem großen Tisch standen. Rund um ihren zuckenden Lichtschein sah ich dunkle Gestalten singend und stöhnend in alle Richtungen schwanken, es waren alles Männer in langen schwarzen Kaftanen, mit langen Bärten und Locken an den Schläfen und Käppchen auf den Köpfen. Ihre bleichen Gesichter und Hände hingen in dem verschwommenen Kerzenlicht geheimnisvoll körperlos in der Luft. Hinter ihnen schwebten weibliche Gestalten in langen schwarzen Kleidern. Ihre Augen leuchteten auf, wenn sie sich dem erleuchteten Zirkel näherten, und auf dem weißen Tischtuch erschienen plötzlich dampfende Schüsseln mit Essen.

Mutter, die neben mir auf dem Bett saß, nahm schnell meine Hand und flüsterte mir zu, ich sollte still sein. Aber schon hatten sich Gesichter erstaunt und verärgert zu uns gewendet. Dieser frommen orthodoxen Familie kam es einfach unglaublich vor, daß ein jüdisches Kind keine Ahnung vom Sabbat-Ritual haben sollte. Den ganzen Abend hindurch saß ich neben Mutter, drückte mich eng an sie und beobachtete den Kreis von Menschen rund um den Tisch, wie sie hin und her schwankten, weinten, sangen, beteten, und lauschte voller Angst und Ergebenheit den Worten, die auch in der fremden Sprache so klar zu verstehen waren.

Am Ende dieses seltsamen Abends erhoben sie sich alle und gingen, noch immer singend, im Gänsemarsch zu einem großen Schrank. Die Tür ging auf, und einer nach dem anderen verschwand darin.

Am Morgen kamen sie durch die gleiche Tür wieder heraus und traten zu mir ans Bett, um mich zu begrüßen. Jetzt sahen sie wie eine ganz normale orthodoxe Familie aus, ihre Käppchen und Kaftane waren lange nicht mehr so geheimnisvoll wie gestern, und die bärtigen Gesichter lächelten. Die Frauen in Perücken und langen dunklen Kleidern hatten immer einen vollen Teller in der Hand, wenn sie schüchtern in meine Nähe kamen, und wollten mich zu jeder Tageszeit füttern.

Wir verbrachten eine Woche bei ihnen, überwältigt von ihrer Gastfreundschaft und Güte. Das vordere Zimmer, wo wir wohnten, war nur eine »Attrappe«, die ganze Familie wohnte in dem hinteren Zimmer, dessen Tür durch den Kleiderschrank getarnt war. Seit der Invasion der Deutschen lebten sie in ständiger Furcht vor Arrest oder einem anderen Unglück und hatten die naive Hoffnung, daß der Schrank ihre Rettung sein würde.
Dank dem warmen Bett und dem guten Essen ging es mir bald viel besser; die Pillen hatte meine Mutter alle weggeworfen, aus Angst, sie würde mich vergiften, wenn sie die Anweisungen des Arztes nicht richtig ausführte.
Und weil ich noch immer krank war, bekamen wir jetzt Pässe für die Bahnfahrt. Wir verabschiedeten uns von der Gastwirtsfamilie, die uns alle ihren Segen gaben und für ihre Gastfreundschaft keinesfalls Geld von uns annehmen wollten.
Und so kamen wir nach zweimonatiger Abwesenheit wieder nach Haus. Stanislaw war da, sein langer Schnurrbart kitzelte mich im Gesicht, als er mich nach oben trug. Bis auf ein paar Einschüsse in den Fensterscheiben, die wir mit Watte verstopften, war das Haus noch vollkommen in Ordnung. Ein paar Sachen fehlten. Vor allem kleine Dinge, Nippes, Porzellan, Sofakissen, und alle meine Spielsachen. Und von Mutters Kleidern fehlten auch einige.
»Ich bin überzeugt, das war Stefa«, sagte Mutter sofort.
Ich war empört. »Meine« Stefa sollte meine Puppen und alle diese schönen Sachen gestohlen haben? Als Stefa endlich selbst kam, brach sie in Tränen aus und gab auf Fragen keine Antwort. Unsere Rückkehr machte sie anscheinend überglücklich. Sie wollte ihre Stelle sofort wiederaufnehmen, und da ich noch immer im Bett bleiben mußte, stimmte Mutter zu. Aber die Atmosphäre zwischen den beiden Frauen war sehr gespannt. Mutter war sehr leicht reizbar und ärgerte sich furchtbar, wenn Stefa so merkwürdige Dinge sagte wie: »Wir sind jetzt alle Deutsche und müssen für das Reich arbeiten.« Sie glaubte alles, was die Zeitungen über Deutschland schrieben, und meldete sich nach ein paar Wochen sogar freiwillig zur Deportation, um in einer deutschen Fabrik zu arbeiten: »Der Mann im Büro hat gesagt, daß die Bezahlung gut ist. Hier könnte ich nie so viel verdienen.«
Mutter griff sich an den Kopf. Tagelang versuchte sie, Stefa diesen unsinnigen Entschluß auszureden. Aber Stefa verstand einfach nicht, was das Wort »Propaganda« bedeutete.
Nach einem Monat Erholung war ich wieder so weit beisammen, daß

ich bei einem Privatlehrer regelmäßig Stunden nehmen konnte. Die Schulen waren geschlossen. Der Teil von Polen, wo wir lebten, wurde dem Reich angegliedert, und es schien nicht sehr wahrscheinlich, daß Juden hier wohnen bleiben dürften.

Von Vater hatten wir keine Nachricht. Wir hatten gehört, daß die Zufahrtsstraßen nach Warschau in diesen Tagen des allgemeinen Exodus schwer bombardiert worden waren, und daß viele Menschen dabei umkamen. Niemand wußte, was mit Vater geschehen war, und wir lebten in der ständigen Hoffnung auf einen Brief mit günstigen Nachrichten.

Frost und Schnee begannen zeitig in diesem Jahr. Trotz der ständig steigenden Spannung und Unruhe hofften wir, den Winter in unserem Haus verbringen zu können. Da bekamen wir eines Tages unerwarteten Besuch.

Herr Junge, der Feldscher, erschien und erkundigte sich, ob wir irgend etwas von Vater gehört hätten. Er war eine Art medizinischer Assistent, der früher die Familie unter Aufsicht eines Arztes behandelt hatte. Seit vielen Jahren war er ein guter Freund. Immer war er freundlich und gut gelaunt, und Mutter freute sich, ein bekanntes Gesicht zu sehen, und bat Stefa, für sie beide Tee zu machen. Sich die Hände an seinem Teeglas wärmend, platzte Herr Junge dann plötzlich mit einem merkwürdigen Vorschlag heraus: das Haus, in dem wir wohnten, gehörte Mutter. (Es war Großvaters Hochzeitsgeschenk gewesen, als sie gegen den einhelligen Widerstand der restlichen Familie meinen Vater geheiratet hatte.) Da Mutter aber Jüdin war, durfte sie nun, da die Zeiten sich geändert hatten, kein Haus mehr besitzen. Herr Junge sah entschuldigend drein, als er uns über diese neue Entwicklung informierte. Er selbst dagegen war in der glücklichen Lage, durchaus Besitz erwerben zu dürfen, denn er war jetzt Deutscher. Als Mutter ihre Überraschung darüber erkennen ließ, zog er ein Dokument hervor.

Ja, es war ihm eine Ehre, endlich wieder die Nationalität seiner Vorfahren annehmen zu dürfen. Er war tatsächlich rein deutscher Abstammung, nur hatte seine Familie unglücklicherweise in den Jahren vor 1939 ihre Herkunft geheimhalten müssen.

An diesem Punkt der Unterhaltung erinnerte ich mich plötzlich vage an Gespräche von vor dem Krieg. Kein Zweifel, das war derselbe Mann, der im Jahre 1937 einen Verleumdungsprozeß gegen jemand gewonnen hatte, der es gewagt hatte, ihn pro-deutscher Sympathien zu bezichtigen!

Der Ton von Herrn Junge wurde um eine Spur härter. Verschwunden war das schüchterne Lächeln, die ganze Onkeldoktorhaftigkeit. Obwohl er auf polnisch mit uns redete, bekam er plötzlich einen starken deutschen Akzent, als er Mutter herrisch befahl, ihn sofort zum rechtmäßigen Besitzer ihres Hauses zu erklären, und ihr dafür eine Summe anbot, die wohl lachhaft gewesen sein mußte, denn Mutter lächelte nur.

Herr Junge sprang vom Stuhl auf, das Teeglas zersprang klirrend am Boden. Er schwenkte ein zweites Dokument und reichte Mutter derart abrupt eine Feder, daß ich einen Moment lang glaubte, er wollte sie schlagen.

»Sie sind ein lächerlicher, eingebildeter Mann«, sagte Mutter. »Sie glauben vielleicht, Sie können die Lage ausnutzen, solange mein Mann nicht hier ist, aber da täuschen Sie sich. Ich werde Ihnen dieses Haus niemals verkaufen, auch dann nicht, wenn Sie mir einen anständigen Preis dafür bieten. Ich wundere mich nur, daß Sie mit Ihren Nazi-Anschauungen es überhaupt über sich bringen, Hand an jüdischen Besitz zu legen.«

Das Gesicht von Herrn Junge lief dunkelrot an. »Frau David, ich befehle Ihnen zum letzten Mal: Unterschreiben Sie dieses Papier!« Seine Stimme war jetzt so hoch, daß sie beim letzten Wort überschnappte.

Mutter gab keine Antwort.

»Das werden Sie bereuen, das werden Sie noch bitter bereuen, das verspreche ich Ihnen!« schrie er plötzlich, und genauso plötzlich stand Mutter von ihrem Stuhl auf und machte einen Schritt auf ihn zu:

»Hinaus aus meinem Haus!« sagte sie ganz ruhig. Sie war einen guten Kopf kleiner als Herr Junge, aber in ihrer Stimme lag so viel Autorität, daß er rückwärts bis zum Stiegenhaus ging und mit der Hand automatisch an den Hut griff, als er zur Tür kam. Draußen hörten wir ihn noch laut fluchen und zwei Stufen auf einmal die Treppe hinunterstürzen.

Großvater war entsetzt, als er davon hörte. »Ich fürchte, Kind, du hast noch immer nicht begriffen, was uns bevorsteht. Dieser Mann hat Gewalt über Leben und Tod von uns allen, und du hast ihn wütend gemacht.«

Ich sah, wie Mutter die Tränen in die Augen stiegen, als sie sich verteidigte: »Krieg oder nicht, ich konnte doch diesem Opportunisten nicht erlauben, mich in meinem eigenen Haus zu bedrohen!«

Großvater seufzte. »Ich glaube, es wäre klüger, wenn wir uns ein anderes Haus suchen und uns eine Weile dorthin zurückziehen. Vielleicht bis zum Frühling. Dann ist vielleicht mit Gottes Hilfe der Krieg schon vorbei.«

Bald darauf begannen die Arisierungen. Juden wurden aus ihren Häusern vertrieben, diese versiegelt und für die Deutschen reserviert, die dann einzogen. Am Anfang durften die ehemaligen Insassen noch unbehelligt ausziehen, aber schon nach einer Woche fingen die Verhaftungen und die Deportationen an.

Ich ging mit Mutter eine alte Großtante besuchen, die den Befehl bekommen hatte, das Haus zu räumen. Wir fanden sie mit ihrem Mann in ihrem riesigen, düsteren Speisezimmer sitzen. Sie waren fest entschlossen, zu bleiben, wo sie waren. Mutter versuchte sie mit jedem möglichen Argument, das ihr einfiel, zu überreden, aber es nützte nichts.

»Ich kam vor fünfundvierzig Jahren als Braut in dieses Haus«, sagte Großtante. »Alle meine Kinder sind hier zur Welt gekommen, zwei sind hier im Nebenzimmer gestorben. Mein ganzes Leben liegt in diesen alten Mauern, diesen alten Möbeln. Meine Kinder leben im ganzen Land verstreut. Sie brauchen uns nicht, und ich möchte niemandem zur Last fallen. Wohin sollen wir denn gehen? Ich könnte in einer fremden Küche meinem Moritz nicht einmal eine Mahlzeit kochen...«

Großonkel saß in seinem Sessel mit der hohen Lehne und nickte nur lächelnd. Er stimmte seiner Frau vollkommen zu. Ausziehen kam nicht in Frage.

»Diese jungen Offiziere gestern waren wirklich sehr grob zu uns«, sagte sie kopfschüttelnd. »Sie haben richtig herumgeschrien. Vielleicht meinten sie, wir sind taub? Sie sollten wirklich etwas mehr Respekt vor unserem Alter haben, auch wenn sie Deutsche sind. Sie waren so jung...«

Draußen fuhr ein Wagen vor. Großtante schlurfte langsam zum Fenster. »Da sind sie, ihr geht besser schnell weg.« Zum letzten Mal versuchte Mutter, sie zu überreden, doch mit uns zu kommen, aber sie hörten nicht auf uns, scheuchten uns statt dessen über die Dienstbotenstiege fort, während die Eingangstür schon unter den Fäusten der Soldaten zitterte. Unten auf dem Stiegenabsatz blieben wir stehen, um uns die Mäntel zuzuknöpfen, und hörten zwei trockene Stöße die Stille in der Wohnung oben brechen. Mutter packte mich am Arm,

wir hasteten schweigend nach Haus und wagten nicht, einander ins Gesicht zu sehen.
Am nächsten Tag wurden die Großeltern von einer Gruppe von Offizieren aufgesucht.
»Das ist ja ein Paradies«, sagte der ältliche Führer der Gruppe, während sie von Zimmer zu Zimmer gingen, die Bücher und die Bilder bewunderten, die Möbel anfaßten und auf die Kissen klopften.
»Alles muß hier genauso bleiben, wie es ist«, befahlen sie. »Wenn morgen auch nur das geringste davon fehlt, werden Sie es mit Ihrem Leben bezahlen. Sie haben bis heute abend Zeit, um zu verschwinden.« Großmutter protestierte. Sie schoben sie einfach zur Seite und gingen fort.
Die Großeltern zogen hinaus in die Mühle. Am nächsten Tag wurde die Straße abgesperrt, und große Möbelwagen fuhren vor, um die Einrichtung abzutransportieren. Dieselben Offiziere wie gestern standen dabei, überwachten die Arbeiter und ermahnten sie ständig, vorsichtig mit den Sachen umzugehen. Wir standen in der Menge, die sich hinter der Barriere angesammelt hatte, und schauten zu, wie die vertrauten Sachen in den Wagen verschwanden. Es war alles so sonderbar und merkwürdig, daß ich es nicht glauben konnte. Jeden Augenblick muß etwas passieren, was wirklich ist, dachte ich. Die Polizei wird kommen und den ganzen Unfug einstellen, oder vielleicht ist der Krieg auf einmal vorbei, und die Deutschen verschwinden.
Aber nichts dergleichen geschah. Als alles vorbei war und die Möbelwagen hinaus zu dem Landhaus fuhren, wo unsere Möbel für irgendeinen wichtigen Deutschen gebraucht wurden, gingen wir zum letzten Mal hinauf. Merkwürdig, wie groß die Räume waren, wie hohl unsere Schritte auf den nackten Böden klangen. Durch die Fenster, von denen die Vorhänge abgenommen waren, strömte ungehindert das Sonnenlicht herein. Ich ging in die leere Bibliothek, wo Onkel mich einmal beim Lesen seines ungereinigten Exemplars von *Quo vadis* erwischt hatte. Was werden die Deutschen tun mit allen diesen polnischen Büchern, alle grün gebunden, mit Großvaters Initialen in Gold darauf?
In Onkels Zimmer war eine kleine Schreibtischlampe mitten am Boden stehengeblieben. Sie paßte nicht zur restlichen Einrichtung, daher hatten sie sie nicht mitgenommen, ihr Kabel steckte noch in der Steckdose, der Schirm auf dem metallenen Stiel neigte sich traurig zur Seite. Ich räumte sie in eine Ecke, wo sie nicht gar so verlassen war und nicht mehr so auffiel, und ging in die Küche. Hier waren fast lau-

ter Einbaumöbel, und die hatten sie nicht mitnehmen können. Auf einer leeren Stellage stand eine kleine gelbe Porzellanente. Das war einer von Sophies Schätzen, um den ich sie seit vielen Jahren beneidete. Bei besonderen Anlässen ließ Sophie mich manchmal mit ihr spielen. Als ich sie einmal fragte, woher sie das Entlein denn hatte, lachte sie. »Aber Janie, du hast es mir doch selbst gegeben«, antwortete sie. Und dann erzählte sie mir, daß ich eines Tages, als ich ungefähr zwei Jahre alt war, in die Küche kam, um ihr die Ente zu zeigen, und sie sie, um mir eine Freude zu machen, ausführlich bewunderte. Ich bot sie ihr sofort an, und sie mußte sie annehmen, denn ich war drauf und dran, in Tränen auszubrechen. Und seither hatte ich sie von all den schönen Dingen, die sie besaß, um nichts so sehr beneidet als um diese kleine Ente!

Von Mutter habe ich gehört, daß ich, als ich ganz klein war, die Gewohnheit hatte, alles, was von anderen Leuten bewundert wurde, sofort herzuschenken. Auf diese Weise wurde ich nicht nur fast alle Spielsachen los, sondern auch ein goldenes Kettchen und ein Medaillon, das jemand bewundert hatte, während die Kinderfrau gerade nicht herschaute. Langsam gelang es, mir diese Großzügigkeit abzugewöhnen, aber es war mir immer peinlich, wenn jemand etwas von meinen Sachen bewunderte. Ich fand, es sei doch sehr unschön, etwas zu behalten, was jemand anderem offensichtlich so gut gefiel, und wand mich vor Verlegenheit, besonders dann, wenn ich selber an dem Stück hing und es nicht hergeben wollte.

Ich ließ das Entlein in meine Manteltasche gleiten, und wir verließen schweigend das Haus. Nur Großmutter weinte. Am nächsten Tag wurden wir von einem heftigen Klopfen an die Tür geweckt. Mutter machte auf, und ein junger Offizier trat herein. Er machte den Mund auf und bellte. Mutter machte die Tür wieder zu, und ich sah sie verständnislos an: »Hat er etwas gesagt?«

»Wir müssen in zehn Minuten unten sein«, gab sie zurück. Hastig zogen wir uns an. Mutter nahm ein paar Kleider auf, legte sie wieder hin, nahm ihre Reisetasche, dann ihren Kosmetikkoffer, stellte beides wieder auf den Boden, und schließlich gingen wir mit leeren Händen hinunter. Die übrigen Mieter standen alle schon da.

Wir wurden in einer langen Schlange durch die Straßen geführt, wir mußten im Rinnstein gehen, die Gendarmen gingen oben auf dem Gehsteig. In der Hauptstraße erblickte ich Stefa. Sie näherte sich uns hinter dem Gendarm, packte meine Hand und fing langsam an, mich zu sich hinauf auf den Gehsteig zu ziehen. Mutter nickte unmerklich.

Ich hatte schon einen Fuß oben, als sich der Gendarm umdrehte, die Situation mißverstand – er dachte nämlich, Stefa versuche, wegzulaufen –, und Stefa zu uns dazuschob. Sie brach in Tränen aus, versuchte zu erklären, daß sie gar nicht zu uns gehörte, aber der Gendarm hörte ihr nicht einmal zu.
Man brachte uns in einen großen Hof hinter einem Haus an der Hauptstraße, der Platz war schon vollgepfropft mit Menschen, die alle heute aus ihren Wohnungen vertrieben worden waren. Der Eingang zum Hof wurde von Gendarmen bewacht. An der anderen Seite des Vierecks floß der Fluß, die dritte und die vierte Seite wurden ebenfalls von Rückseiten von Häusern umschlossen. Wir schauten uns um und stellten fest, daß das eine der beiden Häuser eine kleine Hintertür hatte, die in eine Nebenstraße führte. Falls die Deutschen das nicht wußten, würde diese Tür sicher nicht bewacht sein.
Mutter wies mich an, mit Stefa zu gehen, und wir näherten uns vorsichtig der Tür, während die Gendarmen uns gerade den Rücken zukehrten. Stefa drückte auf die Klinke – sie gab nach. Wir schlüpften durch den dunklen Gang, öffneten die Tür am anderen Ende und fanden uns in einer stillen Hintergasse. Wir waren frei.
Stefa nahm mich zu sich nach Hause. Das war mein erster Besuch bei ihr, und ich war entsetzt zu sehen, wie sie lebte. Das Haus, in dem sie wohnte, war eine Baracke, sie bestand aus einer Art mittlerer Halle, mit vielen Türen in zahllose kleine Zimmer. In jedem Raum lebte eine Familie. Badezimmer oder Küche gab es nicht, und das Klo war draußen im Hof, ebenso die gemeinsame Abfallgrube, die sich von der Eingangstür an unter einer ganzen Reihe von Fenstern hinzog. In Stefas Zimmer standen zwei wacklige Betten, eins für sie und eins für ihren Vater, ein Kleiderschrank, ein Tisch und zwei Stühle und ein kleiner Herd, auf dem sie kochte.
Nach dem ersten Schock schaute ich mich interessiert um, und plötzlich blieb mir fast das Herz stehen: ich erkannte unsere Sofakissen, die bemalte Vase, den Aschenbecher. Also waren auch meine Spielsachen hier gewesen, und Mutters Kleider hingen wahrscheinlich in diesem Schrank.
Ich setzte mich aufs Bett, fast zermalmt von Enttäuschung. Es schmerzte mich nicht nur, daß meine Mutter recht gehabt hatte, sondern auch, daß mein blinder Glaube an Stefa sich als falsch herausgestellt hatte. Konnte man denn niemandem mehr trauen?
Stefa wollte eben wieder fortgehen, um Mutter zu holen. Ich schaute sie an.

»Hast du alle meine Spielsachen genommen?« fragte ich.
»Ja«, gab sie zu, »du brauchst sie ja nicht mehr.«
Ich begriff nicht, warum, wagte es aber nicht, sie zu fragen.
»Was hast du mit ihnen gemacht?«
»Ich hab' sie meiner Nichte gegeben.«
Darüber mußte ich lachen, ich konnte mir nicht helfen. Jedes Jahr, wenn mein Geburtstag kam, nahm mich Stefa mit in einen Spielzeugladen, um ein Geschenk für ihre kleine Nichte zu kaufen, die etwa zur gleichen Zeit Geburtstag hatte, und bat mich immer, irgend etwas auszusuchen, das einem Mädchen in meinem Alter gefallen würde. Zuerst glaubte ich Stefa, aber nachdem ich ein- oder zweimal die Sachen, die ich für die Nichte ausgesucht hatte, selber zum Geburtstag bekam, war ich langsam überzeugt davon, daß diese Nichte gar nicht existierte, und suchte immer genau das aus, was ich selber am liebsten bekommen wollte. Und jetzt hatte sich diese Nichte alle ihre Geschenke schließlich doch noch geholt.
Stefa und Mutter kamen am späten Nachmittag. Bis dahin waren schon die meisten Gefangenen durch die kleine Hintertür entkommen, und die Deutschen wurden langsam mißtrauisch. Mutters Gesicht veränderte sich deutlich, als sie hereinkam und überall ihre eigenen Sachen sah, aber sie sagte nichts. Sie wollte ohnehin nicht hier bleiben, sondern gleich hinausziehen in die Mühle. Aber zuerst mußten wir noch nach Haus gehen und unsere Sachen einpacken.
Stefa protestierte. Das Haus war doch versiegelt, wir hatten kein Recht, irgend etwas daraus zu entfernen, das war jetzt alles deutsches Eigentum. Mutter gab ihr einen vernichtenden Blick:
»In diesem Haus ist alles mein Eigentum, da kann die Gestapo so viele Siegel draufkleben, wie sie will. Ich gehe jetzt nach Hause packen. Wenn du Angst hast, kannst du ja hier bleiben. Janie nehme ich mit.«
Meine Beine wurden zu Brei.
Stefa umarmte mich zum Abschied. Ich war von der eisigen Gewißheit erfüllt, daß ich sie nie wiedersehen würde, aber meine Gefühle hatten wie üblich nur den Effekt, daß sie mich fast erstickten, Worte brachte ich keine heraus, um sie auszudrücken; nach einem höflichen »Auf Wiedersehen, Stefa« gingen wir also.
Stanislaw weigerte sich zuerst, uns zu helfen, und wollte uns gar nicht ins Haus lassen. Mutter mußte ihm mit den schrecklichsten Folgen drohen für den Tag, wo Vater zurückkam, bis er nachgab und uns doch hineinließ.

Der Haupteingang war versiegelt, wir mußten durch den Hof gehen. Mit Hilfe von einem seiner Söhne hob Stanislaw dann die Wohnungstür aus den Angeln und lehnte sie an die Wand, die Siegel völlig intakt. Wir packten alle unsere Kleider, das Bettzeug und noch verschiedene andere Dinge, machten in der Mitte des Zimmers einen Haufen und wickelten alles in Leintücher. Mutter bedauerte, daß sie die Vorhänge nicht mitnehmen konnte, aber dabei hätte man uns vom Fenster sehen können, das wäre zu gefährlich gewesen. Zitternd vor Angst flehte Stanislaw Mutter an, sich doch zu beeilen, die Deutschen konnten jeden Augenblick zurückkommen. Mutter ging, finster entschlossen, aber ruhig, von einem Schrank zum anderen und inspizierte den Inhalt.

Endlich waren wir fertig, holten eine Mietkutsche zum Hintereingang und verstauten unsere Bündel im Wagen, während Stanislaw die Tür wieder in die Angeln hängte. Im letzten Moment lief ich noch schnell zurück in die Wohnung.

Es gab nichts mehr mitzunehmen, aber ich wollte gern noch einen Augenblick allein sein an diesem Ort, der mein ganzes bisheriges Leben lang meine Heimat gewesen war. Ich ging im Kinderzimmer herum, strich mit den Händen über die Wände, die Möbel, das Fensterbrett und küßte die Türklinke, auf der ich früher, als ich noch ganz klein war, immer schaukelte. Dann rannte ich hinaus, ohne Stanislaw noch einmal anzusehen, und sprang neben Mutter in die Kutsche.

Langsam fuhren wir über den hartgefrorenen Schnee. Der Kutscher fluchte, als das Pferd einmal ausglitt. Wir hatten noch einen weiten Weg. Mutter hielt einen Topf mit Milch, den sie in letzter Minute aus der Küche mitgenommen hatte, aber jetzt schwappte die Milch über und machte uns naß. Wir bogen gerade aus einer Seitengasse in die Hauptstraße ein, als ein offener Gestapowagen unsere Kutsche kreuzte. Der Fahrer schrie den Kutscher an, stehenzubleiben, aber der schlug zur Antwort nur auf sein Pferd ein, das darauf in einen flotten Trab fiel.

Mutter und ich auf unserem holpernden, ratternden Rücksitz verstanden zuerst gar nicht, was da vorging. Ich kniete auf dem Sitz, um hinten hinauszuschauen, und sah, wie das Auto wendete und mit voller Geschwindigkeit hinter uns herjagte. Dann sah ich, wie der Fahrer sich seitlich herausbeugte und einen kleinen schwarzen Gegenstand in der Hand schwenkte. Ich hatte gerade noch Zeit, mich zu ducken, als schon ein Kugelregen ins Holz der Kutsche splitterte und die Polsterung zerfetzte. Mutter sprang vom Sitz auf und krallte sich in den

Rücken des Fahrers und flehte ihn an, doch zu halten, aber der war wie vom Teufel besessen und schlug zur Antwort nur noch stärker auf das Pferd ein.
Trotzdem hatte uns das Auto natürlich in ein paar Minuten eingeholt und zwang das Pferd, stehenzubleiben. Der Offizier sprang heraus, rot vor Zorn, noch immer seinen Revolver schwenkend, warf sich auf den Kutscher, riß ihm die Peitsche aus der Hand und hieb ihn mit ihr auf den Kopf, bis der Peitschenstiel brach. Mit jedem Schlag trieb er den Kopf des Kutschers etwas tiefer hinein zwischen seine Schultern, und der Mann stöhnte wie ein Tier, während sein Blut über unsere sämtlichen Bündel spritzte.
Dann wandte sich der Deutsche an uns. Was wir in den Bündeln hätten, wollte er wissen. Mutter knüpfte ein Leintuch auf und erklärte, daß wir umzogen. Er interessierte sich aber nicht für uns, sondern nur für unsere Sachen. Deutsche Familien waren auf dem Weg in unsere Stadt, und die brauchten alles, was wir hatten, um sich hier häuslich einzurichten. Er befahl uns, uns samt unseren Sachen unverzüglich im Hauptquartier der Gestapo zu melden.
Der Deutsche sprang zurück in seinen Wagen und schrie unseren Kutscher an, er solle weiterfahren. Langsam drehte der Wagen um, und wir trotteten zurück in die Stadt. Der Kutscher wischte sich schweigend das Blut aus den Augen. Sein Kopf stak immer noch zwischen seinen krummen Schultern. Der deutsche Wagen fuhr langsam hinter uns her.
Mutter rang verzweifelt die Hände: »Wenn wir zur Gestapo gehen, dann werden sie herausfinden, wer wir sind. Sie werden wissen, daß wir heute morgen verhaftet wurden, und hier sind wir mit allen unseren Sachen, die wir im Haus hätten lassen sollen. Das ist das Ende für uns...«
Aber es gab keinen Ausweg. Immer näher kamen wir der Hauptstraße. Und plötzlich geschah, worauf wir beide gehofft hatten. Der Deutsche, dem unser langsamer Trott auf die Nerven ging, trat aufs Gas, überholte den Mietwagen und fuhr voran, dem Fuhrmann zurufend, er solle nachkommen. Er fuhr ziemlich schnell. Wenn wir jetzt langsamer fuhren, dann konnten wir ihn in dem Gewirr von engen Gäßchen, durch das wir jetzt fuhren, sicher leicht abhängen.
Mutter stand wieder auf und bat den Fuhrmann, bei der ersten Querstraße abzubiegen, aber er ließ nur die Peitsche auf das Pferd sausen und fuhr schneller. Offenbar bestand keine Hoffnung, den Mann dazu zu bringen, daß er uns half. Mutter versuchte es noch einmal,

bat ihn, nur einen Augenblick zu halten, damit wir aussteigen konnten, aber er war ihren Bitten gegenüber völlig taub und trieb das Pferd nur noch mehr an.
Wir kamen der Hauptstraße immer näher. In einem Augenblick würde es für jeden Fluchtversuch zu spät sein. Mutter drehte sich zu mir: »Ich springe jetzt, und ganz gleich, was passiert, du springst sofort nach. Verstanden?«
Ein paar Passanten bemerkten, daß da irgend etwas Ungewöhnliches vorging, und liefen hinter der Kutsche her, und als Mutter aufs Trittbrett stieg, streckten sich ihr schon helfende Hände entgegen. Ich sah, wie sie sprang und sicher auf ihren Füßen landete. Jetzt war die Reihe an mir. Ich stand auf dem Brett, sah Mutters Gesicht immer kleiner werden und klammerte mich fest an die Klinke. Der gefrorene Boden unter mir sauste so schnell vorbei, daß mir schwindlig wurde. Es war unmöglich. Ich konnte nicht springen. Ich breitete meine Arme aus und warf mich ins Leere. Jemand fing mich mit einem Arm auf, in einem Knäuel rollten wir in den harten Schnee. Ich sprang sofort hoch und rannte ohne ein weiteres Wort zu Mutter, zusammen liefen wir in die nächste Seitenstraße, bogen gleich wieder um eine Ecke, schlugen noch einen Haken, in der Hoffnung, in diesem Labyrinth von Landsträßchen und Hintergärten völlig zu verschwinden. Endlich blieben wir atemlos stehen und sahen uns an. Niemand war uns gefolgt. Die Kutsche war weitergefahren, hinein in die Stadt.
Unfähig, ein Wort herauszubringen, deutete ich auf Mutters Hand. Sie trug noch immer den Topf, aber jetzt war keine Milch mehr drin, seufzend warf sie ihn auf einen Abfallhaufen. Wir umarmten einander schweigend und marschierten Arm in Arm den langen Weg bis zur Mühle.

Nach dem Feuer vor zwei Jahren war die Mühle wiederaufgebaut und erweitert worden. Neue Maschinen waren aufgestellt, alles war fix und fertig, um wieder in Betrieb genommen zu werden, aber da brach der Krieg aus. Nicolas, der ukrainische Hausmeister, der schon seit dem letzten Krieg bei Großvater arbeitete, lebte mit seiner deutschen Frau und seinem Sohn in einem gemütlichen Haus auf dem Mühlengelände. Nicolas war Großvater, der ihn nach dem Krieg aus einem Lager herausgeholt hatte, sehr ergeben. Ihm hatten wir es zu verdanken, daß wir jetzt in seinem Haus wohnen durften, wo seine Frau uns recht ungnädig erlaubte, eine große Mansarde zu benutzen. Das ganze Haus war ständig voll von Deutschen, die die Mühlenanlagen ins Reich exportierten, und die vor lauter Freude darüber, eine echte deutsche Hausfrau hier zu finden, aus der Küche nicht mehr wegzubringen waren.

Heinz, der einzige Sohn, war deutscher Staatsbürger, hatte sich einer militärischen Organisation angeschlossen und paradierte in seiner Uniform stolz auf und ab. Uns behandelte er mit offener Feindseligkeit und ließ keinen Zweifel daran, daß er auf seinen Vater nicht mehr lange hören würde.

Mich kümmerte das alles ziemlich wenig. Mir gefiel es großartig auf dem Mühlengelände und im Garten und in dem großen Obstgarten, wo ich mein ganzes Leben lang gespielt hatte. Im Obstgarten gab es ein großes Glashaus, Großvaters Hobby, das er mit Nicolas teilte; dort züchtete er exotische Blüten, Palmen, Kakteen und sogar einen ziemlich großen Weinstock, dessen Trauben von ganz einzigartiger Säure waren. An dieses Glashaus hatte ich eine sehr unangenehme Erinnerung.

Vor ein paar Jahren, als ich einmal mit Stefa und noch einer Freundin im Obstgarten spielte, hörten wir plötzlich aus dem Hof warnende Rufe, daß die Hunde los seien. Auf dem Mühlengelände gab es damals ein Rudel von halbwilden Schäferhunden, denen als einziger Nicolas sich nähern durfte, um sie am Abend von der Kette zu nehmen. Aber auch ihn hatten sie schon angegriffen, und der Nachtwächter zitterte derart vor ihnen, daß er lieber drinnen im Haus blieb, solang die Hunde frei herumliefen.

Wir sahen sie plötzlich im Obstgarten auftauchen und auf uns zuhetzen, und schreckten uns so, daß wir anfingen, das schlüpfrige Dach des Glashauses hochzuklettern. Bis zur Hälfte kamen wir ungefähr und hielten uns da oben krampfhaft fest, während die Hunde unten heulten und nach unseren Füßen schnappten. Da fing das Glas zu springen an. Ich wußte, es konnte höchstens noch eine Minute dauern, bis wir entweder hinunterrutschten, oder aber durchs Dach fielen, circa drei Meter tief auf die Kakteen. Nicolas erschien in letzter Minute, und es gelang ihm, die Hunde vom Dach wegzulocken und in ihre Hundehütte zu führen. Ich zitterte, was Großvater wohl sagen würde, wenn er das zerbrochene Glasdach sah, aber er drückte mich nur ganz fest an sich und dankte Nicolas für seinen Mut. Ein paar Wochen später kamen die Schäferhunde alle um, nachdem ihnen eines Abends von Dieben eine vergiftete Wurst verpaßt worden war. Großvater ließ sie nicht mehr ersetzen.

Jetzt war der Obstgarten öde und leer, die Pflanzen im Glashaus waren alle eingegangen, seit die Heizung nicht mehr funktionierte. Ich spielte mit Barbara, dem Mädchen aus dem Nachbarhaus. Manchmal spielte auch Heinz mit. Er war ungefähr achtzehn, groß und sehr muskulös. Offenbar hatte er mich sehr gern, was ich merkwürdig fand, da er sonst so gegen unsere Anwesenheit in der Mühle war. Jetzt konnte ich mich gar nicht mehr vor ihm retten. Wenn wir im Obstgarten Verstecken spielten, war er immer dabei, oder er lief mir einfach nach, bis er mich erwischte. Er öffnete seine Schafspelzjacke und drückte mich an sich, bis meine Rippen krachten. Ich strampelte und schimpfte. Ich konnte es nicht ausstehen, wenn mich jemand anderer als Vater drückte und streichelte, und vor Heinz hatte ich Angst, und überhaupt war er mir widerwärtig. Aber ihn störte das anscheinend gar nicht, im Gegenteil, er schien es zu genießen, wenn ich mich wehrte.

»Ist dir kalt?« fragte er, wenn ich meine vor Kälte starren Finger anhauchte, und das konnte ich nicht gut abstreiten. »Komm, ich wärm' dich«, sagte er dann, öffnete seine Jacke, drückte mich wieder an seine Bärenbrust, spazierte mit mir in seinen Armen rund um den ganzen Hof und lachte über meinen wütenden Protest.

Mir wäre schon richtig warm, erklärte ich ihm. »Aha, dann komm nur und wärm jetzt mich, ich bin am Erfrieren!« – und schon wieder hatte er mich gefangen.

Ich bekam immer mehr Angst vor ihm. Jeden Tag stieß er irgendwelche Drohungen aus, er werde seine Freunde über unsere Anwesenheit hier informieren; Nicolas war der einzige, der ihn noch zurückhalten konnte. Aber wenn ich ihn zuviel ärgerte, dann würde er sich vielleicht über seinen Vater hinwegsetzen und uns einfach denunzieren? Diese Überlegungen trugen viel mehr dazu bei, mich gefügiger zu machen, als seine starken Arme.

Mutter und Großvater verbrachten die meiste Zeit damit, sich nach einer geeigneten Wohnung irgendwo am Stadtrand umzusehen. Wir hofften noch immer, den Winter in unserer Heimatstadt verbringen zu können, trotz der vielen Repressalien gegen die Juden. Es war natürlich klar, daß unser Aufenthalt in dieser Stadt, in der wir so bekannt waren, kein Geheimnis bleiben konnte, aber wir konnten uns einfach nicht vorstellen, daß irgend jemand uns denunzieren würde.

Etwa zehn Tage nach unserer Übersiedlung in die Mühle wurde Großvater verhaftet. Sobald wir davon erfuhren – er war bei einer Straßenrazzia mitgenommen worden –, machte sich Mutter zum Gestapo-Hauptquartier auf den Weg. Sie sagte mir vorher, sie würde

wahrscheinlich den ganzen Tag wegbleiben, wolle aber auf jeden Fall versuchen, Großvater wieder herauszubekommen.
»Wenn sie dich auch verhaften, dann komme ich zu dir und bleibe bei euch«, versprach ich. Bei Großmutter wollte ich jedenfalls nicht bleiben, und allein bleiben wollte ich auch nicht, dann schon lieber mit Mutter zusammen deportiert werden.
Den ganzen Nachmittag spielte ich mit Barbara draußen im Schnee. Den Hof durchquerte eine kleine Betriebseisenbahn, beim Obstgartenzaun hörte sie auf. Wir warteten immer, bis die Lokomotive den engen Durchgang zwischen den beiden Gebäuden erreichte, dann rannten wir in der dichten weißen Dampfwolke daneben her. Für einige köstliche Augenblicke lang verschwand rund um uns die Welt, nichts blieb als qualmender Dampf, der unsere Rufe erstickte und die Welt vor unseren Augen verbarg. »Das muß es sein, was ›in den Wolken leben‹ bedeutet«, dachte ich. »Wenn ich länger drin bleiben könnte, dann könnte ich vielleicht wirklich auf einer Wolke fliegen. Den Boden kann ich ja auch jetzt schon nicht mehr sehen. Sicher gibt es einen Weg, wie man alles einfach verschwinden läßt, wenn man es ohnehin nicht sehen kann.«
Wenn sich der Dampf aufgelöst hatte, musterte ich gespannt die Umgebung – und war enttäuscht und erleichtert zugleich, wenn alles noch genauso war wie vorher.
Da kam Heinz zu uns, und mich freute das Spielen gleich nicht mehr so. Zuerst jagte er hinter Barbara her, wandte aber bald mir seine volle Aufmerksamkeit zu. Wir rannten rund um den Hof und rutschten immer wieder auf dem vor Kälte glatten Schnee aus. Ich war schon ganz müde und wunderte mich, warum er mich noch immer nicht gefangen hatte. Plötzlich begriff ich, daß er mich in die Ecke zwischen der Mühlenmauer und dem Zaun treiben wollte. Dort hatten die Bauarbeiter eine große Kalkgrube ausgehoben, die seit Beendigung der Arbeit leer war. Ein gefährlich schmaler Weg, der sich beängstigend gegen die Kalkgrube neigte, führte die Mauer des neuen Gebäudes entlang zu einer kleinen Hütte, wo früher, während der Bauarbeiten, der Nachtwächter geschlafen hatte. Jetzt stand sie leer, und mir war es strengstens verboten, mich jemals der Kalkgrube oder der Hütte zu nähern.
Kaum hatte ich Heinz' Plan durchschaut, da fand ich mich auch schon am Rand der Grube. Ich lief so schnell, daß ich nicht so plötzlich stoppen konnte; wenn ich nicht hineinfallen wollte, gab es nur einen Ausweg, ich mußte einfach weiter den Pfad laufen. Der war so schmal,

daß nicht einmal meine Füße nebeneinander richtig Platz hatten. Ganz benommen vor Schreck erreichte ich die Hütte, riß die Tür auf und wollte sie schon hinter mir zusperren, da stürzte Heinz mit einem triumphierenden Schrei herein. Er sperrte die Tür ab und steckte den Schlüssel in seine Tasche. Dann zog er sich den Mantel aus, packte mich mit beiden Armen und rollte mit mir auf das klapprige Bett. In dem Geraufe, das darauf folgte, hatte ich das sichere Gefühl, um mein Leben zu kämpfen – aber andererseits schien es doch ganz absurd, daß er mich töten wollte. Und wenn er das wirklich wollte, warum erschoß er mich dann nicht einfach? Er war ja bewaffnet, ich sah die schwarze Pistolentasche ständig vor mir, während ich trat und kratzte und biß wie ein wildes Tier. Keuchend und knurrend riß er an meinen Kleidern. Seine Augen waren blutunterlaufen, sein rotes, schwitzendes Gesicht wie geschwollen und voller Haß. Es gelang mir irgendwie, ihm aus den Händen zu gleiten, ich fiel auf den Boden und war mit einem Sprung beim Fenster. Es war nur ein kleines gläsernes Viereck, fast schwarz vor Ruß und Spinnweben, aber ich drückte mein Gesicht dagegen und schrie Barbara zu, sie möge schnell laufen und meine Mutter holen. Ich wußte natürlich, daß Mutter nicht daheim war, hoffte aber inbrünstig, daß Barbara das nicht auch wußte. Keine Antwort vom Hof her. Barbara war nach Haus gegangen, als sie uns beide in der Hütte hatte verschwinden sehen. Ich drehte mich zu Heinz um, der noch immer auf dem Bett lag, irgendwie merkwürdig zitterte und mich anstarrte.
»Mutter ist in einer Minute hier«, sagte ich mit fester Stimme. »Gib mir besser gleich den Schlüssel, damit ich sie hereinlassen kann.«
Er durchsuchte seine Kleider nach dem Schlüssel – mir kam es vor wie eine Ewigkeit – und hielt ihn mir hin. Ich ging vorsichtig näher, riß ihm den Schlüssel aus der Hand, und nach einem verzweifelten Kampf mit dem rostigen Schloß gelang es mir endlich, die Tür zu öffnen. Ich flog über den Pfad, der mir jetzt so sicher vorkam wie eine breite Straße, überquerte den Hof und war im nächsten Moment im Haus.
Oben in unserer Mansarde lag Großmutter auf dem Sofa und schlief. Ich warf mich aufs Bett, vergrub mein Gesicht in den Kissen und fing zu schluchzen an. Bis zum Abend blieb ich so liegen, schon ganz matt vor Weinen, völlig verstört über das, was passiert war, und im vollen Bewußtsein einer großen Gefahr, der ich zwar entronnen war, deren Natur mir aber ganz unverständlich blieb. Das einzige, was ich mit Sicherheit wußte, war, daß ich Heinz nie wiedersehen wollte.

Mutter kam spät am Abend zurück und brachte auch Großvater mit. Ich sagte ihr, daß ich wegen ihnen beiden so geweint hätte, weil ich mir wegen der Verhaftung solche Sorgen machte. Es hatte keinen Sinn, ihr mehr zu erzählen, denn ich konnte das Ganze ohnehin nicht verstehen, und wenn sie hörte, daß ich den gefährlichen Weg zur Hütte zweimal gelaufen war, würde sie nur ärgerlich werden.
Großvater war unter der Bedingung freigelassen worden, daß wir am nächsten Morgen aus der Stadt verschwanden. Wir packten die wenigen Sachen, die uns noch geblieben waren, und nahmen den nächsten Zug nach Warschau.

4

Diesmal gelang es uns, in einen Personenzug zu kommen, und in einem ziemlich vollen Abteil fanden wir auch einen Platz für Großvater. Später schlüpften Mutter und ich in ein anderes Abteil. Irgendwann in der Nacht kam eine Gruppe von deutschen Soldaten in den Zug, und Mutter stellte sich zu Großvater auf den Gang hinaus und ließ mich allein. Die Soldaten redeten viel, sangen und rauchten. Das Abteil war dunkel, die kleine blaue Lampe hoch oben an der Decke konnte man vor lauter Rauchdunst kaum mehr sehen. Ich legte meinen Kopf auf Mutters Hutschachtel, die sie auf ihrem Sitz gelassen hatte, und schloß die Augen. Da leuchtete mir eine Taschenlampe ins Gesicht. Durch meine Wimpern sah ich drei junge Gesichter vor mir, die mich anstarrten und versuchten, unseren Namen auf der Schachtel zu entziffern. Ich murmelte schlaftrunken irgend etwas und verschob meinen Kopf ein bißchen, so daß das Etikett von meinem Haar zugedeckt wurde. Da ging, unter enttäuschtem Gemurmel, die Taschenlampe wieder aus.
Ein paar Minuten später kam Mutter, die die Szene beobachtet hatte, herein und sagte, ich sollte mich zu ihnen auf den Gang stellen. Ich sprang sofort auf. Als wir eben hinausgingen, stellte uns eine Stimme aus dem Abteil jene Frage, die wir später noch so oft hören sollten: »Sind Sie Jude?« Mutter tat, als hätte sie nichts gehört.
Den Rest der Reise verbrachten wir auf dem Gang, auf unseren Koffern sitzend, zwischen den Stationen dösten wir ein, wir mußten uns gegen den ständigen Strom von Reisenden wehren, die den Zug bei jeder Haltestelle stürmten.

Im Morgengrauen des nächsten Tages kamen wir in Warschau an. Als der Bahnhof in Sicht kam, rissen wir alle vor Staunen den Mund auf. Überall lagen Menschen am Boden und schliefen zwischen ihren Koffern und Bündeln. »Das ist wegen der Ausgangssperre«, erklärte man uns. Reisende, die in der Nacht ankamen, durften den Bahnhof bis zum Morgen nicht verlassen. Und jeder Zug spie neue Massen in den ohnehin schon überfüllten Bahnhof.
Großvater fand eine Ecke für uns, wir breiteten unsere Reisedecken über den feuchten Zement und warteten, daß es Tag wurde.
Sobald die Ausgangssperre aufgehoben war, verstauten wir unsere Habseligkeiten in einem Einspänner, stiegen selber auch ein und machten uns auf die Suche nach einer Unterkunft. Wir hatten eine Liste mit Adressen, die wir der Reihe nach abklapperten, aber ohne Erfolg. Das Haus, in dem wir bei den Luftangriffen gewohnt hatten, war wieder einigermaßen repariert und von deutschen Offizieren übernommen worden. Der Hausmeister hatte sogar Angst davor, mit uns zusammen gesehen zu werden, und schickte uns daher so rasch wie möglich weg. In den nächsten zwei Häusern waren die Mieter ausgezogen. Im dritten Haus gab es überhaupt keinen Platz. Die eleganteren Gegenden hatten wir jetzt bereits hinter uns gelassen und holperten über die engen, mit Kopfstein gepflasterten Gassen des jüdischen Gettos. Unsere letzte Hoffnung war Sophies unverheiratete Schwester, die in dieser Gegend eine kleine Wohnung hatte. Endlich fanden wir sie, im vierten Stock eines düsteren, baufälligen alten Hauses. Großvater klopfte an die Tür, und wir standen lange auf dem kalten Flur und warteten. Mir schwamm der Kopf vor Müdigkeit, fast schlief ich schon im Stehen ein. Da wurde die Tür plötzlich von einem sehr ärgerlich aussehenden Mann in einer langen grauen Unterhose aufgerissen, der uns ungläubig anstarrte, knurrte, daß Marja uns nicht sehen könnte, und uns die Tür wieder vor der Nase zuschlug.
Unten stiegen wir in die Kutsche und beratschlagten, was wir jetzt wohl tun sollten. Langsam schälte sich ein kalter Wintermorgen aus dem eisigen Nebel, hier und dort gingen Fenster auf, Hausmeister mit Besen und Holzschaufeln tauchten auf, um den Schnee zu räumen. Unser Kutscher drehte sich auf seinem Sitz um und sah Großvater fragend an. Sein Gesicht war von der Kälte pflaumenblau angelaufen, und als er sich in die Hände blies, stieg eine Dampfwolke auf und verhüllte fast seinen Kopf.
»Wohin jetzt?« fragte er in einem geduldigen, resignierten Ton. »Sie haben anscheinend kein Glück.« Großvater antwortete nicht. Jetzt

blieb uns nichts anderes übrig, als wieder zurück zum Bahnhof zu fahren.
In diesem Augenblick ging genau über uns im ersten Stock ein Fenster auf, und ein Gesicht, rund wie der Vollmond, schaute aus den schwarzen Verdunklungsvorhängen heraus. Ein Paar runde schwarze Augen betrachteten uns mit offensichtlicher Überraschung, und eine junge Stimme fragte schüchtern, was wir denn da um sechs Uhr früh unter seinem Fenster täten. Wir sagten es ihm. Das Gesicht legte sich in nachdenkliche Falten: »Ein Zimmer? Bleiben Sie da, ich bin gleich unten!« In einer Minute stand er unten neben dem Wagen und stellte sich als ein junger Mann von mittlerer Größe heraus, ziemlich kräftig, nur in Hemd und Hose. Er steckte das Gesicht zu uns herein in die Kutsche, studierte uns nachdenklich, zog das Gesicht wieder hinaus und kratzte sich das borstige Kinn. Jetzt erschien oben am Fenster eine junge Frau und schwenkte ein dunkles Bündel.
»Simon, du hast deinen Mantel vergessen, du wirst dich noch erkälten!« Das dunkle Bündel schwebte durch die Luft, der junge Mann fing es auf und zog sich den Mantel an. Dann drehte er den Kopf hinauf und rief laut: »Sarah, hier sind drei Leute und ein Kind, und die wissen nicht, wo sie hingehen sollen. Können sie hinaufkommen?« Sarah sagte ja.
»Das Zimmer ist wirklich nicht groß«, erklärte Simon, während er uns aus dem Wagen half. »Aber es wird schon gehen, bis Sie etwas Besseres finden.«
Wir stiegen hinter ihm eine finstere Holztreppe hinauf, gingen durch einen Gang in ein Zimmer, wo ein altes Ehepaar schlafend im Bett lag, und dann auf Zehenspitzen ins Nebenzimmer, das sehr klein war, aber warm und hell. Ein großes Doppelbett mit einem Kinderbett in der Mitte füllte die eine Hälfte des Zimmers ganz aus. Sarah hob ein verschlafenes Kind aus dem Bett, dann machte sie mit Mutter zusammen das Bett mit frischen Leintüchern, und sofort fielen wir alle darauf und schliefen ein.
Später am gleichen Tag nach einer kurzen Familienkonferenz und einer etwas peinlichen Besprechung mit unserem Gastgeber – wie macht man denn das eigentlich, ein Zimmer mieten? –, beschlossen wir also, zu bleiben, wo wir waren, natürlich nur vorläufig. Wo das Kinderbett gestanden hatte, dahin kam jetzt ein kleiner Tisch, für Mutter und mich wurde ein Feldbett aufgestellt, es blieb zwischen den beiden Betten gerade genug Platz, daß ein Mensch allein sich bis zum Fenster vorarbeiten konnte. Mit einem großen Schrank und zwei

Stühlen war die Einrichtung komplett. Später kaufte dann Großvater ein paar Ziegel und baute einen Herd, auf dem wir unsere Mahlzeiten kochten. Aber das Zimmer war sonnig und gemütlich und sehr warm, und es gab keine Wanzen, eine überraschende Wohltat in einem so alten Haus. Zugegeben, es war wirklich sehr eng, Badezimmer gab es im ganzen Haus keines, und das Klo, ohnehin in ewige Finsternis gehüllt, durfte man sich nicht näher ansehen. Alle waren leicht gereizt, Wutausbrüche waren an der Tagesordnung, aber wir wußten, daß wir es viel schlechter hätten treffen können. Außerdem hatten wir mit unserem Hausherrn wirklich Glück.
Die Wohnung gehörte Sarahs Eltern, Herrn und Frau Gold. Die beiden waren ein merkwürdiges Paar – sie groß und wuchtig, mit einer tiefen Stimme und einem borstigen Kinn, er ein kleiner, alter, verhutzelter Zwerg mit gelber Haut und einer Glatze, winters wie sommers in dicke Tücher gehüllt, auch bei der größten Hitze vor Kälte zitternd. Sein ewiges Klagen und Jammern stieß allseits auf taube Ohren, er erwartete auch gar nicht, daß wir ihm zuhörten. Frau Gold dagegen verbarg unter ihrem diktatorischen Benehmen ein warmes, mitfühlendes Herz, und es dauerte nicht lange, bis sie sich für Großmutter erwärmte und beschloß, sie unter ihren besonderen Schutz zu nehmen, und Großmutter überraschte uns alle damit, daß sie sofort nachgab und sich in ihre neue Rolle als Schützling fügte, wobei sie es aber dennoch fertigbrachte, ihre neue Umgebung mit kaum spürbarer Herablassung zu behandeln.
Sarah und Simon waren ein fröhliches, hart arbeitendes junges Paar; sie hatte den Hausverstand ihrer Mutter geerbt und war einfach und praktisch, und er war voll von großartigen Plänen und Ideen für Ausschmückung und Ausbau eines kleines Geschäfts, seiner Wohnung, des Hauses, der ganzen Welt. Sein plötzlicher Entschluß, uns bei sich aufzunehmen, war typisch für seinen impulsiven Charakter, sie hatten vorher überhaupt nicht daran gedacht, Untermieter aufzunehmen. Jetzt zogen sie zu den Golds und schliefen zu zweit auf einem schiefen Klappbett neben dem Bett des kleinen Michas.

Obwohl die Lage rings um uns von Tag zu Tag düsterer wurde, gab es offenbar nichts, was Simon seinen Lebensmut rauben konnte. Jeden Samstagmorgen, wenn sein Geschäft zu war, ging er an eine gründliche Reinigung der ganzen Wohnung. Da stand er dann mitten im Zimmer vor den weit offenen Fenstern, legte eine Hand aufs Herz, in der anderen hatte er den Besen, und fing an, irgendeine Opernarie

zu schmettern. Er hatte einen angenehmen, leichten Tenor, den er aber erbarmungslos in die Höhe stemmte, so daß die höchsten Noten meist in einem verzweifelten Quietschen endeten. Nach unserer ursprünglichen Überraschung, ja Verblüffung, warteten wir nur mehr mit philosophischer Ruhe darauf, daß er sich gründlich räusperte und in einer tieferen Tonart noch einmal von vorne begann.
Ich fand diese Veranstaltungen großartig und sang mit, so oft ich nur konnte. Da aber mein Repertoire an Opernarien ziemlich beschränkt war, gingen wir bald zu Filmen und zu Musicals über. Mops und Bürsten lagen vergessen in der Ecke, während wir mit dem »Indian Love Call« experimentierten, den Text improvisierten und die Musik manchmal auch. Wenn wir soweit waren, trat meistens Mutter auf und führte mich unter lautem Protest zurück in unser Zimmer und weg von Sarah, die dann aus der Küche herauskam, Simon des Hauses verwies und seine Arbeit in völliger Stille beendete.
Zu meiner größten Freude stellte sich heraus, daß Simon ein Film-Fan war, im Besitz einer eindrucksvollen Sammlung von Filmmagazinen, die bis zu den Tagen des Stummfilms zurückgingen. Ich hatte ihn bald soweit, daß er mir erlaubte, seine Schätze anzusehen, und ich stürzte mich auf die Stars – Gloria Swanson, Pola Negri, Norma Shearer, Garbo, Valentino, Navarro, Gable..., die herrlichen Toiletten, märchenhaften Parties, den ganzen Flitterglanz dieser Halbgötter, von deren realer Existenz ich eigentlich nie wirklich vollkommen überzeugt war, und deren Namen ich nie richtig aussprechen konnte.
Mutter verfolgte meine neue Begeisterung mit einigem Mißtrauen und war nie ganz sicher, ob sie mich da weitermachen lassen sollte.
»Ich weiß wirklich nicht, was ich mit ihr tun soll«, bekannte sie Sarah.
»Ich habe sie ja nie richtig ›aufziehen‹ müssen, ich weiß gar nicht, was gut ist für sie, und was nicht. Aber was wird sie denn für Ideen in ihren Kopf bekommen, wenn sie diesen Mist hier liest?«
»Und was wird sie von unserem Leben hier für Ideen in ihren Kopf bekommen?« wandte Sarah dagegen ein. »Ich finde, es ist doch schön, wenn sie sich von dem Elend rund um uns ein bißchen erholen kann.«
Darauf wußte Mutter keine Antwort, also durfte ich eine Weile lang ungestört weiterlesen – bis zu dem Tag, als ich sie fragte, was denn das Wort »Kokotte« eigentlich hieß.
»Du meinst ›Kokette‹«, schlug sie hoffnungsvoll vor.
»Nein, ›Kokotte‹«, sagte ich hartnäckig, »da, schau her.« Mutter sah sich das kurze Gedicht an, in dem Leben und Beruf der Kokotte in der

Darstellung von Mademoiselle X in ihrem letzten Film gepriesen wurden. Damit hatte sich die Frage der Filmmagazine ein für allemal erledigt.

Inzwischen hatte sich unsere finanzielle Lage geklärt. Unsere Wertsachen hatten wir fast alle verloren. Ein Teil des Schmucks, den Sophie aus dem alten Haus zu uns hätte schmuggeln sollen, ging an der Grenze verloren, die jetzt zwischen unserer alten Stadt und Warschau verlief. Großvater fand keine Arbeit. Großmutter ging es nicht gut, sie brauchte dauernd Medikamente. Von Mutters Kleidern und Schmuck konnten wir eine Weile lang leben – aber was dann?

»Wenn ich nur irgend etwas Nützliches gelernt hätte«, seufzte sie. »Wenn ich Schneiderin wäre, dann könnte ich euch jetzt alle ernähren.« Aber die Schweizer Internate für höhere Töchter, wo Mutter ihre Erziehung erhalten hatte, bereiteten ihre Schülerinnen nicht auf eine Existenz im Getto vor.

Sophie kam fast jeden Tag zu uns und ließ es sich nicht nehmen, uns auf dem kleinen Herd ein Essen zu kochen. Über Großmutter machte sie immer viel Aufhebens, brachte Blumen und Konfekt, erkundigte sich ängstlich nach anderen Familienmitgliedern, weinte über schlechte Nachrichten und bekreuzigte sich energisch.

Irgendwann einmal in diesem Winter erhielten wir unseren ersten Brief von Onkel, aus einem Kriegsgefangenenlager in Deutschland. Die Aufregung darüber hatte sich noch nicht gelegt, da kam schon ein zweiter Brief, diesmal aus Rußland, und zwar von Vater. Gebracht wurde uns der Brief von einem jener »Führer«, die Leute durch die russisch-deutsche Grenze schmuggelten. Dieser schmutzige, zerknitterte Fetzen Papier bedeutete für mich ein neues Leben. Jetzt war ich keine vaterlose Waise mehr. Es war, als wäre mir ein Gewicht von den Schultern genommen, als würde mir ein neues Gefühl von Zuversicht und Vertrauen den Rücken stärken. Vater war am Leben, und es ging ihm gut. Er wollte, daß wir so bald wie möglich zu ihm kämen, in die russische Stadt, wo er jetzt eine gute Stellung hatte. Seine russische Erziehung, seine perfekte Sprachkenntnis – er war ja im russisch besetzten Teil von Polen zur Schule gegangen – kamen ihm jetzt sehr zustatten. Er verdiente gut, und sobald wir bei ihm waren, wollte er um Versetzung in eine Stadt näher am Ural ansuchen, vielleicht sogar in eine der zentralasiatischen Republiken. Dort, schrieb er, wären wir sicher, dort könnten wir bequem das Ende des Krieges abwarten. Der Führer war ein guter und verläßlicher Mann, der in wenigen Wochen wieder zurückging, und ihm sollten Mutter und ich uns anschließen.

Mutter las den Brief zu Ende, und ich platzte fast vor Begeisterung: »Wir gehen nach Rußland! Wir gehen zu Vater! Er hat uns holen lassen! Bald sehe ich ihn wieder! Er ist gesund, und es geht ihm gut!«
Ich tanzte durch die Wohnung, umarmte Sarah, Simon und sogar Frau Gold, die mich an sich drückte und mit ihrer tiefen Baritonstimme dröhnte, wie glücklich sie für uns alle war. Die nächste Woche war die Familie in hitzige Diskussionen vertieft; ich meinerseits begriff überhaupt nicht, was es da zu diskutieren gab. Vater wollte, daß wir zu ihm kamen, also mußten wir gehen. Es war doch klar, daß er wußte, was am besten für uns war.
Als der Führer nach einer Woche wieder zu uns kam, um die Details zu besprechen, stand unser Entschluß fest: Wir würden nicht gehen. Für Mutter war klar, daß sie ihre Eltern nicht allein zurücklassen konnte. Die Großeltern zögerten, sie hatten Angst vor den Schwierigkeiten und Gefahren. Großvater hätte die Reise riskiert, aber Großmutter war zu schwach. Aber vielleicht hätten sie es trotzdem alle beide gewagt, wenn da nicht das Gepäck gewesen wäre. Mitnehmen durften wir nur, was wir selbst leicht tragen konnten, und selbst das mußte später vielleicht noch irgendwo zurückgelassen werden. In diesem Punkt gab Großmutter nicht nach: »Ich will nicht meinen gesamten Besitz verlieren. Es ist uns ohnehin kaum noch was übriggeblieben.« Ohne sie ging natürlich auch Großvater nicht, und Mutter ließ die beiden nicht allein. Der Führer versuchte, Großmutter gut zuzureden, verlor aber bald die Geduld. Wir blieben.
Später schickte Vater, beunruhigt über die Verzögerung, einen zweiten Brief, in dem er Mutter bat, mich mit der nächsten Gruppe allein mitzuschicken. Mutter gab ihre Zustimmung. Ich hatte zwar ein leichtes Schuldgefühl, daß es mir so wenig ausmachte, sie zurückzulassen. Aber hatte ich nicht schließlich von meiner frühesten Kindheit an immer erklärt – bis mir einmal jemand sagte, daß sich solche Reden nicht gehörten –, daß ich Papa viel lieber hatte als Mama? Der höflichen Lüge, »daß ich niemand von beiden bevorzugte«, zum Trotz, hatte ich meine Meinung nie geändert. Ungeduldig wartete ich auf den Zeitpunkt meines Aufbruchs. Aber der Führer wurde mitsamt seiner Gruppe gefaßt, als sie nach Polen hereinkamen. Und mit einem anderen Führer wollte Mutter mich nicht gehen lassen. Die Frage meiner Abreise wurde also vorläufig aufs Eis gelegt, und Mutter gab inzwischen jedem »sicheren« Mann, der nach Rußland ging, Briefe an meinen Vater mit, in denen sie die Lage erklärte und ihn bat, noch etwas länger zu warten. Im Sommer wäre es vielleicht einfacher, über

die Grenze zu kommen, dann würde auch Großmutter mit uns kommen. Aber sie bekam keine Antwort auf ihre Briefe. Vater schien wie vom Erdboden verschwunden.

5

In diesem langen, endlosen Winter fand ich in Großvater einen unerwarteten Freund. Großvater war ein aktiver, energischer Mann; an lange tägliche Arbeitszeit gewöhnt, fand er dieses erzwungene Nichtstun unerträglich. Er war von Haus aus still und zurückhaltend und erstickte fast in diesem kleinen Zimmer voll tratschender, endlos jammernder Frauen. Also fing er bald an, auf die Straßen zu flüchten, und blieb fort, so lange er nur konnte. Und bald ging ich mit ihm. Zusammen erforschten wir den überfüllten Bezirk, schauten uns die Auslagen an, manchmal nahmen wir sogar eine Straßenbahn und wagten uns weit über die Grenzen des Gettos hinaus. Die Köpfe tief gesenkt gegen den beißenden Wind, gingen wir das vereiste Ufer des Flusses entlang, bummelten durch die mittelalterliche Altstadt, bewunderten die Fresken und die originellen Ladenschilder an den schmalen, bemalten Häusern. Am Abend in der Dunkelheit gingen wir dann Hand in Hand nach Haus, jeder in seinen eigenen Traum versunken.

Ich hatte bald heraus, daß er meinem Geschnatter ohnehin nicht zuhörte, und ging deshalb auch bald so schweigend dahin wie er. Dadurch konnte ich mich mehr auf meine eigenen Gedanken konzentrieren und herumschauen und alles bemerken und dann später in meine eigenen Geschichten einbauen. Wenn wir uns unserer Wohnung näherten, war es meistens schon stockfinster. Wegen der Verdunklung drang nur hie und da ein trüber blauer Lichtschein aus den Geschäften. Die Gassen schienen noch enger, die Läden noch geheimnisvoller. Die ganze Atmosphäre erinnerte mich an die Illustrationen von irgendeinem alten Märchen. Die vielen Gestalten in den langen, schwarzen Kaftanen mit schwarzen, breitkrempigen Hüten und den Locken an der Schläfe paßten großartig zu dieser Umgebung. Die ganze Stadt war unwirklich. Ich lebte in einer Geschichte, die mich gar nichts anging. Ich war ein Besucher aus einer anderen Welt, der zufällig, mitten im Kapitel, in diese abweisende Finsternis gefallen war. Falls eine dieser dunklen Gestalten mich sehen sollte, dann würde ich sagen, daß ich eigentlich gar nicht hierhergehörte. Meine Welt war hell, warm und sicher, und sobald die Geschichte aus war, würde ich wieder dorthin zurückkehren.

Großvaters Hand zog mich in die Wirklichkeit zurück. Jeden Abend kamen wir an demselben schmierigen Lebensmittelladen vorbei. Das Innere, von einer schwachen Petroleumlampe erhellt, sah ganz genauso aus wie die Zeichnungen in meinem *Oliver Twist*. Ich bettelte Großvater an, doch stehenzubleiben und irgendwas zu kaufen, damit wir nur einen Augenblick hineingingen und diesen Geruch von den unzähligen Eßwaren, den Seifen, alten Papieren, dem ganzen Laden selber einatmen konnten.

Da gab es Fässer mit eingelegten sauren Gurken und Sauerkraut, große Gläser mit eingelegten Heringen, über uns hingen glänzende Spiralen von Knoblauchwurst an Haken an der Wand, an der Decke waren Schnüre mit getrockneten Pilzen und Gemüsen wie vergessene Festdekorationen; dann gab es Käselaibe, große Körbe voller knuspriger Brötchen, Brotlaibe in jeder Farbe, vom tiefsten Braun bis zum schneeigsten Weiß. Die Stellagen in der Finsternis hinter der Theke waren vollgestopft mit Dosen, Schachteln, Papiertüten mit geheimnisvollem Inhalt. Großvater war strengstens angewiesen, mir unter keinen Umständen irgend etwas zum Essen zu kaufen, da das sicherlich meinen Appetit fürs Abendessen verderben würde, falls ich nicht sowieso todkrank davon würde. Und so gab ich also jeden Abend die gleiche, herzergreifende Pantomime zum besten, starrte sehnsüchtig auf diesen oder jenen Leckerbissen, seufzte tief, hob dann meine Augen schüchtern zu Großvater auf, der völlig verwirrt an seinem Schnurrbart zog.

»Du weißt ja, was deine Mutter gesagt hat«, murmelte er dann.

Ich seufzte, und wir gingen weiter. Nachdem ich dieses Manöver ein paar Tage lang wiederholt hatte und wir von einem besonders langen Spaziergang zurückkamen, schaute Großvater in mein trauriges Gesicht und gestand, daß er eigentlich ganz gut etwas vertragen könnte.

Ich strahlte. Er würde doch nicht allein essen wollen?

»Ein kleines Brötchen kann dir wohl nicht schaden?« überlegte Großvater.

»Ich liebe Brötchen«, flüsterte ich atemlos. Wir gingen in den Laden, und Großvater bestellte zwei Brötchen mit Butter. Ich drehte mich um in dem kleinen Raum, der zwischen den riesigen Sauerkrautfässern für die Kunden noch übrig war, atmete tief ein und schloß die Augen. Ich war mitten in einem Buch.

Die Brötchen waren köstlich. Wir aßen sie auf unserem Heimweg durch die Finsternis.

»Aber kein Wort davon zu deiner Mutter«, warnte mich Großvater. Ich lachte und drückte dankbar seine Hand. Von diesem Tag an gingen wir jeden Abend in das kleine Geschäft hinein, und während Großvater unseren Imbiß bestellte, nahm ich gierig diese »unwirkliche« Atmosphäre in mich auf. Nach und nach konnte ich Großvater dazu überreden, eine große Scheibe Wurst dazuzulegen, und schließlich genehmigten wir uns jeder auch noch eine halbe saure Gurke. Schuldbewußt lachend traten wir hinaus auf die Straße, in unseren Händen Brötchen, Wurst und Gurke.

»Gut, daß es finster ist«, brummte Großvater mit vollem Mund. »Es wäre mir sehr peinlich, wenn mich die Leute dabei sehen könnten, wie ich auf der Straße esse. Und wenn uns deine Mutter draufkommt . . .«

»Sie kommt uns nicht drauf«, versicherte ich ihm. Und sie wäre uns wohl auch nie draufgekommen, wenn ich nicht eines Tages meine Gier zu weit getrieben und zu meinem Brötchen eine ganze Gurke verlangt hätte. An diesem Abend fiel es mir noch schwerer als sonst, meinen üblichen Grießbrei hinunterzuwürgen, und mitten in der Nacht wachte ich plötzlich mit heftigen Bauchschmerzen auf.

Großvater setzte sich im Bett auf und sah mich an und sah genauso elend aus, wie ich mich fühlte. Dann kam er zu mir, hielt meinen Kopf und bekannte meiner Mutter alles. Sie ärgerte sich natürlich fürchterlich und sagte, er hätte sich unverantwortlich benommen. Großvater ließ den Kopf hängen wie ein gescholtener Schuljunge, und ich brach in Tränen aus und schrie, es sei ja nicht seine Schuld, er hätte es nur getan, weil ich ihn so angebettelt hatte. Er hätte mich wenigstens gern und tat, worum ich ihn bat. Mutter schlug mir ja sowieso nur immer alles ab. Und ein bißchen Übelkeit und Brechen machte mir nicht das geringste!

Am nächsten Tag fragte ich schüchtern, was ich für eine Strafe bekommen würde. Mutter zögerte und sagte dann, ich wäre ja schon genug bestraft, sie wollte dem nichts mehr hinzufügen. Ich war überrascht und auch ziemlich enttäuscht. Übelkeit und Brechen, das passierte zu oft, als daß ich es als Strafe betrachten konnte. Außerdem wurde ich für meinen Ungehorsam doch auch sonst immer gestraft, ganz egal, ob und wieviel ich selber schon darunter gelitten hatte. Aber durch eine Strafe fühlte ich mich berechtigt zu Zorn

und Empörung und hatte daher nicht die geringsten Gewissensbisse, sofort nach Ablauf der Strafe wieder von vorn anzufangen. Jetzt nahm man mir den normalen, erwarteten Ablauf dieser Sequenz plötzlich weg – kein Wunder, daß ich darüber frustriert war.
»Ich muß doch bestraft werden«, beharrte ich. »Wenn du mich nicht strafst, werde ich mich selbst strafen, nur um dir zu zeigen, wie leid es mir tut.«
»Aber ich will wirklich nicht, daß du dafür bestraft wirst«, sagte meine Mutter ganz überrascht.
Ich fand, sie zeige nur wieder einmal in höchst bedauerlicher Weise, wie wenig Ahnung sie von Kindererziehung hatte. Hatte sie schließlich nicht schon mehrere Male in meiner Anwesenheit zugegeben, daß sie nicht wußte, was sie mit mir tun sollte?
Ich dachte nach. Bücher zum Wegsperren hatte ich keine. Es gab zwar einen Topf mit Schlagrahm, den Mutter für mich gekauft hatte, den konnte ich vielleicht zur Strafe nicht essen – aber bei dem gegenwärtigen Zustand meines Magens kam das ja ohnehin nicht in Frage. Das logischste wäre, die täglichen Spaziergänge mit Großvater aufzugeben. Aber hieße das nicht ihn genauso strafen?
Den ganzen Tag zerbrach ich mir darüber den Kopf. Am nächsten Tag sah diese Frage nicht mehr so wichtig aus, langsam ging wieder alles seinen gewohnten Gang, und dann befreundete ich mich mit dem Mädchen von unter uns, und wir verbrachten ohnehin die meiste Zeit zusammen.

In der ersten Märzwoche wurde Simons Geschäft von zwei Deutschen zertrümmert.
Sie kamen herein, schauten sich das Geschäft an, packten plötzlich jeder einen Stuhl und fingen an, die Lampen zu zerschlagen. »Keine einzige haben sie übriggelassen«, schluchzte Sarah. »Sie waren wie böse Buben, sie lachten, rissen Witze und zerschlugen dabei einfach alles, was ihnen in die Hände kam. Am Ende schmissen sie ihre Stühle durch die Auslage, dann gingen sie, noch immer lachend, weg.«
Der Laden war vollkommen zerstört, es gab kein Geld, um ihn zu reparieren, also blieb Sarah jetzt zu Hause, während Simon auf Arbeitssuche ging. Frau Gold fing an, für andere Leute zu stricken, und ich half ihr, lange Knäuel von schwerer synthetischer Wolle aufzuwickeln, oder ich trennte mit viel Geduld alte Pullover auf, damit sie etwas Neues daraus stricken konnte. Sarah fand eine Firma, die sie mit Heimarbeit versorgte, und Mutter half ihr auch dabei. Bald saßen wir

also alle rund um den großen Tisch und steckten Dutzende kleiner Sicherheitsnadeln in leere Schachteln oder fädelten eine bestimmte Anzahl davon auf eine größere Sicherheitsnadel auf. Mutter und Sarah nähten Knöpfe auf Pappkarton, oder sie befestigten Fischbeine und Haken und Druckknöpfe auf kleinen Rechtecken aus Papier. Manchmal nähten sie auch kleine Knöpfe an die Enden von weichen, rechteckigen Stoffflecken.
»Was ist denn das?« fragte ich. Mutter und Sarah tauschten einen Blick.
»Windeln für Babies«, sagte Mutter, es klang, als hätte sie eben für ein lästiges Problem die Lösung gefunden.
»Die sind aber sehr klein«, protestierte ich.
»Die sind auch für sehr kleine Babies«, gab Mutter zurück. »Für Neugeborene, weißt du.«
Ich hatte das Gefühl, daß das nicht die richtige Antwort war, und schaute zu Sarah, aber die nähte nur schweigend weiter, die Augen auf ihre Hände geheftet. Die unsichtbare Mauer der Solidarität der Erwachsenen trennte mich von den beiden Frauen. Es gab keinen Durchschlupf für mich.
Eines Abends, als wir gerade beim Zubettgehen waren, kam ein Nachbar ganz atemlos an unsere Tür. »›Sie‹ kommen«, flüsterte er gehetzt und stürzte weiter, um andere Hausbewohner zu warnen.
Der ganze Haushalt wurde von panischer Aufregung erfaßt. »Am besten alles verstecken, man kann nie wissen, hinter was sie her sind«, das war die allgemeine Meinung.
»Papiere auf den Tisch«, ordnete Großvater an und legte unsere verschiedenen Zeugnisse in ordentlichen Gruppen aus. Wir versteckten unsere Kleider, unsere Koffer, unser Essen und standen steif und im Halbkreis rund um Großmutters Sessel.
»Wir sehen aus wie ein altes Foto«, dachte ich, von einem weißen Gesicht zum anderen blickend: die entschlossen vorgeschobenen Kiefer, die verstörten Augen, die kaum merklich zitternden Hände. Großvaters Knöchel hoben sich weiß ab von der verhärteten Haut seiner Hände.
Im Nebenzimmer stopften Sarah und Frau Gold noch schnell Wolle von Frau Golds Handarbeiten ins Bett: »›Sie‹ werden sicher Wolle haben wollen« – während Simon, plötzlich ganz klein und bleich, irgendwo im Schatten kauerte. Sein ganzer Schwung, seine Draufgängerei war plötzlich verschwunden, übriggeblieben war nichts als ein erschrockener, dicker junger Mann, der sich nervös die Hände rieb.

Wir warteten schweigend, nur hie und da sprang plötzlich einer weg, um noch ganz schnell etwas zu verstecken, was irgendwo hervorsah – eine verdächtige Falte in der Bettdecke, ein Mantelzipfel, der aus dem Schrank hervorlugte und vielleicht »ihren« Blick auf sich ziehen konnte.
Plötzlich lautes Hämmern an der Tür, dann Sarahs Schritte im Flur und das Geräusch von Riegeln, die zurückgeschoben wurden. Schwere Stiefel polterten ins Zimmer. Sie waren zu dritt, und sie wollten Wolle. Sarah antwortete ruhig, daß wir keine hätten. Ich bekam vor lauter Angst eine Gänsehaut. In diesem Raum hier befanden sich mehrere Kilo Wolle. Ich wußte, wo die Wolle war. Wenn sie auch mich fragten, würde ich dann lügen können?
Die Soldaten schauten mißtrauisch herum und stellten dann die gleiche Frage an Simon, worauf der mit hervorquellenden Augen stotterte, er verstehe kein Deutsch, und sich buchstäblich hinter Sarah versteckte. Dann wandten sie sich an Frau Gold, die dröhnend verkündete, sie habe keine echte Wolle mehr gesehen, seit der Krieg angefangen hatte.
Dann stapfte das Trio in unser Zimmer. Sie standen in der Türe eng nebeneinander, sahen sich unsere Papiere an und identifizierten uns einen nach dem anderen. Einer von ihnen drehte sich plötzlich um und deutete auf mich: »Wer ist die?« Mutter zog mich an sich.
»Meine Tochter«, erklärte sie. Der Deutsche lachte.
»Wie alt ist sie?«
»Zehn Jahre.«
»Aber das ist doch unmöglich, Fräulein, Sie können doch in Ihrem Alter noch keine zehnjährige Tochter haben.«
Mutter richtete sich zu ihrer vollen Höhe von ein Meter fünfzig auf: »Ich bin verheiratet und zweiunddreißig Jahre alt. Hier sind meine Papiere.«
Der Soldat warf einen ungläubigen Blick auf die Identitätskarte, schüttelte den Kopf, lachte, und endlich zogen sie alle drei ab. Völlig erschüttert und erschöpft setzten wir uns nieder. Dann blieben die Golds und Sarah bei uns, wir unterhielten uns und fragten uns gegenseitig aus, während Simon zu den Nachbarn ging, um herauszufinden, wie die Deutschen sich dort aufgeführt hatten.
Noch bis spät in die Nacht hinein surrte und krabbelte es im ganzen Haus, Türen fielen zu, hastige Schritte klapperten auf den Stiegen. Nachbarn besuchten einander, tauschten Berichte aus, fragten einander um jedes Detail, äußerten ihre Meinungen zu dem Benehmen die-

ser drei Deutschen, wiederholten jedes Wort, das sie gesagt hatten, seufzten, schüttelten die Köpfe, rangen vor Angst und Resignation die Hände. Langsam wurde die Nacht dann wieder ruhiger, und wir gingen endlich zu Bett. Aber für mich war es mit dem Frieden und der Sicherheit unseres kleinen Universums vorbei. Zum ersten Mal hatten die Deutschen ihren Fuß hereingesetzt, das Zimmer mit ihrer leiblichen Anwesenheit erfüllt. Ihre rauhen, barschen Stimmen hatten der Luft rund um mich ihre Spuren aufgedrückt. Irgendwas in der Atmosphäre des ganzen Hauses war anders geworden. Es war nicht mehr sicher.

Später in diesem endlosen Winter bekamen wir noch einmal Besuch von den Besatzern. Aber dieses Mal hatten wir von den anderen schon einige Dinge gelernt, und wir waren gut vorbereitet. Sobald uns die Nachricht erreichte, daß »sie« wieder da waren, steckte Sarah den kleinen Michas in sein Bettchen, bemalte seine Wangen mit etwas Rouge, während Mutter und ich sämtliche Medizinfläschchen und Pillendosen und -schachteln, die wir fanden, auf das kleine Nachtkästchen stellten. Dann blieben wir mit ängstlichen, ernsten Gesichtern stehen und warteten.

Sobald die Soldaten in der Tür erschienen, legte Sarah einen Finger auf ihre geschürzten Lippen und beschwor sie, ganz leise zu sein. Ihr kleiner Sohn sei nämlich schwer krank.

Sie drängten sich am Eingang, reckten sich die Köpfe aus und schauten neugierig auf Michas, der mit hochrotem Gesicht und vor Aufregung glänzenden Äuglein in seinem Bett lag.

Es war ihm wohl sehr heiß, denn auf seiner Stirn standen Schweißperlen, was die Sache noch echter aussehen ließ. Die Medizinfläschchen (später stellte sich heraus, daß Simon auch noch ein Glas mit eingelegten Gurken dazugestellt hatte) strömten einen starken Geruch nach Krankenzimmer aus, und wir sahen alle wirklich sehr besorgt drein.

»Was hat er denn?« fragte der Anführer.

»Scharlach«, flüsterte Sarah mit versagender Stimme.

Darauf hörte man Fluchen, dann Gedränge. Und die Deutschen zerstoben wie von einer Bombe getroffen. Wir dagegen fielen alle aufs Sofa und umarmten einander. Wenn die tapferen Eroberer nicht so viel Angst vor Krankheiten gehabt hätten, dann hätten sie sicher die Wahrheit herausgefunden – und wir wußten, was dann passiert wäre.

6

Endlich kam der Frühling, und mit ihm mein Geburtstag. Mutter schenkte mir *Little Dorrit*, und ich las das Buch langsam, hielt manchmal mitten in einem Absatz inne, malte mir dieses unbekannte London aus, die verfallenden dunklen Gemäuer, spürte die Kälte und den Nebel, und empfand immer stärker, wie das Gefängnis seine Fühler nach mir ausstreckte.

Little Dorrit war ein kleines blondes Mädchen mit langen Korkzieherlocken unter ihrem blauen Häubchen und dem weißblauen Kleid auf dem glänzenden Umschlag des Buches. Aber sie war auch meine Schwester, mein zweites Ich, und der lange Zeitabschnitt, der uns trennte, schien eine Brücke, die uns verband. Sie war ein Schatten, der mich auf meinen Botengängen in den schlammigen Straßen von Warschau begleitete, so wie ich sie überallhin in London begleitete und mit ihr in ihrer Zelle schlief. Sie war so gut und sanft, daß ich mich meiner Wutausbrüche schämte, und eine Weile war Mutter ganz überrascht über meine plötzliche Gefügigkeit.

Als ich das Buch zu Ende gelesen hatte, verfiel ich in eine tiefe Depression. Little Dorrit hatte Frieden und Sicherheit gefunden, ihre Zukunft war gesichert – meine sah so schwarz aus wie nie zuvor.

An einem schönen Aprilnachmittag saß ich in unserem Zimmer und las, mit dem vorsichtigen, zurückhaltenden Interesse, das Dickens' sorgfältig detaillierte Welt immer in mir wachrief. Sonnenlicht strömte durch die geschlossenen Fenster, auf dem schmalen Fensterbrett stand ein Behälter mit jungen Pflänzchen, den Objekten von Großvaters zarter Sorge, die eben jetzt kleine Rüschen von zartgrünen Blattspitzen entfalteten. Das Feuer in dem kleinen Ziegelherd hinter mir murmelte und knisterte eine warme, tröstliche Melodie. Aus dem Topf kam ein hastig brodelnder Laut. Alles war Wärme und Frieden. Ich hob den Kopf, vor meinem inneren Auge ein Bild des Gefängnishofs, und plötzlich durchflutete mich eine ganz unwiderstehliche Welle der Sehnsucht; ich legte meinen Kopf aufs Buch und lauschte mit geballten Fäusten und sämtlichen Muskeln straff gespannt diesem Gefühl, das sich plötzlich zu der Gewißheit verdichtete: Vater ist nahe. Er war irgendwo hinter mir und dachte an mich.

Ich legte den Kopf auf die Knie, schlang die Arme darum, rollte mich auf dem Stuhl zu einem festen Ball und flehte mit meinem ganzen Sein: »Vater, komm bitte zurück, ich weiß, daß du in der Nähe bist, bitte komm zurück, ich kann ohne dich nicht mehr lange leben.«

Mein Kopf schwamm, helle Flecken tanzten mir vor den Augen. Ich hatte den Atem zu lange angehalten. Ich richtete mich auf und fühlte mich müde und schwindlig. Nach einem tiefen Atemzug versuchte ich, weiterzulesen, aber meine Gedanken wanderten. Ich konnte nicht aufhören, an Vater zu denken, obwohl der heftige Anfall von Sehnsucht vorüber war und nur den üblichen, ständig nagenden Schmerz zurückgelassen hatte.

Der nächste Tag war einer von denen, an denen Sophie kam, um »zu helfen«. Sie machte unser Essen, und nachher legte sich Großmutter aufs Bett und unterhielt sich mit ihr. Mutter und ich hörten von unserem Feldbett aus der Unterhaltung zu, die sich schon wieder um denselben Gegenstand drehte wie auch sonst immer: Was sollten wir nach dem Krieg tun? Am Haus allerhand richten; andere Bettdecken müßten her; die Diele frisch ausmalen; und was wäre mit den Vorhängen...

Sophie saß mitten im Zimmer und putzte Gemüse. Großvater saß eingequetscht auf einem Sessel zwischen Bett und Tisch und entrindete eine lange Stange mit seinem Taschenmesser mit dem Silbergriff. Dieses Taschenmesser faszinierte mich, es war groß und solid und hatte auf beiden Seiten Szenen aus den Napoleonischen Kriegen eingraviert, die Pyramiden auf der einen, den Rückzug aus Rußland auf der anderen Seite.

»Ich frage mich, wo wir wohl unsere Möbel wiederfinden werden?« sagte Großmutter. Da klopfte es an die Wohnungstür, ich spitzte die Ohren: ein Besuch? Jemand fragte mit leiser Stimme, ob Frau David hier wohne. Aus dem ersten Zimmer hörten wir schwere Schritte. Sophie hob die Augen, und das Messer fiel ihr aus der Hand.

»Herr Marek ist da«, sagte sie, aber so leise, daß zuerst niemand auf sie achtete.

»Herr Marek ist da!« schrie sie jetzt und sprang von ihrem Hocker auf, und im gleichen Augenblick sprangen wir alle auf und warfen uns auf Vater, der wortlos schwankend in der Mitte stand. Ich versuchte, mir einen Weg zu ihm zu bahnen, aber er schaute mich an, als wäre ich eine fremde Person, und wollte nicht, daß ich ihn berührte.

»Komm mir nicht zu nahe, Kind, ich bin schmutzig und sehr müde.« Dann, als hätte er das erst jetzt bemerkt: »Mein Gott, ist sie gewachsen.«

Dann wurde sein Gesicht auf einmal grau, er sank zusammen. Sie gaben ihm einen Stuhl, aber anscheinend war er nicht einmal imstande zu sitzen, immer wieder rutschte er auf einer Seite herunter. Mutter

half ihm in unser Bett, dort streckte er sich aus, und es sah aus, als würde er einschlafen.
Die nächsten, von Angst erfüllten Tage blieb Vater im Bett liegen. Der Arzt, den wir riefen, stellte Erschöpfung, Erfrierungen und Herzschwäche fest. Vater brauchte Ruhe, Frieden, Stille und Schweigen.
Erst nach und nach erfuhren wir, was geschehen war. Anscheinend waren unsere sämtlichen Briefe in den letzten Monaten verlorengegangen. Vater machte sich immer mehr Sorgen und beschloß schließlich, zu uns nach Warschau zu kommen und uns dann zu überreden, mit ihm nach Rußland zurückzugehen. Er machte einen Führer ausfindig, eine Gruppe wurde zusammengestellt. In den Grenzwäldern stießen sie auf eine russische Patrouille. Der Führer ergriff die Flucht, die anderen in der Gruppe fielen in Panik, als die Soldaten sich ihnen näherten. Da übernahm Vater das Kommando. Er wandte sich an den Anführer, begrüßte ihn auf russisch, erklärte, daß er ein Arzt sei, der hier mit seinen Kollegen, lauter Ärzten und Krankenschwestern, alle Grenzdörfer besuchen mußte, weil man von einem Typhusausbruch hier gehört hatte. Sie waren eben auf ihrem Weg zum nächsten Dorf, hatten sich aber leider im Wald verirrt.
Der Soldat schaute skeptisch drein. Da holte Vater seinen polnischen Paß heraus. Das rote Siegel hatte zwar einen polnischen Adler darauf, aber Vater spekulierte auf die Wirkung, die jedes rote Siegel auf jeden Russen automatisch ausübt.
»Hier sehen Sie« – und er hielt den Paß dem Soldaten unter die Nase – »und jetzt lesen Sie das bitte.« Der Soldat konnte nicht lesen, aber der Zauber des roten Siegels tat seine Wirkung. Unter Bezeugungen der Ehrerbietung wurde die Gruppe zum nächsten Posten geführt, wo man ihnen zu essen und zu trinken gab und ihnen dann den Weg zum nächsten Dorf zeigte.
Vater dankte dem Soldaten für seine Hilfe, versprach, ihn Batiuschka Stalin zu empfehlen, wenn er nächstes Mal in Moskau war, und führte die Gruppe dann weiter in Richtung Polen. Sie gelangten an einen Fluß, der fest zugefroren schien, aber als sie etwa in der Mitte waren, brach das Eis ein. Irgendwie kamen sie trotzdem auf die andere Seite, aber Vater ging noch zweimal zurück, um anderen Leuten zu helfen. Dann kam der lange Marsch in nassen Kleidern, oft durch hüfttiefen Schnee. Nach einigen Stunden brach Vater zusammen. Er bat die anderen, ihn zurückzulassen, aber sie weigerten sich. Sobald Vater sich wieder auf den Beinen halten konnte, nahmen sie ihren Marsch wieder auf.

Er konnte uns nicht sagen, wie viele Tage vergingen, bis sie Warschau erreichten. Da wußte er schon, daß er sehr krank war, und daß es ihm vielleicht gar nicht gelingen würde, uns überhaupt zu finden. In Warschau angekommen, ging er sofort zur Wohnung von Tante Marysia, fand das Haus aber in Schutt und Asche. Man sagte ihm, die meisten Bewohner seien bei dem Bombenangriff ums Leben gekommen, und wo die wenigen Überlebenden waren, das wußte niemand.
Dann begann er seine Suche nach uns. Der Anblick der zerstörten Stadt, die vielen Schuttberge, die vom Schnee gefüllten Bombentrichter, die vielen Trümmerhaufen erschreckten und verwirrten ihn. Blindlings stolperte er vorwärts, glitt auf dem hartgefrorenen Schnee aus, taumelte gegen andere Passanten, verirrte sich wieder und wieder, bis er schließlich zusammenbrach. Vage erinnerte er sich daran, die Nacht in einem fremden Zimmer verbracht zu haben, in einem Lehnstuhl sitzend, auf den Morgen wartend, damit er seine Suche wiederaufnehmen konnte.
»Diesen ganzen Tag hindurch«, sagte er mir später, »habe ich an dich gedacht. Ich habe deinen Namen gesagt, immer wieder, dich gerufen, damit du wüßtest, daß ich hier war.«
»Ich weiß«, antwortete ich, »ich habe dich gehört.«
Langsam ging es bergauf mit Vaters Gesundheit. Langsam, sehr langsam nahmen wir auch die Fäden der Liebe wieder auf, die uns aneinander gebunden hatten. Nach dem ersten Schock darüber, daß er so grau und verbraucht ausgesehen hatte, redete ich mir ein, daß jetzt bald wieder alles so werden würde wie früher. Wenn Vater endlich aufstand, dann würde wieder alles ganz normal sein.
Bis dahin nutzte ich jeden Augenblick, den ich bei ihm sein, mit ihm reden durfte. Ich saß am Bett und hielt seine Hand, spielte mit seinen langen, schmalen Fingern, verflocht meine kurzen, rundlichen Finger mit seinen. Ich schaute ihm in die Augen und wartete darauf, daß das vertraute Lächeln wieder erschien, wartete auf ein zärtliches Wort, auf ein längst vergessenes Geheimwort aus unserer Vorkriegswelt. Aber sie kamen selten, diese Worte, dieses Lächeln. Viel öfter fielen seine Augen wieder zu, zeigten schwarzblaue Lider, wie zwei große dunkle Flecken, und er schlief ein, während ich vor Angst wie erstarrt saß, daß ich ihn nur ja nicht mit der leisesten Bewegung weckte.
Dann kam Mutter herein, deutete mir an, ich sollte hinausgehen, und ich schlich mich mit unendlicher Vorsicht auf den Zehenspitzen hinaus, während Mutter meine Stelle an seinem Bett übernahm.
Die Tage vergingen, und Vater nahm wieder mehr Notiz von mir.

Sein Lächeln erschien öfter, seine Hände wurden kräftiger. Dann setzte er sich schon auf und machte Witze. Schließlich wurde er ungeduldig, fing an, mich herumzukommandieren, und ich wurde immer glücklicher.

Wir packten seinen Rucksack aus. Sein zusammenklappbarer Zahnputzbecher war noch da, wie auch alle die anderen Sachen, die er sich gekauft hatte, um sich für die Armee vorzubereiten. Aber seine Sokken waren ein Rätsel. Er breitete sie auf dem Bett zu unserer Inspektion aus.

»Ich kann nicht begreifen, warum sie so merkwürdig geschrumpft sind. In jedem Paar gibt es jetzt einen größeren und einen kleineren Socken, tragen kann ich also gar keine mehr.«

Wir erklärten ihm, daß das von seiner Methode kam, sie zu stopfen; er nähte nämlich einfach immer die Ränder der Löcher zusammen, daher das geheimnisvolle Schrumpfen. Vater war gekränkt, als wir darüber lachten. Es war ihm immer schrecklich unangenehm, wenn sich herausstellte, daß die Art und Weise, wie er für sich selber sorgte, manchmal doch gewisse Mängel aufwies.

Da er jetzt wieder mehr sprechen durfte, wurde das Haus von Verwandten, Freunden und wildfremden Menschen überschwemmt, die ihn alle mit Fragen bestürmten: Wie war das Leben dort drüben? So arg wie hier? Hatte er Soundso nicht gesehen? Hatte er Denundden nicht getroffen? Nein? Wirklich nicht? Aber er war doch dort! Mein einziger Sohn, Herr David, er hat Warschau mitten in den Bombenangriffen verlassen, und seither haben wir nichts mehr von ihm gehört. Er ist nach Osten gegangen. Ein kleiner, dunkelhaariger Mann. Sind Sie sicher, daß Sie ihn wirklich nicht gesehen haben?

Andere brachten die Lokalnachrichten, und die waren schlecht. Das Getto nahm langsam Gestalt an. Die Juden wurden nach und nach aus anderen Gegenden der Stadt hinausgedrängt und in ein kleines Gebiet zusammengetrieben. Überall rund um uns kamen neue Leute an und suchten nach Wohnungen und Zimmern. Auch in unser Haus zogen ständig noch neue Menschen ein, und wir fragten uns, wo sie da wohl noch unterkämen. Die Zimmer schienen doch schon alle aus den Fugen zu platzen, aber jede Woche kamen immer noch Neue.

Aber es kamen noch schlechtere Nachrichten. An verschiedenen Stellen gingen jetzt Mauern in die Höhe, man konnte kein System darin erkennen, aber die Leute ergingen sich in düsteren Prophezeiungen. Man nannte sie die Epidemiemauern; sie waren ungefähr drei Meter hoch und oben mit Glasscherben bedeckt. In Warschau breitete sich

der Typhus aus. Der gemeinsame Gottesdienst war den Juden jetzt untersagt. Jeder Jude über zwölf mußte eine Armbinde mit dem Davidstern tragen. Leute wurden in Arbeitslager verschickt. Jüdische Bankguthaben wurden eingefroren. Jüdische Schulen wurden geschlossen, und Privatunterricht war bei Todesstrafe verboten. Juden durften nun weder Straßenbahnen noch Busse benutzen. Der Kauf von Gold war verboten, Schmuck mußte registriert werden. Juden durften keine Musik von deutschen Komponisten mehr spielen, und jüdische Ärzte durften nicht länger nichtjüdische Kranke behandeln.
»Sie haben uns hier recht praktisch beisammen, alle auf einem Haufen: Was werden sie mit uns tun?«
Vater hörte zu, sein Gesicht verfinsterte sich dabei. Es war klar, er war in die Falle gegangen. Da lag er in seinem schmalen Bett und spürte, wie sich die Mauern rund um ihn schlossen, er konnte seinen Kopf gar nicht mehr heben, während die Stimmen dahindröhnten, bis die Luft ganz dick wurde vor lauter Angst und ihn unter sich zu begraben drohte.
Er wußte, daß er jetzt nicht mehr nach Rußland zurückkonnte. Er saß hier mit uns zusammen in der Falle.

7

Während Vaters Krankheit hatten Mutter und ich unterm Tisch auf dem Boden geschlafen. Es war klar, daß wir hier nicht mehr lange bleiben konnten, und sobald Vater anfing, wieder aufzustehen, machte Mutter sich auf die Suche nach einer anderen Unterkunft.
Das Zimmer, das wir Anfang des Sommers bezogen, war groß, hell und gemütlich – aber auch sehr teuer. Die Wohnung lag im ersten Stock, die Fenster und die Balkone gingen auf die Straße. Die Großeltern wohnten ein paar Häuser weiter in der gleichen Straße. Die Wohnung gehörte einem Feldscher und seiner Familie.
Herr F., der sich selber »medizinischer Assistent« nannte, verdiente sich seinen Lebensunterhalt mit verschiedenen medizinischen Praktiken wie Schröpfen, Blutegel ansetzen, Injektionen verabreichen, und manchmal auch Zahnziehen.
Was ihm offenbar am meisten am Herzen lag, war seine Blutegelkolonie. Oft stand er stundenlang über die grünen Gläser gebeugt, in denen sie lebten. Mutter konnte einfach nicht hinschauen, aber für mich

hatten sie eine schauerliche Faszination. Gleich an unserem ersten Tag in dem neuen Haus brachte der Briefträger ein eingeschriebenes Paket, er stand im Flur, während Herr F. den Empfangsschein unterschrieb. »Wissen Sie, was Sie da halten?« fragte Herr F. Der Postbote hatte keine Ahnung. »Da drinnen sind zwei Dutzend Blutegel – lebend, so hoffe ich«, sagte Herr F. und reichte ihm den Schein. Darauf ließ der Briefträger das Paket vor Abscheu fallen, und Herr F. stürzte ihm nach auf den Boden.

Später schaute ich ihm zu, wie er die mit feuchtem Moos gefüllte Schachtel auspackte. Drinnen ringelte und schlängelte sich ein ganzer Berg von schwarzen, glänzenden Blutegeln. Herr F. nahm sie einen nach dem andern heraus, redete ihnen dabei die ganze Zeit gut zu, und hob sie sorgfältig in die mit Wasser und Pflanzen gefüllten grünen Gläser. Wenn er dann seine Runden machte, wählte er immer ein paar aus und steckte sie in einem Glas mit Schraubdeckel in seine schwarze Arzttasche. Wenn er zurückkam, legte er sie in ein anderes, mit Salz gefülltes Glas, wo sie das Blut, das sie getrunken hatten, wieder ausspien. Dann konnten sie wieder verwendet werden.

Bald nach unserer Ankunft in diesem Haus hatte ich einen Alptraum. Ich träumte, daß eines dieser Gläser direkt über meinem Bett zerbrach und mein Bett mit Moos, Wasser und Blutegeln füllte. Ich wachte schreiend auf und sprang schweißbedeckt aus dem Bett.

Obwohl es den Juden verboten war, mit Straßenbahn oder Bus zu fahren, wagten sich Mutter, Cousine Rosa, ihr kleiner Sohn Jasio und ich oft aus unserem beengten Revier hinaus in die Parks und Gärten von Warschau. Ich haßte diese Ausflüge, bestand aber trotzdem immer darauf, mitgenommen zu werden; ich wollte bei Mutter sein, falls ihr irgend etwas zustieß. Ich hatte nur eine ganz vage Vorstellung davon, was es eigentlich war, das uns bedrohte, aber ein kleiner Zwischenfall auf unserem Hinweg überzeugte mich jedenfalls, daß diese Unternehmungen wirklich viel zu gefährlich waren.

Mutter und Cousine Rosa nahmen ihre Armbinden ab, bevor sie das Getto verließen, aber das half nicht viel, denn unsere Gesichter machten unsere Herkunft unbezweifelbar deutlich. Auf einem dieser Ausflüge nahmen wir eine Straßenbahn, und Jasio, neugierig, wie Neunjährige eben sind, lief allein zum anderen Ende des Wagens. Rosa lehnte sich aus ihrem Sitz und rief seinen Namen. Der Schaffner drehte sich um, und als er uns sah, änderte sich sein Gesichtsausdruck.

»Seit wann heißt denn Jankiel Jasio?« fragte er mit dröhnender Stimme. Bleierne Stille senkte sich über den ganzen Wagen, alle Köpfe drehten sich zu uns, alle Augen starrten uns an. Rot vor Zorn erhob sich Mutter von ihrem Sitz.
»Wie können Sie es wagen –« fing sie an, aber Rosa zog sie nieder.
»Still, um Gottes willen«, flüsterte sie, mit solcher Inständigkeit, daß Mutter ihren Satz nicht beendete.
»Bei der nächsten Haltestelle steigen wir aus«, flüsterte Rosa.
»Ich denke nicht daran«, antwortete Mutter.
Rosa und Jasio stiegen also aus, wir blieben. Ich wünschte aus ganzem Herzen, daß wir auch nach Hause gehen würden, aber Mutter bestand darauf, in den Park zu gehen. Wir brauchten frische Luft, und die würden wir auch bekommen. Rosa und Jasio gingen heim.
Später machte Rosa Mutter Vorwürfe: »Ganz egal, was sie zu dir sagen, du darfst den Mund nicht aufmachen. Neulich regte sich eine Frau aus unserem Haus einmal auf, als ein Schaffner sie eine räudige Jüdin nannte, darauf zwang er sie, mit ihrem Baby im Arm in voller Fahrt von der Straßenbahn abzuspringen. Es war ein Wunder, daß sie das überlebte. Diese Dinge mußt du entweder in Kauf nehmen oder zu Haus bleiben.«
Ich wünschte zu Gott, wir würden zu Haus bleiben. Meine einzige Erfahrung vom Abspringen aus einem Wagen in voller Fahrt war keine besonders glückliche. Aber Mutter gab nicht so leicht auf. Ihre Einstellung zu den vielfältigen Einschränkungen, die uns bedrückten, bestand darin, sie zu ignorieren. Man durfte dem Feind nicht nachgeben, sondern mußte so tun, als gäbe es ihn gar nicht. Nur dann konnten wir hoffen, in Würde zu überleben.
In den Parks ermunterte mich meine Mutter immer wieder, doch mit anderen Kindern zu spielen, aber ich war zu schüchtern. Ich erfaßte instinktiv, daß wir nichts mehr miteinander gemein hatten. Wenn sie mich fragten, wo ich wohnte, was sollte ich darauf sagen? Wenn Mutter gar nicht nachgab, dann machte ich eben allein lange Spaziergänge durch die Alleen. Ich ging immer schnell, den Kopf gesenkt, den Blick auf meine Füße geheftet. Auf einem dieser Spaziergänge – ich hatte einen Rundgang gemacht und kam jetzt eben wieder zu Mutter zurück – blickte ich auf und sah fünf deutsche Offiziere geradewegs auf mich zukommen.
Sie kamen in einer Linie daher und füllten den Weg von einer Seite zur anderen. Kein Mensch war sonst in der Nähe. Mein erster Gedanke war, mich umzudrehen und wegzulaufen, aber sofort packten

mich Scham und Zorn. Ich hob den Kopf, schaute starr auf die steifen grünen Mützen und ging dem Feind entgegen. Sie kamen auf mich zu wie eine hohe grüne Wand. Wir kamen einander näher, waren auf gleicher Höhe, die grüne Mauer teilte sich, und ich, Kopf noch immer hoch erhoben, während mir das Herz bis zum Halse schlug, ging zwischen ihnen durch und auf Mutter zu, die mit geballten Fäusten ganz starr neben ihrem Stuhl stand, mit einem Ausdruck von unbeschreiblicher Angst auf ihrem Gesicht. Das war unser letzter Ausflug.

Je näher wir dem Getto kamen, um so schäbiger sahen die Passanten aus, um so mehr Frauen mit rasierten Köpfen kamen uns entgegen. Daß sie keine Haare hatten, machte ihre Augen viel größer und irgendwie trauriger. Die meisten hatten sich Schals als Turbane um den Kopf gebunden, um ihre Schande zu verstecken. Seit damals bedeuten Turbane für mich immer geschorene Köpfe, mit sämtlichen häßlichen Nebenbedeutungen.

8

In diesem Sommer wurde die Lage immer hoffnungsloser. Als Paris fiel, weinten die Leute auf der Straße. Wir gaben jede Hoffnung auf, den nächsten Winter wieder zu Hause zu verbringen. Die Schulen blieben geschlossen, aber Mutter hatte Angst, daß ich zu viel versäumte, und organisierte einen Gruppenunterricht. Wir waren zu viert, drei Mädchen und Jozio, der einzige aus meiner Vorkriegsschule. Dreimal pro Woche kamen wir für eine Stunde bei irgend jemandem zusammen. Eine Entdeckung hätte den Tod bedeutet, für Lehrer, Kinder und Eltern. Vielleicht entwickelten wir deshalb einen so außerordentlichen Lerneifer. Jede Stunde war ein Triumph über den Feind. Aber diese Stunden füllten meine Zeit natürlich nicht aus. Ich schrieb mich bei einer geheimen Leihbücherei ein und verbrachte meine freie Zeit mit Lesen. Da ich nicht allein fortgehen durfte, mußte ich immer warten, bis Mutter mit der Hausarbeit fertig war, dann besuchten wir die Großeltern oder auch Cousine Rosa.

Ich versuchte, mit Jasio zu spielen, aber der war ein ziemlich wüster Knabe und Anführer einer Bande von Gassenjungen, die in den Stiegenhäusern blutrünstige Kämpfe ausfochten, so daß ich froh war, wenn ich nichts mit ihnen zu tun hatte.

Vater gab mir einen Kompaß und erklärte mir seine Benutzung. Dann fing ich an, für Jasio und seine Bande militärische Orden herzustellen. Ich fertigte Kreise in verschiedenen Größen an, füllte sie mit geometrischen Mustern und bemalte sie dann mit leuchtenden Farben. Nach jeder Schlacht entstand große Nachfrage nach meinen Orden. Vater und Jasio besprachen Fragen der militärischen Strategie und machten zusammen Pläne, und Jasio berichtete Vater, der als General fungierte, vom Erfolg seiner Unternehmungen, während meine einzige Rolle bei diesen männlichen Vergnügungen darin bestand, immer ausgefallenere Orden zu liefern.

Den ganzen Sommer lang suchte Vater Arbeit. Das Geld ging uns aus. Mutter fing an, unsere Wertsachen zu verkaufen, aber das war ein gefährliches Mittel, denn wir hatten nicht sehr viele. Mutter bedauerte immer wieder laut, daß sie nie etwas Nützliches gelernt hatte; und über Vater war sie noch viel bitterer.

Sie konnte es ihm nie verzeihen, daß er nach ihrer Hochzeit sein Studium an den Nagel gehängt hatte. Großvater hatte ihnen angeboten, sie beide zu erhalten, während Vater sein Jurastudium fertig machte, aber Vater hatte dieses Angebot unverständlicherweise abgelehnt und war statt dessen gleich in die Mühle arbeiten gegangen. Dafür hatte er keine Qualifikationen, bis auf einen ausgezeichneten Zahlenverstand, und seine Art, das Vertrauen und die Loyalität der Arbeiter zu gewinnen. Er half dem Buchhalter und trat als Personalchef und Vermittler bei sämtlichen Differenzen auf. Routinearbeit langweilte ihn, dagegen zeigte er sich von seiner besten Seite, sobald irgend etwas passierte. Oft verzichtete er ganze Nächte auf Schlaf, um einen Fehler in den Büchern zu finden, oder um Dieben bei der Eisenbahn auf die Spur zu kommen. War aber alles ruhig, dann verschwand er oft stundenlang mit seinem Gewehr und einem Pferd, ging Tauben schießen oder spielte für eine attraktive Blondine den Fremdenführer.

Mutter, in der Tradition harter Arbeit erzogen, konnte ihm diese leichtfertige Einstellung einfach nicht verzeihen. Selbst jetzt, wo das alles ohnehin verschwunden war, drückte sie noch immer der alte Stachel. Bald waren sie wieder bei ihren alten Vorwürfen. Alle die alten Streitigkeiten wurden wieder hervorgeholt, unter die Lupe genommen, ausgebeutelt und von neuem im Kampfe eingesetzt. Vaters allgemeiner Mangel an Arbeitsbegeisterung, seine Armut vor ihrer Heirat, seine Faulheit.

Sogar diese zwei Paar Schuhe, über die ich vor dem Krieg immer so viel gehört hatte, wurden wieder aus dem Zwielicht der Legende ge-

zerrt. Das waren bekanntlich die einzigen zwei Paar Schuhe, die Vater besaß, als er heiratete. In diesem vollgestopften Raum, zwischen den fremden Möbeln in einer fremden Wohnung, klangen die altbekannten Worte noch härter, noch unpassender. Nach Vaters Rückkehr hatte ich eine Weile lang gehofft, es würde mit den Streitereien jetzt vorbei sein. Aber ich wurde enttäuscht.
Vater ging oft für lange Stunden aus dem Haus, und wenn er zurückkam, sah er grau und erschöpft aus. Er aß sehr wenig, und das führte zu weiterem Geschimpfe von Mutter, daß sie sich da über dem heißen Herd in einer fremden Küche abrackern könne, und es ihr ja doch nur mit Undank gelohnt werde. Ich war überzeugt, daß die F.s jedes Wort mitbekamen, daher genierte ich mich nach jedem Streit, durch ihr Zimmer zu gehen.
Schließlich fand Vater doch noch Arbeit, und zwar als Sanitätsinspektor. Dabei mußte er pro Tag etwa ein Dutzend Wohnungen besuchen und sie auf ihre Sauberkeit hin inspizieren. Die Gefahr, »irgend etwas zu erwischen und nach Haus zu schleppen«, die immer gegenwärtig war, wenn man sich in die überfüllten Straßen hinauswagte, wurde dadurch zur Gewißheit. Aber noch ärger war, daß das viele Stiegensteigen bald zu einer weiteren Verschlechterung seiner Gesundheit führte. Im Herbst mußte er diese Arbeit aufgeben, und Mutter fing wieder an, ihre Kleider zu verkaufen.

Zu dieser Zeit fiel es ein paar energischen jungen Damen ein, die Kinder in unserem Block zu einer Theatergruppe zusammenzufassen. Wir sollten für irgendeine karitative Institution Vorstellungen geben, daher wurde das ganze Haus eifrig nach jugendlichen Talenten durchkämmt. Mutter nahm mich zum Vorsprechen mit, worauf ich prompt die Titelrolle in *Schneewittchen* bekam.
Beim Proben der Lieder fielen mir alle Szenen des Disneyfilms wieder ein, und ich war überglücklich. Ich hatte den Film zweimal gesehen und erinnerte mich an jedes Wort und jede Geste. Schon Wochen vorher lebte ich in Erwartung des großen Tages, wenn ich auf die Bühne treten und für das gesamte Publikum da unten das Schneewittchen sein würde. Wir spielten nur ein paar Szenen und verwendeten dabei die Lieder aus dem Film. Der Rest des langen Programms wurde von einer Vielzahl von anderen Nummern bestritten – Lieder, Tänze, lustige Sketchs. Als der langersehnte Tag endlich kam, machte ich bei fast jeder Nummer mit, unter anderem sollte ich vier weitere Solonummern singen und einige meiner eigenen Gedichte rezitieren.

Die Frage meines Kostüms beschäftigte meine Mutter und die anderen jungen Damen eine Weile lang intensiv. Ich wollte dem Star des Disneyfilms so ähnlich sehen als nur möglich, aber am Ende bekam ich nur ihren steifen weißen Kragen – aus Pappkarton, befestigt an einem Gewand in heftigem Violett, übersät mit Perlen und Stickereien – irgend jemandes Partykleid aus den fernen zwanziger Jahren, das dann entsprechend gekürzt und um meine Taille mit einer grünen Schärpe gebunden wurde. Dazu trug ich fleischfarbene Strümpfe und im Haar ein grünes Samtband. Im letzten Moment schleppte noch jemand violette Strumpfbänder mit großen Satinrosetten darauf herbei, welche man mir unter großem Gelächter an den Beinen befestigte, damit mir die Strümpfe nicht immer hinunterrutschten. Ich fand sie überaus lächerlich und konnte nicht begreifen, warum die Leute jemals so etwas anzogen. Ein echtes Mieder wäre doch viel erwachsener gewesen und viel vernünftiger. Aber die jungen Damen und sogar Mutter waren von den Strumpfbändern ganz hingerissen, also gab ich nach und zog sie eben an.
Bis zum Tag der Vorstellung lebte ich wie in einem köstlichen Nebel, in den sich allerdings die leichte Angst mischte, daß im letzten Moment noch etwas schiefgehen und die Vorstellung vielleicht abgesagt würde.
Vater war über dieses »Theater« nicht allzu glücklich und verbat mir sogar mehrere Male, da noch weiter mitzumachen. Mutter benutzte es als Zuchtrute, daher fühlte ich mich gezwungen zu einem geradezu übertrieben guten Benehmen, aus lauter Angst vor einer Strafe, die, wie ich wußte, natürlich nur eine Form annehmen konnte.
Kurz vor dem schicksalhaften Tag fing einer meiner Milchzähne zu wackeln an, und Herr F. schlug vor, ihn herauszuziehen. Man brachte mich in seine Ordination, wo Mutter ängstlich im Hintergrund lauerte, jederzeit bereit, mich zu bändigen, falls ich nicht stillhalten sollte. Aber Herr F. sagte, er wollte sich den Zahn nur ansehen und ihn bis nach der ersten Vorstellung drinnen lassen. Vertrauensvoll öffnete ich den Mund. Herr F. schaute hinein, nickte, breitete ein sauberes Taschentuch über die Finger, berührte den Zahn leicht – und zeigte ihn mir in seiner Hand.
Ungläubig starrte ich darauf. Ich hatte mir gräßliche Schmerzen vorgestellt; und da lag er, alles war vorbei, und ich hatte überhaupt nichts gespürt.
»Sag ›Danke‹«, stieß Mutter mich an, aber im gleichen Augenblick stieß ich plötzlich einen ohrenbetäubenden Schrei aus, stürzte aus

dem Zimmer und knallte die Tür hinter mir zu. Dann hastete ich in die Küche, warf mich zu Boden und heulte, bis Mutter hereinkam, mir voll Zorn eine klebte und mich wieder zurück in die Ordination schleppte.

»Mein Gott, die ist ja hysterisch!« bemerkte Frau F. und schaute mich über die Ränder ihrer Brille hinweg mißbilligend an. »Dabei ist sie doch noch so klein. Mit der werden Sie noch viel mitmachen, Frau David, wenn Sie ihr solche Sachen durchgehen lassen.«

»Davon ist keine Rede«, erwiderte meine Mutter entschlossen, und zu mir gewandt: »Wenn du nicht sofort aufhörst, darfst du nicht Schneewittchen spielen!«

Aber selbst das war mir jetzt egal. Ich rannte in unser Zimmer und schluchzte, bis keine Tränen mehr herauskamen. Es war ein derart köstliches Gefühl, sich einmal wirklich ganz gehenzulassen, besonders nach diesen langen Wochen eines geradezu unnatürlichen Bravseins. Die Vorstellung, daß ich mir dadurch die Chance meines Bühnenauftritts verscherzte, zerriß mir das Herz, und ich heulte von neuem los, mir dadurch noch weitere Strafmaßnahmen zuziehend.

Die jungen Damen ärgerten sich furchtbar über Mutters Entschluß.

»Sie haben überhaupt kein Recht, uns die ganze Vorstellung zu ruinieren«, erklärten sie ihr voller Entschiedenheit. »Strafen Sie sie halt nachher, wenn es unbedingt sein muß, aber auftreten lassen müssen Sie sie. Wir finden im letzten Augenblick keinen Ersatz mehr, noch dazu, da Sie ihr ja erlaubt haben, fast in jeder Nummer aufzutreten.«

Mutter konnte nicht verstehen, warum sich die Leute so aufregten. Eine Vorstellung, bei der ich mitmachte, konnte doch nicht so wichtig sein, es war doch schließlich nur eine Kinderaufführung, da war ja wohl ein Kind so gut wie jedes andere. Und sie schätzte es nicht, wenn sie ihr Wort zurücknehmen mußte. Aber am Ende mußte sie schließlich doch nachgeben.

Am Tag der Aufführung war sie hinter den Kulissen, organisierte alles, nahm die Künstler, die plötzlich Lampenfieber bekamen, an die Hand, tröstete, trocknete Tränen, legte Make-up auf bleiche kleine Gesichter, ermahnte die Mädchen, natürlich zu reden, da die meisten von uns vom Lippenstift ganz steife Lippen bekamen. Sie wechselte geradezu mit Lichtgeschwindigkeit unsere Kostüme und schob uns alle im richtigen Moment hinaus auf die Bühne. Trotzdem war es mit ihrer Beliebtheit beim Organisationskomitee vorbei, die konnten ihr nicht vergessen, daß sie um ein Haar die ganze Aufführung ruiniert hätte.

Meine große Szene kam. Ich sollte in den Apfel beißen, den die böse Stiefmutter mir reichte, und sofort darauf in Ohnmacht fallen, aus welcher mich dann der Prinz mit einem Kuß zu wecken hatte.
Ich tat einen großen Bissen, drehte mich plötzlich auf den Fersen um, preßte die Hände an meine Taille, so wie Jasios Soldaten, wenn sie erschossen wurden, und stürzte mit lautem Gepolter auf die harten Bretter. Durch den Schmerz an Ellbogen und Hüfte, von dem ich einen Moment lang ganz benommen war, hörte ich auf einmal eine Welle von Gekicher durch das Publikum gehen. Es lief mir kalt über den Rücken. Das war doch nicht zum Lachen. Was war denn los? Mein Gesicht war dem Publikum abgewandt, und ich konnte daher nicht sehen, worüber sie sich so amüsierten. Steif vor Unruhe lag ich am Boden und atmete Staub ein, während die Zwerge in ihrer Ecke tanzten, und war sehr erleichtert, als ich endlich den Prinzen singen hörte.
Er trat auf die Bühne, stieß einen Ruf aus, griff sich an die Weste über seinem Herzen, kniete sich dann in seinen viel zu engen Hosen sehr vorsichtig nieder, küßte mich auf die Wange und flüsterte mir ins Ohr: »Du Idiot!«
Ich öffnete die Augen, hauchte eine überraschte Begrüßung und ließ mir auf die Beine helfen. Ein Zwerg reichte dem Prinzen meine Krone aus Pappkarton, welche er vorsichtig auf mein Haupt setzte. Händchenhaltend und zu zweit unser Abschiedslied singend, schwebten wir von der Bühne.
Das Publikum klatschte und jubelte und rief uns immer wieder heraus, es dauerte also mehrere Minuten, bis ich endlich Mutter fragen konnte, warum sie alle so gelacht hatten.
»Du bist mit solcher Wucht hingefallen, daß dein Kleid dabei hochrutschte, und dann hat man diese läppischen Strumpfbänder gesehen«, sagte Mutter lächelnd. Ich stieß einen Verzweiflungsschrei aus. »Macht nichts«, fuhr Mutter fort, »du warst ein großer Erfolg. Ich war unten im Publikum, alle waren hingerissen.«
Die Vorstellung war wirklich ein großer Erfolg, wir wiederholten sie mehrere Male und machten Pläne für eine weitere Aufführung im nächsten Winter.

Ich lernte in diesem Sommer ein paar »nette kleine Mädchen« kennen, fand aber keine wirkliche Freundin. Mit Herbstbeginn setzten wir uns wieder hinter das Lernen und verschwanden zu viert in der Welt der Bücher und einer gewissen Routine.

Und Vater fand wieder Arbeit. Eines Tages kam er ziemlich verlegen nach Haus, mit Mütze und Abzeichen der jüdischen Miliz. Mutter war entsetzt. Die jüdische Miliz war im Getto alles andere als beliebt, aus verständlichen Gründen. Außer den üblichen Aufgaben eines Polizisten mußten sie auch noch die polnische Polizei und die Deutschen auf allen Hausdurchsuchungen und Strafexpeditionen begleiten und waren oft gezwungen, mit dem Feind zu kollaborieren – oder wenigstens sah es so aus. Wenn die drei Hüter des »Gesetzes« zusammen auftraten, dann tat sich der polnische Polizist meistens durch besonderen Eifer hervor, aber auch viele jüdische Milizmänner mißbrauchten ihre Macht über die hilflosen Menschen.

Wir zweifelten nicht daran, daß Vater nicht zu denen gehören würde, die die schwere Last der Demütigungen, die wir alle zu tragen hatten, noch vermehrten, aber oft rief schon der bloße Anblick einer Milizmütze einen Zwischenfall hervor, und wir zitterten unter der Vorstellung, Vater könnte jemals das Ziel eines derartigen feindseligen Ausbruches sein. Aber das war offenbar die einzige Arbeit, die er bekommen konnte. Die Bezahlung war schlecht, aber wir konnten wenigstens mit einem gewissen Minimum rechnen, außerdem wurden unsere Essensrationen erhöht. Aber die Verbesserung unserer Finanzen war zu gering, als daß wir noch länger bei den F.s hätten bleiben können. Mutter ging wieder auf Wohnungssuche. Die Entscheidung fiel uns schwer, und wir wußten, daß es von nun an mit uns nur mehr abwärts gehen konnte. Wenn wir diesen Raum verließen, dann nur, um in einen kleineren und weniger bequemen zu übersiedeln.

Es sah jetzt so aus, als hätte sich der Krieg häuslich eingerichtet. Mit Frankreich waren unsere letzten Hoffnungen gefallen, und jetzt gab es keinen mehr, der ein rasches Ende des Krieges voraussagte. Mutter und Großmutter sprachen noch immer von dringenden Plänen für den Moment, wo wir wieder zu Hause waren, aber diese Gespräche fingen an, recht hohl zu klingen.

Unter Herrn F.s regelmäßigen Kunden war auch eine alte Frau, eine gewisse Frau Kraut, die zwei Häuser weiter in der gleichen Straße lebte und die an Mutter ein ganz besonderes Interesse nahm. Sie litt unter hohem Blutdruck und verhärteten Arterien und tauchte daher in bestimmten Abständen hier auf, um zur Ader gelassen zu werden. Herr F. setzte die Blutegel an ihren Schläfen und im Nacken an, um den Blutandrang zu vermindern. Fasziniert beobachtete ich diese plötzliche Verwandlung einer alten Frau in eine Art Gorgone, um deren Gesicht sich schwarze Würmer schlängelten. Nach der Behandlung streckte sich Frau Kraut und seufzte vor Wohlbehagen, und dann ging sie und suchte meine Mutter auf.

Frau Kraut hatte eine Tochter in New York, die anscheinend meiner Mutter verblüffend ähnlich sah. Frau Kraut kam über diese Ähnlichkeit einfach nicht hinweg. Sogar auf der Straße eilte sie auf Mutter zu und fing immer wieder davon zu reden an. Zuerst war Mutter gerührt, aber bald ging ihr das Getue auf die Nerven, und sie ging Frau Kraut lieber aus dem Weg. Aber als Frau Kraut hörte, daß wir ein Zimmer suchten, kam sie eines Morgens ziemlich zeitig zu uns herein und machte uns einen Vorschlag.

Sie hatte ein Zimmer zu vermieten. Es war klein, deshalb verlangte sie auch nicht viel dafür. Sie könnte natürlich in einem Tag hundert Interessenten dafür finden, aber sie wollte eben uns haben.

Das wäre genauso, als hätte sie ihre eigene Tochter im Hause, noch dazu mit einer Enkelin. Ihre Tochter hatte auch schon ein kleines Mädchen, das kannte Frau Kraut aber nur von Fotos. »Und so einen feschen Schwiegersohn«, fügte sie hinzu und lächelte zu Vater hinauf.

Mutter ging sich das Zimmer anschauen und kam ziemlich bedrückt zurück. Es war sehr klein und sehr dunkel. Aber dafür war Frau Kraut so ehrlich und so freundlich zu uns, und eine freundliche Zimmerfrau war wirklich überaus wichtig. Und bei der Miete, die sie verlangte, konnten wir wirklich nichts Besseres erwarten. Wir überlegten die Sache eine Woche lang, dann zogen wir ein.

9

Das Haus hatte fünf Stockwerke und war im Viereck rund um einen kleinen Innenhof gebaut. In jedem Flügel gab es ein Stiegenhaus, unseres war das zweite rechts. Die abgetretenen hölzernen Stiegen führten durch dichte Finsternis zu einer schweren Tür im ersten Stock. Dort gab es eine hohe Schwelle – eine erfolgreiche Falle für unsere Besucher –, und dann einen dunklen Gang zur Küche und zum Wohnzimmer. Rachel, Frau Krauts »Perle«, schlief in der Küche auf einem durchhängenden Bett. Die Krauts selber lebten im Wohnzimmer. Dort hatte Frau Kraut für sich selbst einen riesigen, funkelnagelneuen Diwan aufgestellt, während ihr Mann, der sehr groß war, sich mühevoll in ein schmales, kurzes Metallgestell zwängen mußte. Der Raum

dahinter gehörte uns. Er war sehr schmal, in einem lebensgefährlichen Rosa mit violetten Obertönen ausgemalt, und zwar mit einer Art Ölfarbe. »Sehr gesund, auf diese Weise kommt keine Feuchtigkeit in die Wände«, bemerkte Frau Kraut dazu.
Nur der zweite Teil ihrer Bemerkung erwies sich als stichhaltig. Der Dampf vom Kochen und Waschen kondensierte sich auf der öligen Oberfläche und lief dann in kleinen Bächen von der Decke herunter auf den Boden, daß die Bretter zu faulen begannen und kleine Lachen sich unter den Möbeln bildeten. Im Winter waren die Wände mit einer dünnen Eisschicht bedeckt, auf der ich mit den Fingern kleine Bilder zeichnete und meine Rechenaufgaben machte.
Unsere Kleider verschimmelten in den Koffern, Schuhe mußten täglich außen und innen gereinigt werden. Die Fenstervorhänge zerfielen einfach nach den ersten paar Monaten. Das Bettzeug war jede Nacht feucht und eiskalt, und die mit heißem Wasser gefüllten Flaschen, die wir immer wieder hoffnungsvoll zwischen die Leintücher schoben, verstärkten nur den dampfigen Geruch, änderten aber kaum etwas an der Temperatur.
Jeden Morgen waren unsere Kleider feucht, es war ein Kampf, Strümpfe anzuziehen, die so feucht waren, daß sie zusammenklebten. Und sich in Unterwäsche zu zwängen, die an einem hing wie ein nasser Umschlag, das war schon das reinste Heldentum. Mutter und ich führten jeden Morgen eine richtige Pantomime damit auf und taten, als wäre es ein Witz.
Aber das alles fanden wir erst nach und nach in den folgenden Monaten heraus. Den ärgsten Schock bekamen wir gleich am ersten Abend: Wanzen.
Unsere beiden Betten waren aus Metall, mit kompliziert verschlungenen Gittern und Ornamenten, schokoladenbraun bemalt, an beiden Enden hatten sie Landschaften in gedämpftem Grün. Unsere Bedrükkung angesichts der Farbzusammenstellung und der allgemein wackligen und quietschenden Gestelle verwandelte sich in Entsetzen, als wir entdeckten, daß sie buchstäblich bis oben hin voller Wanzen waren. Nach der ersten schlaflosen Nacht nahmen wir sämtliche Möbel auseinander und schrubbten, sengten und brannten alles an. Wir standen auf verlorenem Posten. Das ganze Haus war verseucht, und sobald unser Zimmer sauber war, drangen von außen wieder neue Horden herein. Das Bettenansengen wurde zu einem Ritual, aber wir taten es mehr aus Selbstachtung als wegen etwaiger, bis dato nicht existenter Ergebnisse. Nach diesem ersten Schock entlockte uns die

Entdeckung von Schaben und Tausendfüßlern nur einen Seufzer der Resignation. Die bissen wenigstens nicht.

Zu unserem Leidwesen mußten wir feststellen, daß unsere Wohnung im ersten Stock des Querflügels nie auch nur von dem kleinsten Sonnenstrahl erreicht wurde. Nur ein kleines Stück Himmel war hoch oben sichtbar, am Ende des Brunnenschachts, in dem wir lebten. Der Hof war klein, mit Katzensteinen gepflastert, und voller Kinder. Ihr Geschrei wurde von den gelben Wänden zurückgeworfen und drang in die offenen Fenster, aus denen die Geräusche von viel zu vielen auf einem Haufen lebenden Menschen quollen. Direkt unter unserem Fenster gab es eine große Abfallgrube aus Zement. Meistens war sie am Überlaufen, manchmal wuchs der Mist bis zu den Fenstern des Erdgeschosses herauf. Im Sommer zwang uns der Gestank, die Fenster geschlossen zu halten, trotz Hitze, Dunst und den Bächen an den Wänden.

Kurz nach unserem Einzug in das neue Zimmer wurden wir eines Nachts von einer draußen in der Finsternis heulenden Stimme geweckt. Steif vor Entsetzen lag ich da und lauschte, wie die Stimme von einem dumpfen Knurren zu einem hohen Wimmerton anstieg, abfiel, wieder aufstieg, ohne Worte, aber voll Angst und Verzweiflung, wie ein irrer Trauernder bei einer Totenwache. Ich spürte, wie Mutter sich neben mir rührte und dann auch plötzlich steif wurde, so wie ich einen Augenblick zuvor.

Da rief Frau Kraut aus dem Nebenzimmer und sagte, wir sollten uns nicht aufregen. Das war nichts. Nur der verrückte Elias von nebenan. Der heulte immer so in Mondnächten, weil er glaubte, er sei eine Sirene.

Ich stand auf und ging zum Fenster. Auf der Treppe stand ein großer dünner Mann, mit ausgestreckten Händen krallte er sich an den Fensterrahmen fest, so daß er aussah wie gekreuzigt. Er trug einen langen schwarzen Kaftan, sein schwarzes Haar reichte ihm bis zu den Schultern, und er hatte einen buschigen Bart. Aus dieser struppigen Finsternis hob sich sein Gesicht heraus, sehr blaß, sehr fein gezeichnet. In dem unsicheren Licht des vollen Mondes konnte ich seine hohe Stirn sehen, eine lange schmale Nase, und ein Paar schwarze, glühende Augen tief in dem schmalen Gesicht, das sich gegen die schmutzigen Fensterscheiben preßte. Eng ans Glas gedrückt, heulte und wimmerte er durch die Nacht zum unsichtbaren Himmel hinauf.

Tagsüber kauerte er im Treppenhaus vor seiner Tür, wortlos, vor je-

dem Fußtritt zitternd, bei jedem plötzlichen Geräusch hielt er sich die Ohren zu und winselte wie ein erschrockenes Tier.
Frau Kraut erzählte uns, er wäre früher Gelehrter gewesen, Student des Talmud, und der ganze Stolz seiner beiden älteren Schwestern, mit denen er lebte. Aber die Bombenangriffe des Jahres 1939 hatten seinen Verstand völlig durcheinandergebracht und ihn in seinen jetzigen Zustand versetzt. Seine Schwestern schlugen ihn, ließen ihn hungern, stießen ihn aus ihrem Zimmer, so daß er fast die ganze Zeit auf der Treppe saß.
Die Kinder des Hauses, denen er in der Nacht solchen Schrecken einjagte, zeigten ihn den Besuchern als die Kuriosität des Ortes und quälten und verspotteten ihn erbarmungslos, falls er sich einmal ins Licht hinaus wagte. Aber auf der dunklen Treppe traute sich keiner an ihm vorüber.
Die zweite Kuriosität des Hauses war die Großmutter des Hausherrn. Gerüchten zufolge war sie hundertundvierzehn Jahre alt. An sonnigen Tagen kam sie herunter in den Hof und schritt ein paar Mal rundherum, begleitet von einer Bonne, die ihr einen geblümten Sonnenschirm über den Kopf hielt. Die alte Dame hatte alle Erinnerung an die unmittelbare Vergangenheit verloren, und da diese in ihrem Fall die letzten dreißig Jahre umfaßte, hatte sie zum Beispiel keine Ahnung, daß 1914 ein Krieg stattgefunden hatte, daß Polen befreit und wieder besetzt worden war, und jetzt bemühte sich ihre Familie, ihr jedes Wissen von den gegenwärtigen Umwälzungen zu ersparen. In ihrem gestickten Pompadour befand sich eine Handvoll alter russischer Münzen, und die Preise sämtlicher Waren übersetzte man für sie in Rubel. Warschau war in den Händen der Russen, und noch immer saß der Zar auf seinem Thron.
Ehrerbietige Stille senkte sich über den Hof, wenn wir sie erblickten, wie sie steif die Wände entlanghumpelte, den schäbigen kleinen Sonnenschirm über der makellosen Perücke auf und nieder wippend. Unter der Perücke war das Gesicht einer Mumie, und unter dem Gesicht ein altmodisches schwarzes Kleid, das sich ruckartig bewegte wie eine Marionette.
Was würde geschehen, wenn die alte Dame jemals von Angesicht zu Angesicht einem Deutschen gegenüberstünde? Das fragte ich mich, während ich ihr zusah, wie sie den Hof umhumpelte.

In diesem Herbst waren die Beziehungen zum Wohnzimmer recht herzlich. Frau Kraut eilte geschäftig in unserem Zimmer aus und ein, vor Glück strahlend, »mütterlichen Rat« erteilend, uns Kostproben ihrer Lieblingsgerichte anbietend. Mutter ihrerseits schwitzte über dem Herd und bemühte sich, ein paar von den Köstlichkeiten zuzubereiten, an die sie sich von zu Hause her noch erinnerte. Zu ihrem ständigen Bedauern hatte sie nie Kochen gelernt, die Ergebnisse ihrer Bemühungen waren daher oft geradezu katastrophal, aber in unserem verarmten Zustand konnten wir es uns nicht leisten, auch nur das geringste wegzuwerfen.

Kaum heimgekehrt von einem Besuch bei Freunden, wo man uns natürlich immer etwas zu essen anbot, versuchten Mutter und ich – leider immer vergeblich –, die Ingredienzien zu erraten. Leider wollte Mutter nie nach dem Rezept fragen, denn sie schämte sich, zugeben zu müssen, daß sie nicht kochen konnte, und machte ihre Versuche daher lieber aufs Geratewohl. Manchmal waren die Ergebnisse ihrer Experimente tatsächlich schlicht ungenießbar, aber selbst dann wurden sie nicht etwa weggeworfen. Wir entdeckten, daß Rachel, die Krautsche Perle, einfach alles verschlang, was auch nur entfernt an menschliche Nahrung erinnerte, und daß ihr das offenbar nicht einmal schadete. Nachdem wir einmal zusahen, wie sie sich ein faules Ei mit allen Anzeichen des Genusses einverleibte, hatten wir vor ihren diesbezüglichen Fähigkeiten den größten Respekt, und ich fügte sie meiner Kuriositäten-Sammlung hinzu.

Rachel war wirklich die merkwürdigste Person, die ich jemals gesehen hatte. Die Erwachsenen behandelten sie zwar mit unverhülltem Abscheu, als ein untermenschliches Wesen, aber meiner Meinung nach war sie einfach anders, unberechenbar, und schon auch etwas furchterregend. Ich brauchte ein paar Tage, um die Angst zu überwinden, die ihre Erscheinung mir einflößte, aber als es soweit war, wurden wir Freunde, ja Komplizen. Im Hof konnte ich jetzt mit meinem zahmen Monster Eindruck schinden.

Frau Kraut hatte Rachel in einem Krankenhaus aufgelesen, wo sie sich vom Scharlach erholte, das war schon ein paar Jahre vor dem Krieg; und sie hatte sie als Mädchen für alles mit nach Hause genommen. Falls Rachel vor dem Krieg noch Lohn bekommen haben sollte, so war jetzt natürlich keine Rede mehr davon, und obwohl in der Einzimmerwohnung jetzt ja nicht mehr so viel Arbeit war, kroch sie immer irgendwo herum, seufzte dabei, weinte und redete mit sich selber. Wir fanden bald heraus, daß sie dauernd hungrig war. Frau Kraut behauptete, Rachel hätte einen abnormalen Appetit und wäre durchaus imstande, vierundzwanzig Stunden lang ununterbrochen zu essen.

Ihre körperliche Erscheinung war eindrucksvoll. Das auffallendste waren ihre beiden großen, vorstehenden Augen, die in gänzlich verschiedene Richtungen blickten. Fasziniert schaute ich ihr zu, wie sie ihren Kopf von einer Seite zur anderen drehte und zuerst das eine, dann das andere Auge auf ihr Werk einstellte. Ihre Haut war gelb und wächsern, über den langen, vorstehenden Zähnen sproß ein schwarzer Schnurrbart, ihr Haar war schwarz und sehr glatt. Jede Woche schnitt sie es sich unter vielem Geseufze und Gemurmle, und immer wieder mit neuartigen, überraschenden Ergebnissen. Sonst war ihr Körper dünn und verbogen, und sie schlurfte immer von einem Zimmer zum anderen, zupfte an allem herum und kicherte manchmal in sich hinein. Sie wußte nicht, wie alt sie war, noch wo sie vor ihrer Aufnahme ins Krankenhaus gelebt hatte. Frau Kraut hielt Rachel für etwa Mitte Dreißig, aber irgendein Vergleich mit anderen Frauen dieses Alters schien ganz undenkbar.

Zu Ende dieses Herbstes wurde es den Polen verboten, weiterhin für Juden zu arbeiten, und unzählige Hausmeister zogen aus dem Getto aus. Ihre Stellen wurden sofort von Gettobewohnern eingenommen. Bald darauf mußten alle Juden und alle jüdischen Geschäfte, die bis jetzt noch außerhalb gewesen waren, ins Getto hereinziehen. Herr Kraut, der als Nachtwächter in einer polnischen Fabrik gearbeitet hatte, verlor seinen Posten. Frau Kraut weinte darüber eine ganze Woche lang. Danach ging sie daran, ihren Haushalt zu reorganisieren.

Im Korridor erschien des Nachts ein weiteres Bett, so daß man nicht mehr zur Wohnungstür konnte. In diesem Bett schlief eine Frau mittleren Alters, die jeden Morgen wieder verschwand. Am Abend kam sie zurück, setzte sich vors Küchenfenster und starrte auf die Wand gleich dahinter. Außer ihrem Namen erfuhren wir nie etwas von ihr. Tagsüber arbeitete sie irgendwo, in der Nacht schlief sie auf dem Flur, und ihre freie Zeit verbrachte sie vor dem Küchenfenster, auf die gegenüberliegende Wand starrend. Nie fing sie von sich aus über sich selbst zu reden an und blieb für uns bis zum Ende ein ungelöstes Rätsel.

Zur gleichen Zeit führte Frau Kraut in ihrem Haushalt neue Restriktionsmaßnahmen ein. Sämtliche Nahrungsmittel wurden in weiße Kattunbeutel eingenäht und in einem großen Schrank und einem Blechkoffer verstaut. Beide Warenlager wurden mit Vorhangschlössern versperrt, die Schlüssel dazu hingen an einem Samtband um den Krautschen Hals. Rachel wurde auf Diät gesetzt: eine Ration schwarzes, klebriges Brot, Karottenmarmelade und hin und wieder eine Rübe; das durfte sie manchmal mit in Öl gebratenen Kartoffelschalen anreichern. Wir fragten uns nervös, was für eine Art Öl das wohl war, denn es schien uns kaum vorstellbar, daß irgend etwas Eßbares so gräßlich stinken konnte. Vater erklärte, es handle sich um Wagenschmiere billigster Qualität, sehr gesund zur Behandlung arthritischer Gelenke.

Herr Kraut teilte mit seiner Frau die Mahlzeiten, jedenfalls bis zu einem gewissen Grad. Er bekam jeweils nur eine Miniaturportion von dem, was sie aß, und stand immer hungrig vom Tisch auf. Nachmittags riet ihm dann Frau Kraut mit breitem Lächeln, doch ein kleines Nickerchen zu machen, um seinen krachenden Magen zu beruhigen, während sie einkaufen ging. Wir fanden bald heraus, daß sie jedesmal eine Konditorei in unserer Straße aufsuchte, dort ein oder zwei angenehme Stunden verbrachte und sich mit dem Inhaber bei Tee und Kuchen unterhielt. Dann ging sie wieder heim und vergnügte sich am Abend damit, Rachel ihre Kartoffelschalen zuzuteilen und ihrem Ehemann Genügsamkeit zu predigen.

10

November kam, und die Tore des Gettos wurden geschlossen. Die Falle klappte zu. In der letzten Woche waren noch circa 140000 Juden dazugekommen, die Enge war unbeschreiblich. Auffanglager für Flüchtlinge wurden eingerichtet. Dem kalten Wetter zum Trotz breitete sich der Typhus aus, und wir fragten uns, was wohl im Frühling passieren würde. Aber das herrschende Gefühl in diesen Tagen war Angst und Verzweiflung. In den Gesichtern der Erwachsenen war Niederlage, und wenn ich mit meinen Freundinnen zusammenkam, vermieden wir dieses Thema. Es war zu schmerzhaft, zu schrecklich, zugeben zu müssen, daß unsere Eltern, überhaupt alle diese allmächtigen Erwachsenen hilflos und voll Furcht waren. Es lag auf der Hand, aber wir konnten es uns nicht eingestehen. Wir wußten nicht, wie wir diese beiden Aspekte unserer Lage miteinander in Einklang bringen konnten.

Wenn wir unter uns waren, dann versicherten wir einander, daß unsere Eltern nur deshalb im Getto blieben, weil das eben für uns der passendste Ort war. Natürlich konnten sie von hier fortgehen, sobald es ihnen paßte, da konnten die Deutschen Befehle erteilen, soviel sie wollten. Aber der Gesichtsausdruck unserer Eltern, wenn sie die Lage diskutierten, ließ dann doch wieder Zweifel in uns aufsteigen, Zweifel, die wir sofort wieder zu unterdrücken versuchten, denn sie bedrohten den Bestand unseres ganzen Universums.

Gegen Ende November kam Vater eines Abends nach Hause und hatte diesen wohlbekannten Ausdruck im Gesicht: »Ich hab' eine Überraschung.« Diesen Ausdruck hatte er immer, wenn er etwas Besonderes für uns plante oder ein unerwartetes Geschenk heimbrachte.

Mitten im Zimmer stehend, zog er langsam drei kleine Pakete aus seiner Tasche und warf sie uns in den Schoß. Wir wickelten das Papier ab. Zwei Stück Yardley-Lavendelseife und eine Flasche Lavendelwasser waren darin.

Wir warfen uns auf Vater und bettelten um eine Erklärung. Solche Luxusgegenstände hatten wir seit Beginn des Krieges nicht gesehen, und sie überschwemmten uns mit einer wahren Flut von Erinnerungen. Duftende Badezimmer und die Abende im warmen Kinderzimmer stiegen in meinem Geist auf, während ich meine Nase an das kleine Stück Seife preßte und hingerissen schnupperte. Vater freute sich über seinen Erfolg und wollte uns zuerst nichts sagen. Wir mußten ihn erst sich umziehen und essen lassen. Dann streckte er die Beine aus, zündete sich eine Zigarette an, und ließ sich endlich dazu herbei, uns in das Geheimnis einzuweihen.

»Erinnerst du dich an Lydia?« fragte er, zu Mutter gewandt.

Sie schaute überrascht drein: »Lydia? Nein, ich glaube nicht...«

»Doch, doch«, bestand mein Vater, »die Frau deines Friseurs, eine sehr große Blonde...«

In den Augen meiner Mutter leuchtete ein kleines Licht auf, und plötzlich war ihr Gesicht gespannt. Lydia rief keine angenehmen Erinnerungen in ihr wach.

»Heute habe ich sie getroffen«, fuhr mein Vater fort, »hier, im Getto. Du kannst dir meine Verblüffung vorstellen. Sie sah mich zuerst, schrie auf und warf sich in meine Arme. Hat ein ziemliches Aufsehen gemacht, alle Leute haben uns angestarrt. Ich, in meinem schäbigen Mantel, und diese schöne Frau in ihrem Zobel, überall blitzten Diamanten, die da an meiner Schulter zu heulen anfängt.« Vater genoß offensichtlich die Erinnerung daran, und genauso die Wirkung, die seine Erzählung auf uns hatte.

»Was hat sie denn hier verloren?« wollte Mutter wissen. Ihre Stimme

klang hart. Es gab keinen Zweifel daran, daß sie sich sehr genau an Lydia erinnerte und nicht das geringste für sie übrig hatte.
»Ach, irgend jemanden besuchen, wahrscheinlich. Sie war jedenfalls sehr überrascht, daß wir hier sind, sie war ganz sicher, sagte sie, daß wir ins Ausland gegangen wären. Und sie möchte gern herkommen und uns besuchen.«
»Was – hierher?« Mutter sah sich angewidert im Zimmer um. »Ich kann sie doch unmöglich hier empfangen.«
»Ich kann dich schon verstehen, Celia, aber es ist wirklich wichtig. Lydias Mann ist sehr reich. Sie haben jetzt einen der größten Friseursalons in Warschau, und auch ein Schönheitsinstitut – was immer das sein mag. Lydia sieht jedenfalls aus wie ein erfolgreicher Filmstar. Sie sagte mir, daß sie uns vielleicht helfen kann, wenn wir von hier herauswollen, und sie meinte, das sollte am besten bald sein. Ich habe das Gefühl, daß sie eine ganze Menge Dinge weiß, die unter Umständen sehr nützlich sein können. Das könnte für uns eine sehr wichtige Beziehung werden.«
»Ist denn ihr Ehemann nicht Deutscher? Ich glaube mich zu erinnern...«
»Er wurde vor Jahren naturalisiert, und bei Kriegsausbruch weigerte er sich, die deutsche Staatsangehörigkeit anzunehmen, was ja wohl für sich selbst spricht.«
»Aber was wird sie denn von uns denken, wenn sie dieses Zimmer sieht?«
»Sie wird denken, daß die reichen Davids etwas heruntergekommen sind im Leben, und das entspricht ja auch genau den Tatsachen. Und sie wird sich hier gar nicht fremd fühlen. Sie ist in genauso einem Zimmer auf die Welt gekommen, allerdings nicht im ersten Stock, sondern im Keller. Ihre Mutter hatte eine Vermittlung für Hauspersonal und ähnliches... Sie hat mir die Seife und das Lavendelwasser für dich gegeben und für morgen wieder ein Treffen mit mir vereinbart. Darf ich ihr sagen, daß sie am Sonntag kommen kann?«
Mutter nickte seufzend.
Sonntag nachmittag brachte Vater Lydia nach Haus, und sobald ich sie nur sah, rannte ich zu ihr und vergrub mein Gesicht in ihrem Mantel.
»Liebe auf den ersten Blick«, lachten alle, während sich Mutter ganz verlegen für mein Benehmen entschuldigte und Lydia erklärte, daß ich sonst immer sehr schüchtern war bei Besuchern, und daß sie gar nicht verstehen konnte, was denn über mich gekommen sei.

Lydia war genauso groß wie Vater. Sie stand in der Mitte des Zimmers und lächelte ihn langsam an, während er ihr aus dem Mantel half. Sie hatte ein strahlendes Lächeln, große blaue Augen und Haare von ganz unglaublicher Honigfarbe, sehr lang, in komplizierten Locken und Bögen auf dem Scheitel festgesteckt, wie eine leuchtende Krone. In unserer dunklen Zimmerhöhle glänzte sie wie ein Wesen aus einer anderen Welt.
»Schauen sie alle so aus, die Leute von ›draußen‹?« fragte ich mich, ich hatte bereits vergessen, daß ja wir selbst noch bis vor zwei Jahren da »draußen« gelebt hatten, und daß etwaige Unterschiede zwischen uns eher dem geistigen Bereich angehörten als dem körperlichen.
Duftwellen verbreiteten sich durchs Zimmer. Ihr Haar roch anders als ihr Kleid, ihr Kleid roch anders als ihr Mantel mit dem Silberfuchsbesatz. Ich steckte heimlich meine Nase in das lange Fell des Tieres, und sofort fiel mir ein, wann ich das zum letzten Mal getan hatte. Das war im Schlafzimmer meiner Eltern zu Haus, ein schwarzer Mantel mit Silberfuchskragen lag zum Anziehen bereit auf einem Stuhl. Mutter stand vor dem langen Spiegel und kleidete sich an, ich saß am Boden, streichelte den Fuchs und spielte mit seinen Pfoten. Der Fuchs hatte einen scharfen, fremdartigen Geruch, und ich konnte mich nicht entscheiden, ob ich den Geruch angenehm fand oder nicht. Das Zimmer duftete nach Mutters Lieblingsparfüm: es hieß »Mitsouko« und kam aus Frankreich. Ich bekam die leere Schachtel, sie war braun und golden, und durfte damit spielen, und war überglücklich und voll Bewunderung, wie Mutter sich jetzt fertig anzog, das neue schwarze Kleid über ihren Hüften glatt strich und sich dann ihren Schmuck anzog. Einer von ihren Ringen, ein Saphir in einem Kranz von kleinen Diamanten, war für mich bestimmt. Mutter hatte ihn mir zur Immatrikulation an der Universität versprochen. Bis dahin trug sie ihn noch selber, während ich mich mit einem ganz kleinen Saphir in einer Goldblume bescheiden mußte. Eigentlich hatte ich ja um einen Blechring mit dem Bild von Shirley Temple gebeten, wie ihn alle meine Freundinnen hatten. Aber Vater wollte nichts davon hören, und Mutter kaufte mir statt dessen einen goldenen Ring. Ich hätte noch immer gern einen Ring mit Shirley gehabt, aber ich sah ein, daß das eben nicht für mich paßte, genausowenig wie die Comics.
Lydia öffnete eine große Schachtel, die sie mitgebracht hatte, und sofort wichen die Wellen von Guerlain zurück vor dem Geruch des Mohnkuchens. Ich kam wieder zurück in die Wirklichkeit und ging zum Tisch.

Mutter servierte »Tee«. Ich sah unserem Gast zu, wie sie höflich an dem heißen Wasser nippte, das mit ein paar Tropfen Kandiszucker gefärbt war. Außer Ersatzkaffee war das alles, was wir ihr anbieten konnten.
Die Unterhaltung war stockend. Lydia konnte es nicht verhindern, daß ihre Blicke in dem Zimmer herumwanderten, und Mutter beobachtete sie mit schmalen Lippen und ärgerte sich über jeden einzelnen Blick.
Vater gab sich jede Mühe – stellte Fragen, erinnerte sich an früher, aber diese Erinnerungen schienen alle nur in Verlegenheit zu bringen. Als Lydia von neueren Ereignissen zu reden anfing, löste sich die Spannung langsam. Mit ihrem Mann und ihren beiden Söhnen hatte sie unsere Stadt zwei Jahre vor dem Krieg verlassen und war nach Warschau gezogen, wo sie sich aus bescheidenen Anfängen zu ihrer gegenwärtigen Stellung hinaufgearbeitet hatten. Sie lebten im besten Viertel der Stadt, das Geschäft blühte, zum Friseurladen war jetzt ein Schönheitssalon dazugekommen sowie ein Kosmetikgeschäft, wo noch immer alle ausländischen Markenprodukte zu haben waren.
»Wie ist das möglich?« fragte Mutter.
»Geschäftsgeheimnis«, lachte Lydia. »Ich kann's Ihnen nicht verraten, aber wenn Sie irgend etwas brauchen, dann kann ich es Ihnen besorgen – französisches Parfüm, Make-up, Seife, alles.«
Mutter lächelte und schüttelte den Kopf. Sie hätte im Augenblick alles, was sie brauchte. Ich dachte an die körnige, graugrüne Seife und war enttäuscht. Also waren wir »arm, aber stolz«. Gut. Ich vergrub meinen Kopf in Lydias Schoß, und sie tätschelte mir das Haar.
»Möchtest du mit mir nach Haus kommen und mit meinen Buben spielen?«
Ich nickte, sprachlos.
»Kann ich sie zu Weihnachten haben?« fragte Lydia. Mutter sah unangenehm berührt drein, dankte ihr, und versprach, es sich zu überlegen. Das wäre doch nicht ungefährlich. Und sie wollte niemandem Ungelegenheiten machen.
»Aber keine Spur. Bei mir ist sie wirklich ganz sicher.«
Die Stunde der Ausgangssperre kam heran, aber Lydia blieb ganz unbekümmert. Sie war jetzt ernst geworden. Warum blieben wir denn hier im Getto? Warum ließen wir uns derart in einer Falle fangen? Wie konnten wir denn unter solchen Bedingungen leben?
»Ich meine nicht dieses Zimmer«, fügte sie schnell hinzu, als sie Mutter rot werden sah. »Ich meine das Ganze – überall diese Menschen-

mengen, die Epidemien, die Mauern. Und die Gefahr. Wissen Sie nicht, daß sie Sie hier haben wie Ratten in der Falle? Die Deutschen haben einen festen Plan. Die lassen Sie nicht hier bleiben, bis sie friedlich an Typhus umkommen. Die werden der ganzen Sache ein Ende machen, und zwar bald. Sie müssen hier raus!«

Vater schüttelte den Kopf:

»Liebe Lydia, du hast vollkommen recht, wir stimmen dir zu. Aber wir können nicht raus. Dazu würden wir eine Unsumme brauchen. Falsche Papiere kosten sehr viel. Und leben müssen wir auch. Und wenn man uns erwischt, oder erkennt, dann brauchen wir eine weitere Unsumme, um uns von den Erpressern freizukaufen. Du begreifst anscheinend nicht, daß wir überhaupt kein Geld haben! Wenn wir nur etwas mehr hätten, würden wir nicht in diesem Loch wohnen!«

Lydia schaute ungläubig drein. »Aber ihr – aber Marek, du warst doch Millionär, du kannst doch nicht alles verloren haben?«

Vater zuckte die Schultern. »Wir waren nicht so reich, wie du denkst, unser Reichtum lag hauptsächlich in Grundbesitz. Das gehört jetzt alles den Deutschen. Andere Dinge haben wir beim Bombardement von Warschau verloren, und bei Konfiskationen zu Haus. Viele kleinere Sachen, Schmuck und ähnliches, hat Sophie an der Grenze verloren, als sie versuchte, es durchzuschmuggeln. Wir leben jetzt vom Rest. Ich verdiene nicht genug zum Leben, nicht einmal zum Leben hier.«

Lydia schüttelte den Kopf, die Augen aufgerissen vor Unglauben. »Wir müssen etwas mit Ihnen unternehmen«, entschied sie und zog sich den Mantel an. Die Ausgangssperre hatte schon längst begonnen, Vater drückte seine Besorgnis aus.

Sie lächelte und tätschelte ihn auf die Schulter. »Keine Sorgen. Ich habe einen Paß. Mir passiert nichts.«

Sie ließ sich von ihm bis zum Tor bringen, wo sie dem Gendarm irgend etwas unter die Nase hielt, und dann auf die »andere Seite« ging.

Wir waren zu aufgeregt, um in dieser Nacht viel zu schlafen. Der Raum war noch voll von den herrlichen, teuren Düften, und ich dachte, während meine Augen langsam zufielen, daß gute Feen wirklich existierten, und daß die Welt vielleicht doch nicht ganz so hoffnungslos schlecht war.

11

Am nächsten Tag ging ich zu Tosia, um ihr alles zu erzählen, und zusammen spannen wir wunderbare Pläne für die Zukunft.
Seit dem letzten Herbst war Tosia meine beste Freundin, und es verging kein Tag, ohne daß wir uns sahen. Wir fielen uns um den Hals, und jede kämpfte darum, die erste zu sein, die der anderen alles erzählte, was in den letzten paar Stunden passiert war.
Wir lernten uns bei einer kleinen Einladung der Erwachsenen kennen, auf der unsere Mütter entdeckten, daß sie einander in ihrer Jugend gekannt hatten. Sie waren zusammen zur Schule gegangen, hatten sich aber seither nicht mehr gesehen. Tosias Mutter hatte unsere Stadt verlassen, als sie heiratete, und Tosia selber war nie da gewesen.
Wir fanden die Geschichte sehr romantisch und beschlossen, die Tradition von der angeblich großen Freundschaft unserer Mütter fortzusetzen. Wir würden die engsten Freundinnen sein, die es je gab. Und unsere Kinder würden das natürlich fortsetzen, und falls wir ein Mädchen und einen Jungen hatten, dann würden sie heiraten.
Nachdem die Zukunft abgemacht war, kehrten wir zur Vergangenheit zurück und erzählten einander unsere Lebensgeschichten. Das dauerte mehrere Tage. Dann bekam Tosia eine fiebrige Erkältung, und als ich sie besuchen durfte, verbrachten wir glückliche Stunden miteinander, in denen wir uns gegenseitig alle die Spiele beibrachten, die wir kannten. Dann kamen die Bücher. Dabei fanden wir, daß wir als Kinder im großen und ganzen dieselben Bücher gelesen hatten, daß ich dann später aber viel mehr gelesen hatte als sie. So gingen ein paar weitere Wochen damit drauf, daß ich ihr von meinen Lieblingsautoren und deren Werken berichtete. Anschließend wandten wir uns der Gegenwart zu: wir schworen feierlich, niemals eine andere »beste Freundin« zu haben, verleugneten alle anderen vergangenen und gegenwärtigen Freundschaften, und beschlossen auf meinen Vorschlag, unseren Pakt mit Blut zu besiegeln.
Das war nicht so einfach, wie wir dachten. Tosia, in deren Zimmer die Sache stattfand, holte den Rasierapparat ihres Vaters. Ich drückte meinen Mittelfinger und berührte ihn leicht mit der Klinge.
»Das ist ganz einfach, du mußt den Rasierapparat nur einmal durchziehen, so...«
Ich fuhr mit der Klinge über meine Fingerspitze, aber meine Hand zuckte, und plötzlich schien überall alles voll Blut. Tosia schrie auf, und ich, mich rasch wieder fangend von der Überraschung, und er-

leichtert, daß es vorbei war, lachte etwas unsicher und wischte mir die Hand mit einem Taschentuch ab.
»Schnell jetzt, du mußt dasselbe tun«, drängte ich sie und reichte ihr das Gerät. Aber Tosia wich voll Abscheu zurück. Sie konnte kein Blut sehen.
Sie setzte sich hin und heulte, und ich wurde langsam ungeduldig. Endlich schloß sie die Augen und hielt mir eine zittrige Hand hin, einen Finger vorgestreckt.
»Tu's du, ich schau weg«, schlug sie vor. Ich nahm die zuckende Hand, aber die Courage verließ mich.
»Ich kann dich nicht schneiden, das mußt du schon selbst tun. Sonst zählt es nicht.«
Tosia weinte.
»Aber du tust es doch für mich, um zu beweisen, daß du mich liebst. Liebst du mich nicht? Ich hätt's mir denken können!« Ich wandte mich mit einer, wie ich hoffte, Grimasse des Abscheus ab, preßte mein Gesicht an die Fensterscheibe und lutschte an meinem Finger. Ich überlegte, ob ich jetzt nicht aus dem Zimmer schreiten sollte, um nie mehr dahin zurückzukehren. Da hörte ich im Zimmer hinter mir ein Röcheln.
Da stand Tosia, der Rasierapparat baumelte schlaff in der einen Hand, während aus der anderen das Blut lief wie aus einer Wasserleitung. Sie sah mich voll Entsetzen an, und kaum war ich bei ihr, fiel sie in Ohnmacht.
Während meiner Bemühungen, sie wieder ins Leben zurückzurufen, hörten unsere Finger zu bluten auf, und wir mußten sie fest drücken, um noch einen Tropfen herauszubekommen.
Ich schluckte meinen Ekel hinunter und saugte einen Tropfen aus ihrem Finger, während sie das gleiche mit meinem Finger machte. Wir küßten uns und schworen uns Freundschaft bis zum Grabe.
Ich ging nach Haus und spürte die Last meiner neuen Verantwortung schwer auf meinem Herzen. Ich hatte etwas getan, von dem es kein Zurück gab. Nie konnte ich eine andere Freundin haben, nie meine Freundschaft mit Tosia brechen. Und das Glück, eine Freundin zu haben, die mir niemand wegnehmen konnte, war bereits leicht getrübt, und schon hatte ich ein merkwürdiges Bedürfnis danach, diese neuen Bande wieder abzuschütteln.
Meine Eltern hatten Tosia gern, obwohl sie nicht verstehen konnten, was wir einander noch zu sagen hatten, da wir uns doch jeden Tag sahen. Mutter ärgerte sich oft darüber, daß ich mich mit meinen Haus-

aufgaben so beeilte und mich jeden Nachmittag vor den Arbeiten im Haushalt drückte, nur damit ich Tosia sehen konnte. Wenn ich mich verspätete, kam Tosia schon atemlos an und fragte, was los sei. Meistens trafen wir uns auf halbem Weg zwischen unseren Wohnungen vor einem Papiergeschäft. Dann gingen wir auf der Straße dahin, eng umschlungen, Köpfe zusammengesteckt, und erzählten uns im Flusterton alles, was seit gestern passiert war.

Vater hatte es überhaupt nicht gern, wenn er uns so gehen sah. Er verbot mir, meinen Arm beim Gehen um Tosia zu legen, er sagte, das sei nicht anständig. Wir begriffen nicht, was Anstand damit zu tun haben sollte, aber wir wagten keine Einwände. Er konnte uns leicht verbieten, uns überhaupt zu sehen. Seit Mutter erfaßt hatte, wieviel mir an unseren täglichen Zusammenkünften lag, hatte sie ohnehin schon eine neue Waffe daraus gemacht. Beim kleinsten Ungehorsam drohte sie mir mit Hausarrest, oder sie verbot mir, mit Tosia zu sprechen, wenn ich sie sah. Und ich mußte dieser Anordnung folgen, genauso wie ich viel früher oft trübsinnige Stunden vor meinen Büchern verbracht hatte, denen ich nur den Rücken streichelte, denn lesen durfte ich sie nicht.

Einmal, als sie die Drohung wahrmachte und ich zu Haus bleiben mußte, wurde Tosia krank, und ihre Mutter kam zu uns und bat meine Eltern, mich freizulassen. Voller Haß hörte ich zu, wie sie für mich eintrat. Ich sah meine Mutter als grausamen Bewacher, die Tosias Leben aufs Spiel setzte und mich meines einzigen Glücks beraubte, nur um ihre absoluten Machtgelüste zu befriedigen.

Ich war ziemlich enttäuscht, als Tosias Krankheit sich nur als eine weitere Erkältung entpuppte, die sie als Vorwand benutzte, um mich zu sehen. Mutter machte sich Sorgen wegen dieser vielen Erkältungen und drängte mich, scharf darauf zu achten, daß Tosia jeden Nachmittag ihre Temperatur maß. Ich fragte Tosia unumwunden, ob sie denn Tb habe, worauf sie in eine Flut von Tränen ausbrach.

Ihre Reaktion überraschte mich. Tb war doch nichts, dessen man sich schämen mußte. Das hatten viele Leute. Das war überhaupt ein sehr wünschenswerter Zustand. Man wurde bleich, hustete ein bißchen, und von Zeit zu Zeit zeigten sich Blutspuren auf den Spitzentaschentüchern, die man an den Mund preßte. In den Büchern, die ich las, hatten die Heldinnen das so oft, aber nie hielt sie das davon ab, ein höchst aufregendes Leben zu führen, oder von den Helden rasend geliebt zu werden. Allerdings schien die Aura von Zerbrechlichkeit und Geheimnis, die diese Frauen immer umgab, nicht ganz zu Tosia zu passen, mit ihrer lärmenden Art und ihrer kräftigen Konstitution. Ein Tb-Opfer konnte doch nicht so rundlich sein, nicht so leuchtende Augen und so rote Lippen haben. Sogar ihre Haare schauten viel zu gesund aus. Die leuchteten wie gesponnenes Gold und waren so gekraust, daß es jeden Morgen eine Stunde dauerte, um sie zu kämmen und zu bürsten und schließlich zu zwei festen Zöpfen zu flechten, die ihr ganz steif vom Kopf abstanden.

Ich erklärte Tosia das alles, die aber immer noch gekränkt war und Mutter darauf eine ganze Weile lang nicht sehen wollte. Vater betete sie genauso an wie ich. Ihr eigener Vater war ein farbloser Mann, still und schwerfällig. Ich fand es unglaublich, daß er nie solche Spiele mit ihr spielte wie mein Vater mit mir, ihr nie phantastische Geschichten erzählt hatte, nicht einmal, als sie noch ganz klein war. Dagegen hatte Tosia ein sehr enges Verhältnis zu ihrer Mutter, der sie alles über ihre Geheimnisse, Pläne, Freundinnen und Träume erzählte. Das verstieß meiner Auffassung nach gegen die Regeln, und ich kämpfte sehr, sie zu überzeugen, daß sie alles, was wir beide einander erzählten, für sich behalten sollte.

Tosia war ziemlich schüchtern, aber bei Vater verlor sie ihre Schüchternheit vollkommen, ließ sich sogar von ihm auf seine Knie setzen, während er uns Geschichten erzählte, sang und uns lustige Gedichte aufsagte, die er eigens zu unserer Unterhaltung gedichtet hatte. Manchmal baten wir vier Erwachsene, uns jeder ein Hauptwort zu sagen – damit wir sicher waren, daß die vier überhaupt nichts miteinander zu tun hatten –, und dann dichteten wir in einer Viertelstunde ein Gedicht oder ein Lied mit diesen vier Worten, und zwar so lustig wie möglich. Tosia brachte fast nie etwas zusammen, aber ich fand es herrlich. Sie war nicht so gut bei Wortspielen, wie Vater und ich sie dauernd spielten, aber sie war sehr gut in Mathematik. Vater half ihr oft bei ihren Schulaufgaben, und zu meiner größten Verblüffung verstand sie seine Erklärungen, fand sie sehr klar, und ihn sehr geduldig. Sie hatte auch keine Angst vor ihm, wie ich in der gleichen Situation, und die beiden fanden geradezu Vergnügen an mathematischen Problemen, die mir ein völliges Rätsel waren. Vater war darüber etwas enttäuscht, wie immer, wenn ich von anderen Kindern irgendwie überflügelt wurde. In diesem Fall war mir das besonders schmerzlich, weil ich sonst in allen anderen Fächern weit besser war als Tosia, und weil sie irgendwelche neuen Sachen immer viel schwerer begriff als ich.

Nach den ersten paar überschwenglichen Monaten unserer Freundschaft beruhigten wir uns etwas, und unsere Beziehung entwickelte eine gewisse Routine. Ich war die unangefochtene Führerin, sie meine anbetende Gefolgsfrau. Sie war schüchtern und anhänglich, und so weich, daß ich oft die Verlockung spürte, ihre Ergebenheit zu prüfen, zu sehen, wie weit ich sie ausnutzen konnte.

12

Ein paar Tage nach Lydias Besuch fuhr eines Abends, lang nach Beginn der Ausgangssperre, ein Auto vor unserem Haus vor. Unten im Hof waren noch einige Leute, die sich schnell verdrückten, als es laut an der Tür schellte. Wir rannten zum Fenster. Ein Besuch um diese Zeit, das konnte nur Schlimmes bedeuten. Der Hausmeister öffnete schnell die Tür, und wir sahen zwei Männer in glänzenden Ledermänteln mit einer großen Kiste zwischen sich in den Hof einbiegen. Von Hunderten von Augen an den Fenstern gefolgt, marschierten sie zu unserer Stiege. Es klopfte an unserer Tür, und Vater öffnete. Die beiden Männer marschierten herein, stellten die Kiste in der Mitte des Zimmers ab, und marschierten wortlos wieder hinaus.

Wir öffneten die Kiste. Sie war bis oben hin voll mit Essen. Sprachlos saßen wir um sie herum und starrten auf die Reichtümer vor uns. Da gab es Mehl, Grütze, Bohnen und Erbsen, Reis, Zucker, Salz, Kakao, Tee und Kaffee. Und etwas Schokolade und Dörrobst und Nüsse und Rosinen.

Als Mutter endlich von den Knien aufstand, strahlte sie. Sie umarmte mich, sie drückte Vater ans Herz. Sie sah plötzlich so jung und sorglos aus wie in den lang vergangenen Tagen, als sie manchmal, wenn ich aus dem Park heim kam, am Klavier saß und sang und spielte. Dann saß ich am Boden, meine Arme um eine der Karyatiden geschlungen, die das Klavier trugen, und hörte der Musik zu, im glücklichen Bewußtsein, daß dies einer der guten Tage war, und daß sie, sobald Vater nach Hause kam, einander küssen und den ganzen Abend lachen und lustig sein, und später zusammen fortgehen würden.

Lydias Geschenk stellte diese glückliche Atmosphäre für einen Augenblick wieder her. Das bedeutete, daß Mutter mehrere Monate lang, vielleicht sogar ein ganzes Jahr lang nichts von ihrer Garderobe verkaufen mußte. Mit dem Haushaltsgeld konnte sie jetzt Obst und Gemüse und Schweinefett kaufen, das sie ausließ und in Gläsern auf-

hob. Frau Kraut riet ihr, zerlassene Butter zu kaufen, die abgeseiht und ebenfalls in Gläsern aufbewahrt wurde. Jetzt konnten wir furchtlos den Winter erwarten. Am schönsten war das Gefühl, daß wir nicht ganz allein waren, nicht völlig abgeschnitten von der Welt.
Eine Woche später kam Lydia wieder und lachte glücklich über unsere Versuche, ihr zu danken. Sie brachte wieder eine große Schachtel mit Cremekuchen, und es wurde beschlossen, daß ich Weihnachten bei ihr verbringen sollte. Als der große Tag nahte, wurde mir vor Aufregung ganz schwindlig, und wie üblich drohte Mutter mir damit, den Besuch abzublasen, und mir blieb vor Schreck die Sprache weg. Merkwürdigerweise hatte ich das Gefühl, daß Mutter mich wirklich nicht gehen lassen wollte. Ich schlug mir diese Idee als absurd aus dem Kopf, aber ein leiser Zweifel blieb, der mich nur noch neugieriger auf Lydias Familie machte.
Sie kam zeitig eines Morgens, nahm die kleine Aktentasche mit meinen Sachen, und Hand in Hand gingen wir aus dem Getto hinaus. Keiner redete uns an, während wir das schwerbewachte Tor durchschritten. Nach einem Blick auf den Zobelmantel schaute der Gendarm in die andere Richtung, und der polnische Polizist drehte uns den Rücken. Lydia rief einen Wagen, und wir trabten in einer Wolke von Neuschnee nach Haus.
Die nächsten paar Tage vergingen wie im Traum. Ich tat ganz selbstverständlich alles, was man mir sagte, um so viel von jedem Augenblick aufzunehmen und zu genießen, als ich nur konnte, und in der Nacht saß ich aufrecht auf meinem Diwan und konnte nicht einschlafen.
Die Wohnung war groß und gemütlich, und die Einrichtung anders als alles, was ich bisher gesehen hatte. Das waren »moderne« Möbel, erklärte Lydia. Die schweren, dunklen, kunstvoll verzierten Möbel, die ich von zu Haus her kannte, waren hoffnungslos altmodisch, so erfuhr ich. Hier sah alles leichter und einfacher aus. Es gab viel durchsichtiges Glas auf polierten Flächen, die Teppiche waren pastellfarben, die Wände einfarbig. Nur die Kristall- und Porzellanservice im Speisezimmer sahen vertraut aus, und das silberne Obstkörbchen, das ich als Geschenk gebracht hatte, wirkte auf dem Glastisch sehr gut.
Erich war eine Überraschung. Ich konnte mich nicht erinnern, ihn jemals vor dem Krieg gesehen zu haben, ich hatte ihn mir groß und blond und gutaussehend vorgestellt, zu Lydia passend. Aber er war ein dicklicher kleiner Mann mit schwarzen Haaren und melancholischen schwarzen Augen, und er stotterte herzbewegend. Zu mir und

zu den Jungen war er freundlich, aber nicht besonders interessiert, und es war Lydia, die ihre meiste Zeit damit verbrachte, mit uns zu spielen.

Nach den ersten zehn Minuten schüchterner Vorstellung wurden Paul, Tomek und ich vollkommen unzertrennlich. Paul und ich entdeckten, daß wir an genau demselben Tag Geburtstag hatten, wenn auch mit einem Jahr Unterschied, und betrachteten einander daher praktisch als Zwillinge. Jedenfalls nahm er meine Aufmerksamkeit völlig in Beschlag und wurde sehr zornig, wenn ich mit seinem Bruder spielen wollte. Paul war ein sehr hagerer Junge, mit großen blauen Augen in einem ganz runden, sommersprossigen Gesicht. Er war nervös, laut, anspruchsvoll und eifersüchtig, daran gewöhnt, überall der erste zu sein. Er bekam schreckliche Wutanfälle, wenn ihm etwas gegen den Strich ging. Ganz offensichtlich war er der Liebling seiner Mutter, und er gab sich keine Mühe, seine Verachtung für seinen Vater und für Tomek zu verbergen.

Ich war überrascht über den unglaublichen Unterschied in der Behandlung der beiden Jungen. Der kleine Tomek, zwei Jahre jünger als Paul, lebte offenbar in ständiger Furcht vor seiner Mutter. Er war blond und weich, mit einem hübschen Babygesicht und melancholischen Augen, die an die seines Vaters erinnerten, nur daß seine blau waren. Er hatte auch Erichs gespaltenes Kinn und seine Grübchen, und trotz des Unterschieds in den Farben waren sie einander auffallend ähnlich, während Paul weder dem einen noch dem anderen Elternteil glich.

Ich bekam sofort zu hören, daß Tomek dumm und begriffsstutzig war, daß seine Mutter ihn gar nicht in die Schule schicken wollte, bis sein Vater darauf bestand, daß er keine Privatstunden in Deutsch und Französisch hatte, und auch keine Klavierstunden. Und außerdem, wenn er ungezogen war, dann würde ihn seine Mutter erschießen. Davon war Tomek auch überzeugt, und so wartete er eben ergeben auf sein Schicksal.

Sobald Lydia am Morgen erschien, rannte Paul zu ihr, und die beiden küßten und umarmten einander, während Tomek die Szene mit einem schüchternen Lächeln beobachtete und es nie wagte, sich ihnen zu nähern. Mit den Augen folgte er Lydia überall, und sein Blick war voller Anbetung. Ich sollte mich nicht um ihn scheren, wurde mir gesagt, und ich folgte, nachdem ich erlebt hatte, was Paul aufführte, wenn ich nur vorschlug, daß Tomek mit uns spielen sollte.

Trotz seiner Launenhaftigkeit und Ungeduld war Paul ein ausgezeichneter Musiker. Er sollte Konzertpianist werden, das war beschlossene Sache, und schon jetzt galt er als eine Art Wunderkind. Niemand mußte ihn jemals dazu drängen, seine Tonleitern zu üben, im Gegenteil, wir mußten ihn oft bitten, aufzuhören.

Am Tag vor Weihnachten wurde eine große Fichte gebracht und im Speisezimmer aufgestellt. Das ganze Haus war erfüllt von Waldesduft. Wir verbrachten einen wunderbaren Abend damit, die herrlichsten Schmuckstücke und Spielsachen auszupacken, die ich je gesehen hatte, während Lydia und Erich, auf Leitern stehend, sie an die Zweige hängten. Als wir fertig waren, lachten sogar die Erwachsenen vor Freude, während wir drei uns einfach umschlungen hielten, vor Freude sprachlos.

Oft hatte ich sehnsüchtig auf die hellerleuchteten Bäume hinter den geschlossenen Fenstern geschaut. Das war eines der Symbole jener anderen Welt, zu der ich nie gehören konnte. Jetzt endlich hatte ich einen eigenen Baum.

In der Nacht schlich ich auf Zehenspitzen wieder ins Speisezimmer, setzte mich hin und sah mir das Wunder an. Die Verdunklungsvorhänge waren hochgezogen, und im klaren Mondlicht schimmerte der Baum unter einem Silberschauer von Engelhaar; die vergoldeten Walnüsse und Fichtenzapfen glänzten; in jeder bunten Kugel war ein geheimnisvolles Leuchten; winzige rote Äpfel und vielfarbige Bonbons, Miniaturspielzeug aus Watte, Stroh und Eierschalen, Papierketten und silberne Glöckchen flossen herab von dem strahlenden Stern hoch oben unter der Decke, herunter zu mir, ins Anschauen verloren.

Ein Märchen war Wirklichkeit geworden. Wenn eins der Spielsachen plötzlich mit mir geredet hätte, es hätte mich nicht gewundert. Mein einziger Wunsch war, daß meine Eltern das auch sehen könnten. Wenn Vater in diesem Augenblick bei mir wäre, dann wäre ich das glücklichste Kind der Welt, dachte ich, als ich mich endlich unter den untersten Zweigen einrollte und einschlief.

Das traditionelle Essen am Weihnachtstag war eine feierliche Zeremonie. Lydias Familie war in großer Zahl vorhanden – Erich hatte anscheinend niemanden –, und die lange Mahlzeit endete in Tränenfluten, während wir, wie es Brauch war, Waffeln brachen und einander viel Glück wünschten. Genauso schnell, wie sie die Geduld verlor, oder einen Lachanfall bekam, genauso schnell konnte Lydia auch in Tränen ausbrechen. Jetzt ging sie rund um den Tisch, teilte ihre Waffel mit allen, küßte und weinte und stieß von Zeit zu Zeit kleine Lachtiraden hervor, um zu zeigen, daß sie nicht wirklich unglücklich war, sondern nur so gerührt von der Feier.

Endlich war das Essen vorbei, und die bunten Pakete wurden unter dem Baum hervorgeholt und verteilt. Ich schaute auf die goldenen Armbanduhren, die Füllfedern und Fotoapparate, und wanderte im Geist hinter die Mauer. Ich ertappte mich bei der Überlegung, wie lange wir wohl vom Verkauf nur eines dieser Geschenke leben könnten. Dann schämte ich mich meiner materialistischen Ideen und wandte mich meinen eigenen Geschenken zu – einer Puppe, einigen Büchern, einem Paar Hausschuhen.

Paul saß wie benommen und ausnahmsweise einmal still mitten unter einem ganzen Spielwarenladen rund um sich auf dem Boden, und ich ging zu ihm, um ihm seine Reichtümer ordnen zu helfen. Tomek hatte auch ein paar schöne Geschenke bekommen, aber merkwürdigerweise paßten sie alle eher für ein mehrere Jahre jüngeres Kind. Er betrachtete seine Bauklötze und den Summkreisel mit einem verlegenen Lächeln und flüsterte mir ins Ohr, daß er das gleiche bekommen hatte wie voriges Jahr. Fiel dem Weihnachtsmann denn nichts mehr ein?

Eines der erfolgreichsten Geschenke war der Rodelschlitten von Erich. Er war lang genug für uns drei, und am nächsten Tage gingen wir mit dem Mädchen hinaus, um ihn auf der Straße auszuprobieren. Es gab viele steile Straßen in der Gegend, und wir verbrachten einen aufregenden, erschöpfenden Nachmittag mit Schieben, Ziehen und Rutschen, und bei jedem Sturz wirbelten wir Schneestürme auf.

Als es dunkel wurde, machten wir uns auf den Heimweg, müde und glücklich, Tomek und ich auf dem Schlitten, Paul schob, und das Mädchen zog. An jeder Straßenecke tauschten wir die Plätze, so daß jeder einmal auf dem Schlitten saß. Nahe bei unserem Haus stießen wir auf eine Gruppe von Gassenbuben. Sie schauten zuerst auf unser prachtvolles Gefährt, dann auf uns. Instinktiv drehte ich den Kopf zur Seite, aber es war schon zu spät. Mit dem Schrei »Jude! Jude!« umtanzte uns auf einmal die ganze Gruppe, brüllend und auf uns zeigend. Paul warf sich rot vor Zorn auf den nächsten Jungen, und die ganze Gruppe gab Fersengeld, Paul hinterher.

Wir standen wie festgefroren. Das Mädchen warf mir einen langen forschenden Blick zu. Tomek saß wortlos da und starrte auf seine Stiefel. Ich wünschte aus ganzem Herzen, wieder zurück zu sein hinter der Mauer.

Paul kam zurück, keuchend, Tränen liefen ihm über die Wangen. Er hatte keinen einzigen Jungen erwischen können, was vielleicht ein Glück war, denn sie waren alle größer als er. Er saß auf dem Schlitten und heulte vor Zorn. Ich wartete auf die unvermeidliche Frage und überlegte, was ich antworten sollte. Als der erste Schrei ertönte, hatte Paul sofort zurückgeschrien, ich sei seine Schwester. Jetzt hielt er irgendwelche Fragen nicht einmal für nötig. Die Vorstellung, ich könnte Jude sein, war zu unsinnig, um auch nur in Betracht zu kommen.

Ich blieb noch eine Woche in dem Haus, lang genug, um die Spannung zwischen Lydia und Erich als Belastung zu empfinden, genauso wie die beiden Jungen. Langsam bekam ich eine Ahnung von dem abgrundtiefen Haß unter der glatten Oberfläche, die die beiden der Welt präsentierten.

Lydia redete ganz offen von einem Freund, mit dem sie ihre meiste Zeit verbrachte, und ich fing langsam an zu glauben, daß sie Erich und Tomek tatsächlich so haßte, wie sie immer sagte. Aus irgendeinem unbekannten Grund gehörte Paul nicht der Familie, sondern nur ihr allein. Erich und Tomek waren eben die Bürde, die vorläufig noch auf ihr lastete, aber bald würde sie die beiden verlassen, Paul mitnehmen und bei ihrem Freund leben.

Das behielt ich alles für mich, als ich nach Haus zurückging, und sprach nur von der herrlichen Zeit, die wir zusammen verbracht hatten, von der Wohnung, dem Weihnachtsbaum, den Spielsachen und dem schönen, friedlichen Leben draußen.

Lydia kam uns jetzt ziemlich regelmäßig besuchen, und bald hörten wir alles über ihren Freund. Er war deutscher Offizier, groß, blond und schön, mit meergrünen Augen. Sie waren sehr ineinander verliebt und warteten nur, bis Deutschland den Krieg gewonnen hatte, um Polen zu verlassen und zusammen nach Italien zu ziehen.

»Ach, wenn ihr ihn nur kennenlernen könntet«, sagte Lydia manchmal, mit vor Begeisterung leuchtenden Augen. »Er ist der schönste Mann, den ich je gesehen habe, ein ganz anderer Typ als du natürlich« – dabei lächelte sie Vater an, der sich schweigend verneigte – »er sieht aus wie ein Kriegsgott in seiner schönen Uniform, und seine Augen sind kalt und tief wie das Meer...«

Dann lachte sie immer, gab zu, daß seine Qualitäten vielleicht von uns nicht ganz so geschätzt würden, und das Thema wurde schnell gewechselt.

13

Zu Frühlingsanfang erreichte die Übervölkerung des Gettos einen neuen Rekord. Es lebten jetzt über 400 000 Juden hier. Die engeren Gassen wurden praktisch unpassierbar. Fast überall mußte man langsam gehen, sich durch die Menge drängen und schieben, während einem innerlich graute bei der Vorstellung, wie viele von Ungeziefer verseuchte Mäntel sich gegen den eigenen drückten. Überall standen Straßenhändler, am Randstein balancierend oder schon im Rinnstein, die alles verkauften, was man sich vorstellen kann, rufend und singend, die Passanten am Ärmel zupfend, uns ihre Waren unter die Nase haltend. Armbindenverkäufer gab es auch von Tag zu Tag mehr. Sie zeigten eine große Vielfalt von Produkten. Da gab es billige Papierarmbinden, praktische Zelluloidarmbinden, die man waschen konnte, und Luxusbinden aus Satin, mit dem Judenstern in nachtblauer Seide darauf gestickt. Man konnte Einkommen und Status eines Menschen an der Armbinde erkennen.
Ich war von ihnen allen fasziniert, aber am meisten interessierte ich mich für die Bejgl-Frauen. Sie hatten Körbe voll frischer, warmer Bejgl, mit weißen Tüchern zugedeckt; vom Geruch lief einem das Wasser im Mund zusammen. Manchmal kaufte Mutter uns eins, und das teilten wir uns, während wir uns einen Weg durch die Menge bahnten.
Aber essen auf der Straße wurde langsam unmöglich, wo sich so viele hungrige Augen von allen Seiten in einen bohrten, und so viele Hände sich nach Almosen ausstreckten.
Auf den Straßen standen Hunderte von Bettlern, sie standen oder lehnten an der Mauer, einen Hut oder eine Schale neben sich, manche ließen dabei ihren eigenen kleinen Singsang hören, andere starrten stumm vor sich hin wie in Trance. Wir hatten uns an ihre Gesichter gewöhnt und beobachteten sie von dem Augenblick an, da sie zum ersten Mal in unserer Straße erschienen, oft gut gekleidet, und verlegen schweigend dastanden, die Hände in den Taschen, so, als wären sie nur einen Augenblick stehengeblieben, um sich die Leute anzuschauen. Aber bald brach diese Pose zusammen, dann fingen sie an, die Vorübergehenden am Ärmel zu zupfen, ihnen schnell etwas ins Ohr zu flüstern, erschraken über ihre eigene Courage und entschuldigten sich. Dann verloren sie für uns den Reiz der Neuheit, und wir konnten schnell an ihnen vorbeigehen, ohne daß es uns länger peinlich war.

Dann kam das nächste Stadium. Jetzt saßen sie schon auf dem Gehsteig. Ihre Kleidung war vernachlässigt, ihre Gesichtszüge wurden zu einer starren Maske. Von da an ging es schnell bergab. Sie wurden entweder dünner und dünner, bis sie wie Skelette aussahen, oder sie schwollen schrecklich an, von oben bis unten mit Geschwüren bedeckt, die sich bald entzündeten. Wenn die Schwellung zurückging, blieb nichts übrig als ein Hautsack, der lose um ein Bündel von Knochen hing. Dann verschwanden sie, und ihr Platz wurde sofort von einem anderen gespenstischen Wesen eingenommen, das mehr oder weniger schnell denselben unvermeidlichen Prozeß durchlief.
Es gab so viele von ihnen. Immer, wenn wir fortgingen, stolperten wir über diese Körper. Jeden Morgen lagen ihre Leichen am Straßenrand, entblößt von den letzten Fetzen, die sie im Tod noch gehabt hatten, mit Papier und ein paar Ziegelsteinen bedeckt. Der Wind peitschte das Papier, zerrte es weg und enthüllte die verkrümmten, zerquälten, verkrampften Formen.
Ich schaute sie alle mit weit aufgerissenen Augen und verschlossenem Bewußtsein an. Ich weigerte mich, zu erkennen, was ich da sah, und verbot mir noch energischer, irgend etwas dabei zu empfinden. Ich stieg über die nackten Skelette und schaute mit sorgfältiger Gleichgültigkeit auf sie nieder. Sie waren eine Rasse für sich. Wie die Toten auf dem katholischen Friedhof in meiner Heimatstadt waren sie nie etwas anderes gewesen. Und deshalb rannte ich auch so schnell entsetzt weg, wenn eine gutgekleidete Person – oft besser gekleidet als ich – plötzlich eine Hand vor mir ausstreckte. Wenn jemand, der so normal aussah, so ganz wie wir, hier bettelte, wenn das der erste Schritt war...? Nein. Ich schüttelte den Kopf und dachte entschlossen an etwas anderes.

In diesem Frühling gingen wir oft Tante Lola und ihre Familie besuchen. Tante Lola war Mutters Halbschwester, und trotz nachdrücklicher Erklärungen, daß sie immer ganz genau gleich behandelt würden, war es doch klar, daß Mutter und Onkel auf eine andere Art zu ihren Eltern gehörten als Tante, deren Mutter lang vor der Geburt meiner Mutter gestorben war. Was auch immer die Kindheits-Unterschiede zwischen den beiden Mädchen gewesen sein mögen, ihre Rivalität als Erwachsene bot jedenfalls Stoff für endlose Unterhaltungen und Getratsche in den Kaffeekränzchen unserer Stadt.
Für mich lag der größte Unterschied zwischen ihnen in ihrer Erscheinung. Obwohl sie beide kaum einen Meter fünfzig waren, hatte Mut-

ter eine gute Figur mit einer schlanken Taille und zarten Arm- und Fußgelenken. Ihr Gesicht war rund, mit vollkommen regelmäßigen Zügen, ihre Bewegungen waren rasch und graziös. Sie sah so viel jünger aus, als sie wirklich war, daß die Leute uns meistens für Schwestern hielten.

Tante Lola machte auf mich den Eindruck, als sei sie aus einem bemoosten Felsen gehauen worden. Von ihrer Schnabelnase bis zu ihren muskulösen Waden war ihr Körper eine einzige Anhäufung von jähen Verkürzungen. Ihre Arme und Beine waren von dichtem schwarzem Haar bewachsen, welches, da war ich sicher, auch ihren restlichen Körper überwucherte.

Im Gegensatz zu ihrer Eckigkeit war ihr Mann, Onkel Georg, weich und ballonartig, und trug weite Anzüge, die seine Masse unsicher umflatterten. Wäßrig blaue Augen verschwammen hinter den dicken Gläsern seines Pincenez, und sein Gesicht war rosig und glatt wie das eines Mädchens.

Onkel Georg war ein erfolgreicher Geschäftsmann. Vor dem Krieg hatten er und Tante Lola in einer großen Wohnung gelebt, viel größer als unsere, und mitten im Stadtzentrum. Ihre Wohnung war der Treffpunkt der jüdischen Intellektuellen, die hier regelmäßig zu Diskussionen und Kammermusik zusammenkamen. Meine Eltern wurden selten eingeladen, und ausgenommen zu den Geburtstagen gab es kaum gesellschaftlichen Verkehr zwischen uns.

Man kam in der Familie nie aus dem Kopfschütteln heraus darüber, daß dieses von der Natur so stiefmütterlich behandelte Paar ein so auffallend schönes Kind in die Welt gesetzt hatte.

Richard war ungefähr vier Jahre älter als ich und mir in jeder Hinsicht unerträglich überlegen. Ich verstand weder seine Argumente noch seine Witze, und ihm machte es großes Vergnügen, mich auf jede erdenkliche Art zu quälen. Ich betrat ihr Haus mit beinahe genauso viel Zittern, wie wenn ich zum Dentisten ging, und rechnete ständig damit, daß Richard als Indianer verkleidet hinter einer Tür hervorbrach oder plötzlich seinen sechsschüssigen Revolver wie ein Cowboy abfeuerte. Im Verlauf unseres Besuchs wurde ich mit dem Lasso gefangen, über einem Scheiterhaufen festgebunden, mit Pfeilen mit Gummispitze beschossen, oder aus einem sausenden Schlitten heraus den Wölfen zum Fraß vorgeworfen. Die Teilnehmer an seinen Spielen waren fast ausschließlich männlichen Geschlechts, und die ein oder zwei Cousinen, älter als ich, machten willig bei diesem Spiel mit. Immer war ich das Opfer, und ich haßte das. Manchmal kam mir Richard

in einem Anfall von Ritterlichkeit zu Hilfe. Aber seine edlen Anwandlungen, kaum entstanden, verflüchtigten sich auch gleich wieder. So befreite er mich zum Beispiel aus den Klauen prospektiver Folterknechte mit den Worten: »Schlage niemals eine Frau, auch nicht mit einer Blume... aber mit einem Blumentopf!«, und schon schleppte er mich ab zu irgendeinem neuen Martyrium.
Richards akademische Heldentaten wurden regelmäßig über das Tratschnetz der Familie veröffentlicht, ebenso seine Aktivitäten außerhalb des Lehrplans. Von ausländischen Kindermädchen und Gouvernanten erzogen, sprach er drei Sprachen einigermaßen fließend und hatte – so sagte man mir – seine deutschen oder französischen Tage, wo keine andere Sprache im Haus gesprochen wurde. Seine riesige Spielzeugsammlung wurde sorgfältig nach bildenden und pädagogischen Gesichtspunkten ausgewählt, sein Benehmen und seine Interessen ständig nach genialen Manifestationen abgesucht.
Wenn Mutter über ihn redete, dann zeigte sie immer eine belustigende Mischung aus Stolz, Eifersucht und Bosheit, verschieden je nach der Sympathie ihrer Zuhörer. Stolz auf ihren begabten Neffen stand an vorderster Stelle in ihren Erzählungen vor Fremden, während die Bosheit genau proportional zum Grad ihrer Bekanntschaft wuchs. Engen Freunden gegenüber erklärte sie, daß sie jede Hoffnung, daß Richard später ein normaler Mensch würde, aufgegeben habe, seit Tante Lola ihr einmal telefonisch verkündete, das Kind habe soeben einen perfekten Kreis gezeichnet und würde daher Ingenieur werden!
Aber das alles passierte lang vor dem Krieg. Im Frühling 1939 erkrankte Richard. Als der Hausarzt Meningitis diagnostizierte, war die ganze Familie in Verzweiflung vereint. Aus Wien wurden ein berühmter Professor und zwei Krankenschwestern eingeflogen und die Wohnung in eine Klinik verwandelt. Die ganzen langen Wochen der Krankheit saß Tante Lola am Bett, wortlos und reglos. Onkel Georg wurde manchmal in der Stadt gesehen, vage durch seine Geschäfte treibend, oder mit roten Augen über einer Tasse Kaffee im Stammcafé sitzend.
Meningitis war eine tödliche Krankheit, und wenn man nicht daran starb, dann »blieb immer etwas zurück«. Als endlich die Nachricht kam, daß die Gefahr vorbei war, hing die eine unausgesprochene Frage über der ganzen Familie. Aber wir hatten keine Zeit, um die Antwort herauszufinden. Richard, Tante Lola und eine Krankenschwester wurden zur Erholung ins Ausland geschickt. Als sie zu-

rückkamen, ging der Sommer zu Ende, und der Krieg hatte begonnen.
In den folgenden Monaten sahen wir einander nur selten. Aber jetzt, 1941, brachte Onkel Georg seine Familie von draußen ins Getto herein, und in dieser eingeschränkten Welt führten uns die Familienbande zusammen.
Onkel Georg machte wieder gute Geschäfte. Das ließ er vage durchblicken, seine hellen Augen blickten dabei immer etwas über den Kopf seines Gegenübers. So geheimnisvoll das alles auch war, es klappte offenbar. Die Familie konnte sich einen großen, sonnigen Raum im »besseren« Teil des Gettos leisten. Die Wohnung hatte ein Badezimmer mit einem Gasheizer, eine große, moderne Küche, und ein funktionierendes Klo. Das ganze Haus war hell und sauber. Ihre Hausherrn waren wohlhabende Fabrikanten, die Tante Lolas Interessen teilten und sie in ihr aktives Gesellschaftsleben einbezogen. Es gab Einladungen und elegante Soiréen, und die Gespräche und Diskussionen unterschieden sich kaum von denen in ihrem eigenen Vorkriegs-»Salon«. Das Essen war offensichtlich kein Problem, und Tante Lolas Garderobe schien ebenfalls intakt.
Mutter wurde oft eingeladen, ihr Witz und ihre Lebhaftigkeit wurden jetzt sehr geschätzt, da ihre Stellung als bevorzugte jüngere Tochter kein besonderes Gewicht mehr hatte. Großmutter war jetzt sehr huldvoll zu ihrer Stieftochter, die nie mit leeren Händen zu Besuch kam. Ihre eigene Tochter bat manchmal um Mutters abgelegte Kleider, konnte ihr aber dafür nie etwas geben.
Tante Lola in ihrem sauberen, warmen, gemütlichen Zimmer konnte es sich leisten, großzügig zu sein. Ich war immer begeistert, wenn wir sie besuchten, und obwohl mir die Unterhaltung oft recht öd vorkam, entschädigten mich das herrliche Badezimmer und das Klo für gelegentliche Langeweile.
Und die nachmittägliche Teestunde war der Gipfel der Seligkeit.

Richard hatte sich auch geändert, man konnte jetzt viel leichter mit ihm auskommen. Das dickliche, wilde Kind hatte sich in einen großen, dünnen, außerordentlich feierlichen, ja steifen Jungen verwandelt. Er hatte noch immer die gleichen riesigen braunen Augen mit den wunderbar langen Wimpern, die unsere Kindermädchen immer in Verzückung versetzt hatten. Aber sein Blick schwamm im Ungewissen, wie der seines Vaters. Er ging mit merkwürdig ruckartigen Bewegungen und warf die Beine, es war fast, als wäre ihm das Gehen

schon nichts Natürliches mehr. Und er verbrachte ganze Tage über seine Bücher gebeugt.
Tante Lola beschloß, daß die Unterbrechung durch den Krieg am besten mit Vorbereitungen auf die Zukunft genutzt wurde. Sie engagierte mehrere Privatlehrer, die darauf sahen, daß Richard von morgens bis abends mit Arbeit eingedeckt war. Zusätzlich zu seinem normalen Schulpensum, das sowohl Latein als auch Griechisch umfaßte, hatte er jetzt auch noch Privatstunden in Französisch, Deutsch, Englisch und Hebräisch.
Er öffnete uns jedesmal die Tür und grüßte uns dann feierlich in vier oder fünf Sprachen, in denen ihm Mutter zu antworten hatte. Unverständliche Phrasen wurden ausgetauscht, während wir den Gang durchquerten und ins Zimmer eintraten. Darauf kehrte Richard zu seinem kleinen Tisch in der Ecke zurück und versank wieder in seinen Büchern, von unserer Unterhaltung offenbar nicht berührt.
Wenn der Tee serviert wurde, tauchte er kurz wieder auf, zeigte mir manchmal seine neuen Bücher, oder redete über Dinge, die ihn besonders interessierten. Als ich seine ungeschickten Zeichnungen sah, bot ich ihm meine Hilfe an, und zu meiner großen Überraschung nahm er das Angebot an. Er brauchte sie für seinen Unterricht in Zoologie und Botanik, und ich lernte enthusiastisch aus seinen Erklärungen, während ich die Querschnitte und Diagramme kopierte und sie mit seinen herrlichen chinesischen Tuschfarben kolorierte. Die Zeichnungen trugen ihm ein besonderes Lob ein, worauf der arme Richard die Wahrheit bekannte. Danach half ich ihm nicht mehr bei seinen Zeichnungen, aber unsere Freundschaft blieb weiter bestehen.
Vater war jetzt der einzige, der nicht kommen wollte. Bei seinem einzigen Besuch in diesem Winter hieß Richard ihn auf griechisch willkommen. Vater antwortete mit einem freundlichen Klaps auf den Kopf, er hielt das offenbar für einen Witz. Aber Richard, feierlich wie eine Eule, erging sich in einer wohlgesetzten Rede und ließ sich trotz Vaters Ärger den ganzen Abend nicht von dieser Sprache abbringen. Als Vater ihn durchaus keiner Antwort würdigte, wandte er sich wieder seinen Büchern zu und vergrub sich in seinen Papieren, bis es für uns Zeit war zu gehen. Er führte uns zur Tür und verpaßte uns mehrere klassische Abschiedssprüche. Vater schlug vor, daß ein Spaziergang in der frischen Luft und eine Schneeballschlacht ihn vielleicht vom Olymp herunterholen würden, und die ganze Familie schaute sehr schockiert drein.
Draußen im Freien gab es nichts Interessantes zu sehen, lautete Onkel

Georgs Urteil. Man konnte sich höchstens in der Menschenmenge etwas holen, oder sonst in Schwierigkeiten geraten. Viel besser war es, seine Zeit zum Studieren zu nutzen.
»Was du da oben hast« – er klopfte sich an die Stirn – »gehört dir. *Das* kann dir niemand nehmen.«
»Wenn ich dort noch einmal hingehe, gibt es einen Skandal«, erklärte mein Vater am Abend. »Ich kann es nicht mit ansehen, was die mit dem armen Jungen aufführen. Er sieht schon völlig stumpfsinnig aus, ich möchte wissen, wieviel er von allen seinen Büchern wirklich versteht. Stell dir vor, Anthropologie zu lernen in seinem Alter, und unter diesen Umständen! Was wetten wir, das nächste ist Astronomie. Wenn schon nicht diese Krankheit einen Idioten aus ihm gemacht hat, dann haben ihn seine Eltern sicher bald soweit, und damit will ich nichts zu tun haben.«

Der lange Winter ging endlich zu Ende, und mit dem Frühling brausten neue Hoffnungen und neue Gerüchte durch die Straßen. Aber es gab wenig Grund zur Freude. Die Wellen der Gewalt breiteten sich über Europa aus, jeden Tag erreichten Berichte von neuen Verbrechen, neuen Massakern, neuen Vergeltungsmaßnahmen unsere Ohren. Es schien schwer zu glauben, daß das erst der zweite Winter war. Was sollten wir tun, wenn dieser Krieg – wie es hieß – so lang dauern würde wie der erste? Wer könnte vier Jahre in unseren jetzigen Umständen überleben?
Zu meinem Geburtstag in diesem Frühling lud Lydia mich ein, und ich verbrachte eine Woche in ihrem Haus. Es war auch Pauls Geburtstag, wir feierten mit einer Party, einer großen Schokoladentorte mit zwei Kreisen von Kerzen – einem rosa und einem blauen – und einem Berg von Geschenken.
Erich war fort, er besuchte Verwandte in Hamburg. Ich hatte Lydia noch nie so lustig gesehen. Sie verbrachte ganze Tage mit uns, spielte mit uns auf dem Boden wie eine Gleichaltrige, kroch mit uns unter den Möbeln herum und ließ uns auf sich reiten, und dabei »galoppierte« sie auf allen vieren durch die Wohnung. Sogar Tomek wurde in die allgemeine Lustigkeit einbezogen. Beide Buben reagierten darauf mit zitternder Freude, als würden sie diesem plötzlichen Glück nicht ganz trauen. Es gab Ausbrüche von aggressiver Lebhaftigkeit und laute Beteuerungen, daß Mutter wunderbar sei, und daß wir alle einander immer so gern haben sollten wie jetzt.
Erich wurde nie erwähnt, aber die ständigen Anspielungen darauf,

daß wir niemanden mehr brauchten, um vollkommen glücklich zu sein, ließen mich nur um so mehr an ihn denken, und ich mußte den perversen Wunsch bekämpfen, mich nach seiner Rückkehr zu erkundigen. Fieberhaft und überspannt, wie unsere Freude war, war sie uns allen doch überaus teuer, und ich erwähnte Erichs Namen während meines ganzen Besuchs nicht.
Lydia verbrachte die Abende außer Haus, oft kam sie erst am nächsten Morgen zurück. Gegen Ende dieser Woche gab sie eine Party. Wir drei wurden in die Küche gesperrt mit strengster Order, still zu sein. Das Mädchen, das bei Tisch servierte, erzählte uns, die Gäste wären alle deutsche Offiziere, und es wären keine Damen anwesend.
Spät am Abend wurde Paul in den Salon geholt, um Klavier zu spielen und ein paar deutsche Gedichte aufzusagen. Als er zurückkam, vom Applaus erhitzt, durften wir ins Elternschlafzimmer gehen und uns im großen Doppelbett verkriechen.
Licht und unterdrückte Stimmen weckten mich auf. Durch halbgeschlossene Lider sah ich Lydia Tomek aus dem Bett heben und ins Kinderzimmer tragen. Eine zweite Gestalt beugte sich über mich und hob mich vorsichtig auf. Automatisch schlang ich meine Arme um den entgegenkommenden Nacken und kuschelte meine Nase an die breite Schulter. Dann öffnete ich die Augen.
Die grüne Uniform roch angenehm nach Tabak und Kölnischwasser, die Wange war frisch rasiert. Betäubt vom Schock, hörte ich ihn Lydia fragen, wer denn das hübsche kleine Mädchen sei, das er in ihrem Bett gefunden habe, und Lydia betont gleichmütig antworten, ich sei Erichs Tochter aus seiner ersten Ehe.
Ich wurde ins Wohnzimmer getragen, wo mein Bett schon gemacht war, und vorsichtig zwischen die Leintücher gelegt. Als ich spürte, wie seine Hände behutsam die Decken um mich festklopften, öffnete ich die Augen wieder und sah ein angenehmes junges Gesicht und ein Paar ungewöhnlicher, blaugrüner Augen, die mich ernst betrachteten. Einen Augenblick lang trafen sich unsere Blicke, hielten einander fest, dann fuhr er mir lächelnd mit der Hand übers Gesicht. Ich schloß die Augen und atmete erleichtert auf. Jetzt wußte ich, daß er wußte, und daß ich nichts zu fürchten hatte.
Schläfrig hörte ich noch, wie er und Lydia den strampelnden Paul in sein Bett trugen, und als sich die Schlafzimmertür endlich hinter Lydia und ihrem Geliebten schloß, sank ich friedlich in einen tiefen Schlaf.
Am nächsten Tag brachte mich Lydia nach Haus, bat mich aber auf

dem Heimweg, nichts von »Grünauge« zu sagen. Ich hatte ohnehin schon beschlossen, meinen Eltern nichts zu erzählen, weil ich damit rechnete, daß sie mich dann vor lauter Schreck nie wieder zu einem Besuch auf die andere Seite lassen würden.

14

In diesem Frühling wurde unsere Klasse umgebildet, und ein neues Mädchen kam zu unserer kleinen Gruppe. Jola war ein dünnes, aber graziöses Kind mit langen Beinen, die sie weiter umeinanderschlingen konnte, als ich das für möglich gehalten hätte. Sie wickelte sie auch um Stuhlbeine und vergaß oft, sie loszuwickeln, bevor sie eilig aufsprang, daher kamen auch die vielen kleinen Wunden, Kratzer und blaue Flecke, die sie am ganzen Körper hatte. Sie hatte ein rundes, sommersprossiges Gesicht, leuchtendblaue Augen und einen Schopf kastanienbrauner Locken, zu fein für Bänder und Spangen. Das Haar stand ihr wuschelig vom Kopf ab und fiel ihr in die Augen und schien die Hände eines jeden Erwachsenen im Zimmer anzuziehen.
Sie hatte die Gabe, unsere Lehrerin mit Fragen in Verlegenheit zu bringen, die der armen Frau die Röte in die müden Wangen trieben. Wir hielten unseren Atem erwartungsvoll an, während sie lächelnd dasaß und mit ihren weit offenen blauen Augen ernst schaute, das Bild eines unschuldigen, lernbegierigen Kindes.
Fräulein Bloch machte fahrige Bewegungen, räusperte sich, starrte dann hilflos zurück in das sommersprossige Gesicht, gab eine unverbindliche Antwort, oder gab einfach zu, daß sie das nicht wußte. Dann stieg rund um den Tisch ein allgemeiner Seufzer der Enttäuschung hoch, und wir kehrten zu unserer Arbeit zurück. Jolas Ablenkungsmanöver waren besonders willkommen, wenn einer von uns sich nicht vorbereitet hatte. Ihre Stimme zerbrach das schuldbewußte Schweigen, und wir stimmten sofort ein, laut nach Information rufend.
In der Biologiestunde wollte Jola wissen, welche der beiden Blumen in unserem Buch die weibliche sei. Es mußte doch sicher Blumen von jedem Geschlecht geben, damit eine Frucht entstand?
Fräulein Bloch lief puterrot an und gestand, daß sie das nicht wußte.
»Aber es muß einen Unterschied geben, Fräulein Bloch, es ist doch sicher biologisch unmöglich...«

Mutter in ihrer Zimmerecke unterdrückte ein Kichern. »›Biologisch unmöglich‹ ... Du hättest sie hören sollen«, erzählte sie Vater später, während ich so tat, als würde ich schlafen. »Ich bin sicher, sie wollte nur irgend etwas herauslocken aus dieser armen Frau, die ja schon rot wird, wenn sie sich vorstellt, was Bienen und Vögel tun. Ich glaube, die könnte ihr einiges beibringen, obwohl sie so unschuldig aussieht wie ein Engel.«
Aber Vater klang plötzlich beleidigt und vertrat fest die Meinung, daß Jola nichts wissen könne von »diesen Dingen«. Ihm zufolge war sie ein reizendes Kind, witzig, von Natur aus wißbegierig. Und auf jeden Fall vollkommen unschuldig.
Ich vergrub das Gesicht in meinem Kissen und fragte mich, wieso Vater – der doch mich immer durchschaute – sich über ein anderes Kind so vollkommen irren konnte.
Jolas Geist war, wie sie selbst stolz behauptete, eine *Kloake*. Aber nicht irgendeine Kloake, beteuerte sie. Nein, sondern *die größte und tiefste Kloake der ganzen Welt*. In der mysteriösen, abscheuerregenden Welt des Geschlechts gab es kein Wort, keinen Ausdruck, nicht einmal eine Geste, die ihr nicht bekannt waren, und sie war gern bereit, uns aufzuklären. Ihre Sammlung von Geschichten trieb einem die Haare zu Berge, und sie gab bereitwillig zu, sie beinahe alle selbst verfaßt zu haben.
Nach dem Unterricht drängten wir uns auf dem Heimweg alle um sie und hörten atemlos ihren »Augenzeugenberichten« von Vorfällen zu, die ganz eindeutig die Frucht einer außerordentlich lebhaften und morbiden Phantasie waren. Aber diese Geschichten waren nicht der einzige Grund für Jolas Anziehungskraft auf uns. Irgendwie gelang es ihr, in unsere unschuldigen Fächer ihre Überlegungen über unsere Umgebung, und die Bedingungen, unter denen wir lebten, einfließen zu lassen. Ihr zuzuhören, wenn sie, wie ich das für mich nannte, »wie die Erwachsenen« redete, vermittelte mir ein merkwürdiges Gefühl, aufregend und schmerzlich zugleich. Ich ergriff jede Gelegenheit, um sie über ihre Lieblingsgegenstände zum Sprechen zu bringen, und während ich ganz unbewußt mit unschuldigen kleinen Bemerkungen immer mehr Öl ins Feuer goß, hatte ich das peinliche Gefühl, daß ich damit irgendwelche heiligen Gebote verletzte, nach denen sich mein bisheriges Leben gerichtet hatte. Es war ein bißchen wie der Nervenkitzel, wenn man eine Batterie anleckte, um zu sehen, ob sie geladen war. Ich krümmte mich unter dem Schock, aber ich konnte nicht damit aufhören.

Jola behandelte die geheiligten erwachsenen Gegenstände mit völliger Respektlosigkeit, und drückte ihre Verachtung der Erwachsenen mit der gleichen Klarheit und Präzision aus, die auch ihre Aufsätze auszeichneten, und die Fräulein Bloch auf den Verdacht brachten, daß bei ihren Hausaufgaben ein Erwachsener seine Hand im Spiele habe. Zufällig wurde ich Zeuge, wie unsere Lehrerin Jolas Aufsätze mit meiner Mutter besprach, und hatte nichts Eiligeres zu tun, als meiner Freundin darüber zu berichten. Sie war empört.

»Fräulein Bloch sagt, du bist eine Anarchistin, und du hast anscheinend der ganzen Menschheit den Krieg erklärt«, sagte ich ganz nebenbei und wartete gespannt auf ihre Reaktion.

»Fräulein Bloch ist nicht bei Trost. Die Menschheit hat sich selbst den Krieg erklärt. Schau dir doch die Welt rund um uns an! Haben wir denn irgendeine Hoffnung, zu überleben? Oder sonst jemand? Die Deutschen vernichten die Juden, und die Juden helfen fleißig dabei mit. Die Geschäftsleute gehen über Leichen, damit sie jeden Morgen in ihr Geschäft hineinkommen. Die Restaurants sind voll. Es gibt sogar Leute, die heiraten und Kinder bekommen! Aber das nützt uns nichts. Wir werden alle eines schönen Tages vom Erdboden verschwinden, und je früher, desto besser. In dieser Welt kann man nicht leben.«

Etwas davon kam in jedem ihrer Aufsätze zum Ausdruck. Sogar in den neutralsten Themen brachte sie ihre Ideen unter, und Fräulein Bloch gab sich wahrlich Mühe, nur die harmlosesten Themen für unsere Aufsätze zu wählen. »Ein Gewitter nach einem heißen Tag.« »Dürre in Südafrika.« »Ein Tag in der Arktis.« »Wintersport.« Ich brachte es fertig, zu jedem dieser Themen eine Geschichte in Versen zu schreiben, mit gefälligen Reimen, kräftigem Rhythmus und einem Minimum an Realismus. So waren eben die Gedanken des glücklichen, begabten Kindes, als das meine Eltern mich sehen wollten. Sie waren stolz auf meine Schreibereien, lasen sie bewundernden Verwandten und Freunden vor, und ermunterten mich, nur so weiterzumachen. Aber kaum wich ich von diesem Idealbild ab und ließ nur eine Spur von Realismus in diese künstliche Welt einfließen, wurde ich sofort zur Ordnung gerufen. Dann warf man mir Hochmut vor, Plagiat, Aufschneiderei, sogar Undankbarkeit. Und man fand mich, was noch ärger war, lächerlich. Nach einigen schmerzlichen Lektionen hatte ich meine Rolle gelernt. Ich war mir bewußt, daß ich die Rolle eines wohlerzogenen Kindes zu spielen hatte. Ich wußte genau, was ich denken und was ich sagen durfte. Die Regeln, die für das Be-

nehmen eines Kindes galten, existierten anscheinend in einem Vakuum, hatten jedenfalls mit den tatsächlichen Lebensbedingungen nicht das geringste zu tun.
Aber Jola war ganz anderer Meinung. Sie machte sich also daran, Löcher zu bohren in die hermetische Schachtel, in der ich so sorgsam gehütet wurde, während ich bereitwillig die Seiten wechselte und ihr immer wieder frische Stellen zur Zerstörung anbot.
»Warum schaust du dich denn nicht um – um wirklich zu sehen, nicht einfach deinen Blick irgendwohin fallen zu lassen und dann wieder abzuwenden, mit fest verschlossenem Verstand? Wird dir nicht übel davon? Tut es dir nicht weh?«
Ich nickte unglücklich. Genau das war's. Meine Augen schauten, aber mein Verstand war verschlossen. Ich nahm, was ich sah, mit Gleichgültigkeit und Zynismus auf und vermauerte meine Gefühle dabei krampfhaft vor der äußeren Welt. Nachzudenken über das, was ich sah, mir Gefühle zu erlauben, das hätte mir zu weh getan. Nicht denken war viel leichter.
Wenn man doch nur etwas tun könnte. Wenn wir helfen könnten, organisieren, kämpfen?
»Nichts können wir tun«, sagte Jola fest. »Niemand kann irgend etwas tun. Du kannst die Menschheit nicht ändern. Wir sind alles Wilde, wir werden einander am Ende alle auffressen. Wir verdienen weder Liebe noch Mitleid. Das spar dir für die Tiere auf. Die Menschheit wird sich am Ende selbst vernichten, und sie hat auch nichts Besseres verdient.«
Am Anfang dachte ich manchmal daran, Jolas Enthüllungen mit meinen Eltern zu besprechen, beschloß aber nach einiger Überlegung, sie gar nicht zu erwähnen. Da würde es nur eine Predigt geben über die Anmaßung von Kindern, die zu kritisieren wagten, was sie nicht verstanden, und eine Ermahnung, daß der Krieg keine Entschuldigung war, um seine Manieren zu vergessen. Und dann würde Jola nahegelegt werden, unsere Gruppe zu verlassen.
»Ich weiß, daß wir unter schwierigen Bedingungen leben, aber dein Vater und ich werden unser Bestes tun, um dir eine normale Erziehung zu bieten. Du sollst uns nie vorwerfen müssen, daß wir unsere Pflicht nicht getan haben, daß wir uns nicht um deinetwillen geopfert haben.«
Wie oft hörte ich diese Worte. Und was für eine hilflose Wut wirbelten sie jedes Mal in meinem Herzen auf. Wie konnte ich ihnen jemals begreiflich machen, daß ich ihr Opfer gar nicht wollte?

Jolas Eltern hatten sich schon vor dem Krieg scheiden lassen, sie lebte jetzt mit ihrer Mutter in einer großen Mansarde mit schräger Decke und kleinen Dachfenstern. Der Raum war mit einer Unmenge von Teppichen, Matten und Kissen vollgestopft. Jolas Mutter war eine große, blasse Frau, die mich so einschüchterte, daß ich kein Wort mehr herausbrachte. Sie hatte ein weißes, aufgedunsenes Gesicht, aschblondes Haar, das hinten zu einem strengen Knoten zusammengefaßt war, und lange schmale Hände. Sie sprach langsam, jedes Wort deutlich betonend, als redete sie in einer Fremdsprache. Diese deutliche Sprechweise brachte mich am meisten aus der Fassung und machte mir meine eigene verworrene Ausdrucksweise bewußt. Ich stotterte, wenn sie mir eine direkte Frage stellte, und ging ihr deshalb ganz aus dem Weg.
Ich versuchte, Tosia in unsere Unterhaltungen einzubeziehen, aber sie hatte kein Interesse dafür. Sie war sogar schockiert, wenn ich ein paar von Jolas Ansichten vor ihr wiederholte. In ihren Augen hatten die Erwachsenen immer recht, ganz egal, was sie taten. Außerdem war sie rasend eifersüchtig auf den Einfluß, den Jola auf mich hatte, und hatte Angst, ich würde sie verlassen. Aber diese Absicht hatte ich gar nicht. Ich wußte ihre fraglose Gefolgschaft zu schätzen, nach den destruktiven Sitzungen mit Jola hatte ich sogar ein besonderes Bedürfnis nach ihrer Verehrung. Das stellte mein Gleichgewichtsgefühl wieder her und träufelte Balsam auf mein verwundetes Selbstbewußtsein. Jola glaubte außerdem gar nicht an Freundschaft:
»Ich bin eine Katze, die sich allein herumtreibt. Keiner wird mich jemals zähmen oder einsperren. Ich bin ich, und ich liebe nur mich«, erklärte sie. »Wenn ich endlich groß bin – vorausgesetzt, sie lassen mir Zeit dazu –, dann werde ich mit allen abrechnen.«
»Wie wirst du das machen?« Es war ein Trost zu wissen, daß sie Zukunftspläne schmiedete.
»Ich werde eine Kurtisane.«
Darunter konnte ich mir nicht viel vorstellen. Ich sah Jola huldvoll eine gewundene Marmortreppe herunterschweben, in einen burgunderroten Theatervorhang drapiert.
»Und was wirst du dann genau tun?«
»Ich werde die Männer wahnsinnig machen vor Sehnsucht, ich werde sie vor meiner Tür schmachten lassen, Tag und Nacht. Meinetwegen werden sie Sonette schreiben und sich umbringen. Ich werde berühmt sein. Aber ich werde nie, nie auch nur einen Fingerbreit von dem hergeben, worauf es ankommt.«

Ich war wie gefesselt von diesem Plan, hörte ihr zu, wie sie ihn weiter ausmalte, und sammelte langsam Mut zur Stellung der Kardinalfrage. Jolas Geschichten waren mir nur zum Teil verständlich. Vieles von dem, was sie sagte, blieb mir ein Rätsel, ich dürstete immer mehr nach einer Erklärung. Seit Monaten schon hatten Tosia und ich versucht, irgendeinen Sinn in die vagen Geschichten über das Geschlechtsleben der Erwachsenen zu bringen. Wir durchsuchten die Romane, verschlangen gierig alle, die auf unserem Index standen, und zerbrachen uns den Kopf über die unbegreiflichen Situationen, die wir darin fanden, aber das Bild, das wir uns langsam zusammenbastelten, war zu phantastisch und absurd, als daß wir es glauben konnten.

Und hier war endlich jemand, der sich offenbar auskannte, der auch uns aus dem Labyrinth herausführen konnte. Aber ich zögerte. Wie dringend ich auch die Wahrheit wissen wollte, die Furcht vor der entscheidenden Frage war nicht weniger stark. Ich hatte das deutliche Gefühl, daß es keinen Rückzug in die Geborgenheit der Unwissenheit mehr gab, wenn der Schleier einmal gefallen war. Wenn mein dunkelster Verdacht sich bestätigte, wenn die Wahrheit wirklich so abstoßend war, wie ich vermutete, wie konnte ich dann noch weiter gleichmütig einer so schauerlichen Zukunft entgegenwachsen? Aber dann klang mir wieder Jolas Stimme in den Ohren, wie sie sich über mich lustig machte, weil ich mit geschlossenen Augen lebte.

Ich saß auf dem Diwan Jola gegenüber und kratzte mich nervös, von innerer Unsicherheit gebeutelt.

»Den ganzen Tag kratzt du dich schon«, bemerkte sie. »Was ist los? Hast du Läuse?«

Ich wich entsetzt zurück.

»Ich habe dich gefragt, ob du Läuse hast?« wiederholte sie. »Die hat doch jetzt jeder, weißt du das nicht?«

»Schön, aber ich nicht, und ich bin überzeugt, daß du auch keine hast. Mich juckt es überall, aber ich weiß nicht, warum. Sowieso wollte ich dich gerade fragen... das heißt, ob du mir nicht alles sagen könntest, was du weißt über... du weißt schon...«

»Über Geschlechtsleben, nehme ich an. Über die schmutzige Sache des Geschlechts. Was weißt du denn schon?«

Ich kämpfte gegen den Knödel in meinem Hals und antwortete ganz kühl: »Ich weiß nicht viel, und was ich davon gehört habe, ist so eindeutig gelogen, daß ich es einfach nicht glauben kann. Ich will das nicht wiederholen, es ist einfach zu unsinnig.«

Im tiefsten Inneren hoffte ich, daß Jola sich weigern würde, ihre Geheimnisse zu verraten. Aber sie genoß es sogar, ihr Wissen vor mir auszubreiten.
»Also gehen wir davon aus, daß du keine Ahnung hast, und beginnen wir bei den Grundvoraussetzungen. Wie zum Beispiel Küssen. Also, es gibt zwei Arten von Küssen, den unschuldigen Kuß und den leidenschaftlichen Kuß...«
Am späten Nachmittag wankte ich benommen nach Haus. Mein Kopf schwirrte von Bildern, meine Augen brannten, während der kühle Sopran noch immer in meinen Ohren klang... beschreibend, erklärend, Detail auf gräßliches Detail häufend, auf die tierische Roheit des sogenannten Liebesaktes hinweisend, die Demütigung und Erniedrigung der Frau, den schäbigen Triumph des Mannes. Das Exposé endete mit einer farbigen Beschreibung der Schrecken der Geburt, die jede mittelalterliche Folterung an Qual übertraf.
In unserem Hof angekommen, blieb ich stehen und setzte mich auf eine Bank. Der Kopf tat mir weh, ich fühlte mich schwindlig, mir war übel, und ich war zu Tode verängstigt. Ich brauchte Zeit, um Ordnung in meine Gedanken zu bringen, um sie irgendwie zu verarbeiten, um diese Lawine von Tatsachen zu verdauen, mit der ich von jetzt an leben, die ich aber vor meinen Eltern verstecken mußte. Wie konnte ich denn in unser kleines Zimmer hineingehen und ihnen in die Augen schauen und reden und so tun, als wäre nichts passiert? Wie konnte ich denn mein alltägliches Gesicht aufsetzen, wenn ich doch wußte, daß mir mein schuldiges Wissen auf die Stirn geschrieben stand, wenn meine Augen blinzelten und tränten, als könnten sie die Sonne nicht ertragen, wenn meine Hände vor Angstschweiß ganz klamm waren? Aber dann hatte ich wieder das plötzliche Bedürfnis, nach Hause zu laufen, auf Mutters Schoß zu klettern und zu weinen wie seit Jahren nicht, mit Schluckauf und Geschneuze, meine Schuld mit meinen Tränen heraussprudelnd, ihr alles ausschüttend, was ich gehört hatte, und ihre ruhige Stimme flüstern hörend, daß das alles nur ein schlechter Traum war, und kein Wort davon wahr.
Aber so kindisch konnte ich mich jetzt natürlich nicht mehr benehmen. Ich war wach, ich hatte nicht geträumt, und wenn ich merkwürdigerweise meine Augen nicht offenhalten konnte, und wenn mein Kopf schwamm, dann war das einfach das Ergebnis von zuviel Wissen, zu rasch geschluckt. Eine Art von geistiger Verdauungsstörung. Der plötzliche Verlust der kindlichen Unschuld. Verbrecher, Diebe und Lügner schauten einem nie gerade in die Augen, daran konnte

man sie ja erkennen. Schön, jetzt gehörte ich anscheinend zu ihnen, Gott strafte mich schon.
Ich kämpfte mit meinen bleiernen Füßen, wie ich durch den Hof ging, die dunkle Treppe hinaufstieg und in unser Zimmer trat.
Tante Lola unterhielt sich gerade angeregt mit Mutter, sie beachteten mich nicht, als ich mich an ihnen vorbeischleppte. Ich grüßte und wunderte mich, als sie beide zusammenzuckten.
»Schrei nicht«, sagte Mutter, aber ihre Stimme kam wie von weit her. Merkwürdigerweise wurde es im Zimmer ganz dunkel, und plötzlich saß ich am Boden, und Mutter und Tante Lola beugten sich erstaunt über mich. Eine kühle Hand berührte mein Gesicht, und sofort wurde ein Fieberthermometer geholt und unter meinen Arm gesteckt. Während wir auf das Ergebnis warteten, fragte mich Mutter nach meinem Befinden, aber ich machte entschlossen den Mund nicht auf. Ich wußte genau, wo meine Krankheit herkam, davon war ich überzeugt, aber aus mir würde niemand je die Wahrheit herausbekommen. Das Thermometer wurde herausgezogen, und Mutter fing an, mich auszuziehen. Ich hatte hohes Fieber, sagte sie, was ich denn wohl diesmal ausbrüten würde. Tante Lola trat näher und untersuchte sorgfältig meinen ganzen Körper. Sie drehte meinen Kopf und schaute mir hinter die Ohren. Dort war alles rot, und beide Frauen stießen einen Seufzer der Erleichterung aus. Es waren die Masern.
Ein Arzt wurde geholt, und er bestätigte die Diagnose. Am Abend stieg das Fieber noch weiter. Das Bett fing an zu schaukeln, die Decke senkte sich, und die Wände schwankten, sobald ich die Augen öffnete. Mit beiden Händen hielt ich mich am Tischbein neben dem Bett fest und knirschte mit den Zähnen. Ich hatte panische Angst davor, daß ich vielleicht im Schlaf oder im Delirium irgendwelche belastenden Informationen von mir geben könnte. Vor lauter Angst konnte ich nicht einmal Mutters plötzliche Zärtlichkeit richtig genießen, noch Vaters Versuche, mich aufzuheitern, und überzeugte damit beide, daß ich wirklich schwer krank war. Sogar Großvater, der am nächsten Tag kam, eine gesprungene Flasche mit einem Goldfisch darin, bemerkte meine merkwürdige Gemütsverfassung.
»Früher war sie doch jedes Mal so gut aufgelegt, wenn sie krank war. Ich dachte immer, sie genießt das. Daß sie auf einmal so still ist im Bett, das schaut ihr gar nicht ähnlich.«
Langsam vergingen die Tage, und irgendwie legte sich meine Aufregung. Aber obwohl ich jetzt wieder reden und sogar über Vaters Witze lachen konnte, war mein Benehmen viel zurückhaltender und

verschlossener, was meinen Eltern natürlich sehr schnell auffiel. Mutter schloß daraus, daß ich eben erwachsen wurde. Vater warf mir durchdringende Blicke zu, wenn ich rot wurde oder über ein Wort stolperte, das jetzt plötzlich eine doppelte Bedeutung für mich hatte. Ich fürchtete diese plötzlichen Verlegenheiten wie die Pest, denn früher oder später würde er ja herausfinden wollen, was in meinem Kopf vorging. Deshalb wich ich jedem Tête-à-tête aus, die doch früher immer der Gipfel meines Glücks gewesen waren. Ich ließ mich nicht mehr in unsere verrückten Unterhaltungen hineinziehen, wenn mir auch das Herz fast brach dabei, ich erzählte ihm nichts, und hörte seinen eigenen Phantasieausbrüchen nicht mehr zu. Ich mußte scharf auf meine Zunge aufpassen, denn sonst rutschte mir sicher noch was heraus.

Die Zeit verging, und ich kam zu dem schmerzlichen Schluß, daß ich wohl nie wieder auf seinem Schoß sitzen und über alles plappern konnte, was mir so durch den Kopf ging. Ich zweifelte nicht daran, daß er, falls er jemals herausfand, was ich wußte, mich für immer aus dem Hause jagen würde, und daß niemand mich dann noch retten konnte.

Mutter amüsierte sich darüber, daß es mir jetzt peinlich war, mich in ihrer Gegenwart an- und auszuziehen. Die tägliche Zeremonie, sich von Kopf bis Fuß in dem kleinen Lavoir zu waschen, war mir immer auf die Nerven gegangen, ich fand das einfach unnötig. Aber Mutter bestand darauf, sie behauptete, wenn wir aufhörten, uns zu waschen, hörten wir auch auf, zur zivilisierten Menschheit zu gehören. Im Winter wurde unser Zimmer erst am späten Nachmittag warm genug für diese Prozedur, aber auch dann war die Vorstellung, sich erst aus unzähligen Schichten von Gewand herauszuschälen, alles andere als verlockend. Und jetzt hatte ich also einen Grund mehr, um diese tägliche Huldigung an die Zivilisation abzulehnen, da die Tür des Zimmers meistens offen war, so daß jederzeit jemand hereinkommen konnte.

Es drängte mich nicht, meine neue Bürde mit Tosia zu teilen. Schlimm genug, daß ich so leiden mußte, warum sollte ich auch noch meiner besten Freundin diesen Schmerz zufügen? Aber Tosia ließ nicht locker, sie erinnerte mich an unseren Schwur, keine Geheimnisse voreinander zu haben. Also berichtete ich ihr alles, was ich von Jola gehört hatte – ungern; und fügte hinzu, daß ich das alles für wahnsinnig übertrieben hielt. Zu meiner Überraschung nahm es Tosia ganz ruhig auf. Sie fand auch, daß da doch mehr dran sein mußte, als Jola mir gesagt hatte, denn sonst würden sich Männer und Frauen ja das ganze Leben lang nur aus dem Weg gehen, und das war doch offensichtlich nicht der Fall. Irgendwo in ihrer Aufzählung der nackten und abschreckenden Tatsachen hatte Jola etwas Wesentliches ausgelassen, das der ganzen Sache eine andere Bedeutung gab. Wir kehrten also zu unseren Romanen zurück, fest entschlossen, den Zauberschlüssel zu dem schrecklichen Geheimnis des Lebens der Erwachsenen bald zu finden.

15

Als das Wetter wärmer wurde, breitete sich die Typhusepidemie noch schneller aus. In der ersten Hälfte des Jahres 1941 gab es 15749 registrierte Fälle, aber viele wurden von ängstlichen Verwandten geheimgehalten. Ein registrierter Fall bedeutete Quarantäne. Das ganze Haus wurde abgeschlossen, die Bewohner in ein öffentliches Bad gebracht, die Haare wurden abrasiert und die Wohnungen ausgeräuchert und desinfiziert. Dabei wurde aber jedes Mal so viel geplündert und zerstört, daß niemand gern einen neuen Fall bei den Behörden anzeigte. Es schien auch sinnlos, sich den Demütigungen einer Quarantäne zu unterwerfen, wenn doch der erstbeste, der einen auf der Straße anrempelte, wahrscheinlich ein paar von seinen Läusen auf die frisch geräucherten Kleider schüttelte. Außerdem starb es sich am Typhus viel gemütlicher zu Hause, ganz gleich, wie ärmlich und wie überfüllt es da war. Im Krankenhaus lagen die Patienten oft zu zweit in einem Bett. Lebende und Tote lagen stundenlang nebeneinander, bis endlich eine überarbeitete Schwester die Leiche wegschaffte. Das Kinderkrankenhaus konnte keine neuen Patienten mehr aufnehmen und schloß daher vorübergehend seine Tore, während das allgemeine Krankenhaus jeden Moment drohte, diesem Beispiel zu folgen. Man organisierte Schnellkurse für Schwestern, Dentisten, Feldschere, für alle Leute mit einer Spur von medizinischem Wissen, um bei der Behandlung der Patienten zu helfen, aber unter den gegebenen Lebensbedingungen konnte nichts das Übel abwenden.

Die Essensrationen wurden noch kleiner, wir bekamen jetzt ungefähr pro Tag 20 Gramm Schwarzbrot, ein paar Kartoffeln, Grütze und Karottenmus, pro Monat ein Ei. Ein Pfund Brot kostete zwölf Zloty, ein Facharbeiter verdiente zwischen fünfzehn und zwanzig Zloty am Tag.

Noch immer strömten neue Flüchtlinge herein. Aus den polnischen Provinzen, aus Deutschland und aus der Tschechoslowakei kamen ganze Züge voll hilfloser Fremder, die früher oder später in den Auffangzentren für Mittellose landeten und dann einer nach dem anderen dem Hunger und der Epidemie zum Opfer fielen.
Diesen ganzen Sommer lang schritt ein großer deutscher Flüchtling durch die Straßen, verloren in einen privaten Traum. Er hatte lange rotgoldene Haare und einen Vollbart, trug einen zerrissenen grünen Pyjama, und von den Schultern hing ihm eine zerfetzte rote Steppdecke bis zum Boden und schleifte im Staub nach. Er machte große Schritte und starrte dabei aufs Pflaster, als würde er etwas suchen. Ich fand, er sah aus wie ein verrückter König im Exil, und in dem ganzen Elend in den Straßen des Gettos war er der einzige, über den ich immer am liebsten vor Mitleid geheult hätte.
Auf dem Trümmergrundstück in unserer Straße wurde ein Kindergarten eröffnet, und Mutter ließ mich für drei Nachmittage pro Woche einschreiben. Der Kotenbeitrag war hoch, und ich ging gar nicht gern hin, vor allem deshalb, weil weder Tosia noch Jola dort bei mir sein konnten. Aber Mutter gab nicht nach. Es war gefährlich, den ganzen Tag auf der Straße zu sein, der Hof war zu klein und zu voll, und der Gestank vom Müllhaufen wurde langsam unerträglich. Der Spielplatz war auch so überfüllt, daß wir nicht herumlaufen konnten, aber es gab immerhin ein paar Bäume und ein bißchen Gras, und sogar ein paar Blumen blieben eine Zeitlang am Leben. Erwachsene durften nicht hinein, außer sie besuchten ein Kind oder holten eins ab. Es gab genug Platz für ein Netzballspiel, aber wenn man mitspielen wollte, mußte man sich immer anstellen. Mutter erlaubte mir nicht, ein Buch zum Lesen mitzunehmen. Ich sollte dort nur spielen und mich körperlich austoben.
Ich lernte dort andere Mädchen kennen, die auch keine Freunde hatten und sich genauso langweilten wie ich, und wir bildeten eine Akrobatikgruppe. Unter Führung einer jungen Frau, die früher Ballettänzerin gewesen war, übten wir begeistert und beherrschten bald mit Leichtigkeit Spagat, Handstand und Brücke. Wir luden unsere Eltern ein und machten eine tollkühne Vorführung, die wir mit einer ziemlich wackligen Pyramide abschlossen, während sie mit offenem Mund dasaßen und vor Schreck die Hände rangen.
Mutter sorgte sich wie üblich, daß ich mich dabei verletzen könnte, und machte vage Anspielungen auf Zirkusartisten, die sich das Rückgrat brachen und ihr Leben lang als Krüppel dahinvegetierten. Aber

ich glaube, sie verstand schließlich doch, daß das die einzige Form der körperlichen Betätigung war, die mir offenstand, und verbot mir nicht, weiterzumachen.
Unter denen, die regelmäßig bei unseren Übungen zuschauten, war auch ein dickes, sehr schön angezogenes Mädchen ungefähr in meinem Alter, für das ich grenzenlose Verachtung empfand, ohne daß ich es sie jemals spüren lassen konnte. Sie kam jeden Tag zum Spielplatz, von einer Gouvernante begleitet, die sie nie mit uns spielen ließ. Sie sprachen französisch miteinander und gingen sehr deutlich jedem körperlichen Kontakt mit den ärmeren Kindern aus dem Weg.
Bei den seltenen Anlässen, wo sie tatsächlich das Wort an mich richtete, konnte Simona über nichts anderes reden als über den großen Reichtum ihrer Familie und ihre eigenen Spielsachen und Kleider. Jedes Mal fragte sie mich, ob ich Französisch konnte, erfuhr, daß ich es nicht konnte, und verlor sofort jedes Interesse an mir, bis zum nächsten Mal, wo sie wieder von vorne anfing.
Ich erzählte Mutter davon, und sie riet mir, die dumme kleine Aufschneiderin doch nicht zu beachten, und mich statt dessen auf meine Englischstunden zu konzentrieren.
Vor kurzem hatte ich begonnen, diese Sprache zu lernen, konnte aber beim besten Willen nicht die komischen Laute nachmachen, die mein Lehrer produzierte, und bettelte Mutter an, mich auf Französisch umsatteln zu lassen. Aber Mutter war überzeugt, daß Englisch später viel nützlicher sein würde, also setzte ich den Unterricht fort.
Eines Tages hatte ich gerade wieder so eine einseitige Konversation mit Simona, als Mutter mit meiner Jause ankam. Sie setzte sich auf die Bank neben mich und hörte Simona zu, wie sie auf französisch mit ihrer Gouvernante quatschte. Dann reichte sie mir mein Sandwich und verkündete deutlich auf englisch: »Here is your breakfast.«
»Thank you«, antwortete ich in derselben Sprache.
»It is a nice day today«, fuhr Mutter fort, aus meiner letzten Lektion zitierend.
»The dog is under the table«, erwiderte ich ernst.
»The cat is on the mat«, pflichtete mir Mutter bei.
Simona und ihre Gouvernante schauten uns starr an, was uns große Befriedigung bereitete. Ich hatte mich vorher versichert, daß sie nicht Englisch verstanden.
»Please open the door«, sagte Mutter und lächelte.
»I am shutting this window!« rief ich triumphierend, während wir bereits Arm in Arm von der Bank fortgingen.

Von diesem Tag an redete Simona nur noch polnisch mit mir.

Während der heißen Sommertage war der Hof eine endlose Quelle der Aufregung und Unterhaltung. Vom frühen Morgen bis zum Beginn des Ausgehverbots strömte die Prozession von Hausierern mit ihren phantastischen Waren unter unserem Fenster vorbei, und jeder kündete seinen Auftritt mit einem anderen Lied an. Die Wörter waren oft so undeutlich, oder auch so falsch betont, um sie einer besonderen Melodie anzupassen, daß wir sie bald schon allein am Klang ihrer Stimmen erkannten. Einer nach dem anderen kamen sie durch das dunkle Tor von der Straße herein, gingen ein- oder zweimal rund um den Hof, riefen in ihrem Singsang, blickten forschend auf die Fenster, blieben kurz stehen, stießen einen lauten Abschiedsruf aus, und traten ab, sobald der nächste Kandidat auf die Bühne kam.
Manchmal überschnitten sich ihre »Runden«, und da keiner nachgeben wollte, ergab sich ein ziemlich unharmonisches Duett, bei dem jeder versuchte, den anderen zu überschreien.
Größere Vielfalt boten die Bettler. Angesichts der zahllosen Konkurrenz, und da ja ohnehin die große Mehrzahl der Bevölkerung am Rand des Verhungerns stand, konnten nur die Unterhaltendsten oder aber die Allerbemitleidenswertesten von ihnen auf Almosen hoffen. Und so zog ein Strom von Sängern, Musikern, Akrobaten und Clowns, Solisten und Chören den ganzen Tag an uns vorbei. Einige von ihnen waren ganz eindeutig wohlausgebildete Künstler, andere dagegen ebenso offensichtlich reine Amateure, deren hoffnungslose Anstrengungen uns vor Verlegenheit und Mitleid das Blut in die Wangen trieben.
Manchmal rief eine wirklich erstklassige Vorführung einen Sturm der Begeisterung hervor und außerdem auch einen Regen von Münzen aus den Fenstern und laute »Da capo!«-Rufe, die der Künstler mit einer würdevollen Verbeugung quittierte.
Am ungewöhnlichsten waren die Geschichtenerzähler. »Jüdische Kinder«, so fingen sie alle immer an, »hört auf meine Geschichte.« Dann kam eine Aufzählung von den unglaublichsten Tragödien, schleichendem oder jähem Tod und schmerzhaften Krankheiten, die jedes einzelne Familienmitglied befielen. Zuerst hörten wir voll Entsetzen zu, dann voll Abscheu, und schließlich, abgestumpft von so vielen Unglücksfällen, hörten wir gar nicht mehr zu.
In diesem Sommer verbrachte ich ein paar Tage mit Großmutter und hörte jeden Abend lang nach Beginn des Ausgehverbots den »Heim-

zug der Bettler«. Die lange Kolonne schlurfte an unserem Fenster vorbei, unter Singsang, Stöhnen und Beten, auf ihrem Weg zu irgendeinem Unterschlupf. Ich war fast überzeugt, daß sie nie ein Auge zutaten, sondern die ganze Nacht weiter ihre Runden zogen, wie die Wächter in alten Zeiten. Nur statt des beruhigenden: »Alles ist ruhig, Bürger«, verkündeten sie mit ihrem Singsang den Tod.

Die Statistiken des Todes wurden jeden Monat höher. Im Februar 1941 gab es etwas über 1000 Fälle. Im Juni über 4000. Im Juli wurden 17800 Flüchtlinge, darunter 3300 Kinder, als völlig mittellos eingestuft. Im September wurden die Rationen noch weiter beschnitten. Die Postämter durften keine Post aus dem Ausland mehr übernehmen, was bedeutete, daß keine Eßpakete mehr zu uns durchkamen. Im Oktober drangen Gerüchte von Massakern in Wilno nach Warschau und wurden als Panikmache abgetan. So etwas konnte doch hier nicht passieren. Im Warschauer Getto gab es fast eine halbe Million Juden. Sie bewohnten ungefähr hundert Häuserblöcke, das heißt, daß im Durchschnitt in einem Zimmer vierzehn Personen wohnten. Allerdings zählten dazu auch die »Auffanglager«, wo über tausend Flüchtlinge in ein einziges Haus gestopft waren. Im September stiegen die Todesfälle durch Typhus auf 7000.

Am Bußtag, dem letzten September, hörten wir die Ankündigung, daß das Getto um mehrere Straßenzüge verkleinert werden sollte, und Ende Oktober wurde die Drohung wahrgemacht. Die Delogierten zogen in unsere Gegend, die Übervölkerung erreichte eine neue Rekordhöhe. Und obwohl die Atmosphäre daheim bereits sehr gespannt war, dankten wir doch unseren Sternen für das Dach über dem Kopf und für unsere vier feuchten Wände.

Seit dem Frühling 1941 machte Frau Kraut Schwierigkeiten wegen der Benutzung ihrer Küche. Wir hatten einen doppelten Gasring zum Ersatz für ihren einflammigen Ring gekauft, aber sie belegte ihn sofort mit Beschlag, und für uns gab es nie Platz. Der Gaszähler wurde mit Münzen gefüttert, und wir fanden bald heraus, daß unser Essen, wenn wir nicht scharf aufpaßten, vom Feuer genommen und durch Frau Krauts eigene Töpfe ersetzt wurde, bis das Gas ausging, worauf dann unsere Pfanne auf den kalten Ring gestellt wurde.

Der elektrische Strom, dessen man ohnehin nie sehr sicher hatte sein können, wurde jetzt jeden Abend gesperrt, gerade dann, wenn wir ihn am meisten brauchten. Frau Kraut ging mit der Sonne zu Bett und erwartete von uns das gleiche. Eine Öllampe und manchmal eine Kerze wurden zu unseren einzigen Lichtquellen, und da unser Zimmer auch

tagsüber dunkel war, brannten sie fast ununterbrochen und reicherten die dampfige Luft mit dem ihnen eigenen Geruch nach verräucherter Armut an. Dann installierten wir in der einen Ecke des Zimmers einen kleinen Eisenofen, in gefährlicher Nähe zu unserem Bett mit seinen Strohmatratzen und der wogenden Daunendecke. Seine schwächliche Konstitution vertrug keinen Koks, selbst wenn wir ihn uns hätten leisten können, er durfte nur ganz vorsichtig mit Spänen und zerrissenen Zeitungen geheizt werden. Wir kochten unsere Mahlzeiten auf dieser Höllenmaschine in der finstersten Ecke des Zimmers, was nur möglich war unter Zuhilfenahme der Öllampe, sonst konnte Mutter nicht sehen, was sich in den Töpfen drinnen abspielte. Wir fragten uns oft, während ich die Lampe übers Feuer hielt, wie lange es noch dauern würde, bis irgend etwas Feuer fing.
Kochen, Waschen, Bügeln spielte sich jetzt alles in unserem Zimmer ab. Da es kein Badezimmer gab und auch das Klo meistens verstopft war, waren wir vom Wohnzimmer fast vollkommen abhängig. Aber deshalb wurde unsere Beziehung auch nicht besser. Überraschenderweise war Rachel die Ursache für den endgültigen Bruch.
Ich kam ganz gut mit ihr aus, und wir saßen oft beisammen und unterhielten uns, während sie Socken stopfte. Stopfen war ihre Lieblingsbeschäftigung. Sie hatte es gern, wenn die Löcher groß und rund waren, und wir hatten sie im Verdacht, sie, wenn sie ihrem Ideal nicht entsprachen, entsprechend zu »verbessern«. Sie spannte den Socken über eine Flasche, bis er gespannt war wie ein Trommelfell, schnitt ausgefranste Ränder ab und betrachtete das gähnende Loch zuerst mit dem einen, dann mit dem anderen Auge. Dann fing sie mit einem Seufzer der Befriedigung an, von einem Rand zum anderen ein lockeres Flechtwerk aus Fäden zu spannen, stach dabei in den Socken mit einer Nadel, so dick wie ein Nagel, die sie ungeschickt in allen fünf Fingern hielt. Der Faden war unweigerlich doppelt so lang wie ihr Arm und verhedderte sich natürlich sofort. Lange Minuten gingen damit hin, daß Rachel die Knoten auflöste, dabei rutschte das Glas aus dem Socken heraus, und die ganze Anlage mußte von neuem errichtet werden.
Ich sagte meine Hausaufgaben vor ihr auf, und ganz selten einmal kam es vor, daß ein Wort, das ich gesagt hatte, in ihren Geist eindrang. Sie nahm dieses Wort auf und spann damit eine lange und unzusammenhängende Geschichte, die sich weiter und weiter vom Ausgangspunkt entfernte, bis ihr plötzlich der Atem ausging, und wir beide sozusagen in der Luft hängenblieben.

Manchmal nahm ihre Geschichte auch eine persönliche Wendung, dann hörte ich wieder einmal von ihrem »jungen Mann mit Schnurrbart«. Bald würde er kommen und sie mit sich nehmen. Sie war bereit, ihm zu folgen. In dem Koffer unter ihrem durchhängenden Bett ruhten, in Seidenpapier gewickelt, ein großes rosa Satinkorsett, knisternd vor Fischbein, eine Garnitur rosa Unterwäsche, eine weiße Bluse und ein schwarzer Rock. Alles funkelnagelneu, lang vor dem Krieg von ihrem Lohn gekauft, und jetzt in Erwartung des großen Tages traurig verschimmelnd.

Frau Kraut spielte oft auf den jungen Mann an und betete laut darum, daß er kommen und sie davon erlösen sollte, seine gefräßige Braut noch länger zu füttern. Dann lächelte Rachel zuversichtlich, geziemend dabei errötend. Sie hatte ihren jungen Mann noch nie gesehen, aber sie wußte, daß er bald kommen und sie holen würde.

Aber bis dahin mußte sie hungern. Frau Krauts Diät aus gerösteten Kartoffelschalen hatte aus Rachel eine gelbliche Vogelscheuche gemacht, und im Sommer 1941 trieb sie der Hunger zu verzweifelten Mitteln. Das ganze Essen, das im Schrank und in dem Blechkoffer versperrt war, war ausschließlich Frau Kraut vorbehalten. Auch Herr Kraut lebte einzig und allein von den offiziellen Rationen und weckte uns jede Nacht alle auf, wenn er in seinen hungrigen Alpträumen aufwimmerte. Der Hunger schien den Prozeß der Vergreisung zu beschleunigen, manchmal wurde er auch für Momente von Wahnsinn erfaßt, dann trat er gegen das Bettzeug, weinte, warf sich gegen die Möbel, landete auf den Knien vor dem Diwan seiner Frau und bettelte um etwas zu essen, sonst, drohte er, würde er sie umbringen. Frau Kraut scheuchte ihn zornig ins Bett zurück und beschwerte sich über diese Aufregungen, die ihrer Gesundheit schadeten. Ihre Arterien waren gar nicht gut beisammen, sie ging jetzt regelmäßig zu Herrn F., um sich schröpfen zu lassen.

»Nicht ihre Arterien sind verhärtet, sondern ihr Herz«, murmelte Rachel, während sie methodisch die Speisekammern plünderte.

Ihr System war bewunderswert einfach. Da sie die versperrte Schranktür nicht öffnen konnte, hob sie die ganze Tür aus den Angeln und lehnte sie gegen die Wand. Dann trennte sie die vernähten kleinen Säcke auf und goß sich eine großzügige Handvoll Reis, Bohnen, Mehl, Zucker, Kakao und Erbsen in ihren kleinen Topf, fügte einen Brocken Butterschmalz dazu und stellte die Mischung auf einen Gasring.

Der Koffer war noch leichter zu öffnen. Mit einer Nagelfeile

schraubte Rachel das Metallplättchen auf, an dem das Schloß befestigt war, und tat sich am Inhalt der Säckchen gütlich.
Ich war oft ihre Komplizin, stand am Fenster Wache, um sie zu warnen, sobald Frau Kraut aus der Konditorei zurückkam. Eines Tages im Spätsommer war der Laden aber zu, Frau Kraut kam daher mehrere Stunden früher als erwartet nach Haus. Rachel war gerade mitten in ihrem Raubzug, die Säcke lagen offen am Boden, und die schwere Schranktür lehnte an der Wand. In der darauffolgenden Panik stopfte sie die noch offenen Säckchen in den Schrank und packte die Tür, die aber an den Angeln hängenblieb und einfach nicht hinuntergleiten wollte. Rachel keuchte und schluchzte vor Angst. Die alte Frau würde sie sicher umbringen, oder sie wenigstens aus dem Haus werfen, was aufs selbe hinauskam. Frau Kraut schritt eben gewichtig über den Hof. Ich wünschte aus ganzem Herzen, sie möge hinfallen und sich einen Knöchel verrenken, aber als die Gefahr immer näher kam, rannte ich nach Mutter. Sie hatte Rachel schon oft gewarnt, mit ihren Plündereien aufzuhören, aber sehr ernst hatte sie das nie gemeint. Es war ja klar, daß Frau Kraut nicht bei Trost war, und daß Rachel um ihr Leben kämpfte. Wir konnten ihr jetzt auch nichts mehr zu essen geben, und unter diesen Umständen war es besser, ein Auge zuzudrükken. Mutter schloß sich also immer im Zimmer ein, sobald Rachel sich auf die Vorräte stürzte, und tat so, als sähe sie es nicht, wenn ich mich ans Fenster postierte.
Als ich jetzt in unser Zimmer stürzte und hervorsprudelte, daß Frau Kraut im Anzug sei, zögerte sie einen Moment, dann kam sie zu Hilfe. Rachel lehnte stöhnend am Schrank und drückte gegen die Tür, die sich immer noch weigerte, an Ort und Stelle zu gleiten. Mutter schob Rachel weg, hob die Tür hoch, und wir hörten die Angeln genau in dem Moment einschnappen, als die Wohnungstür aufging. Rachel riß ihren Kochtopf weg und steckte ihn in ein Bett, und wir zogen uns gerade noch rechtzeitig zurück, da betrat Frau Kraut auch schon die Szene.
Der Sturm brach noch am gleichen Abend los, als sie den Schrank aufmachte und die offenen Säckchen fand. Rachel wurde hereingerufen. Sie fiel auf der Schwelle auf die Knie, und wir hörten sie weinen und einen Eid schwören, daß sie am Nachmittag Mutter den Schrank ausrauben gesehen hatte.
Frau Kraut glaubte ihr. Mutters empörte Proteste nützten ihr gar nichts. Rachel wiederholte ihren Eid vor Vater, den wir nur mit Mühe davon abhielten, ihr den Hals umzudrehen. Frau Kraut brachte den

Fall vor das rabbinische Gericht, das in unserem Haus abgehalten wurde. Ich war nicht dabei, hörte aber aus Gesprächsfetzen im Hof, daß das Gericht zu keinem eindeutigen Ergebnis gekommen war. Rachel schwor weiterhin Stein und Bein, daß Mutter regelmäßig den Schrank geplündert hatte, indem sie die Tür aus den Angeln hob, und der Rabbi wußte nicht, wem er glauben sollte. Am Ende wurde Rachel verwarnt, aber da man weder ihr noch auch uns eine Schuld nachweisen konnte, blieb die Situation ungeklärt, nur daß wir von jetzt an vom restlichen Haushalt ganz offen als Diebe behandelt wurden.
Mutters Reaktion darauf war die sofortige Gegenklage. Sie war überzeugt, daß Rachel und Frau Kraut unser Zimmer plünderten, wenn wir fort waren, daher wechselte sie das Schloß an unserer Tür und streute jeden Nachmittag, bevor wir fortgingen, Talkumpuder auf den Fußboden, in der Hoffnung, irgendwelche Fußspuren dadurch festzustellen. Die Falle brachte aber niemals eindeutige Resultate, der Nervenkrieg ging also weiter.

16

Der Herbst kam, und da der Spielplatz geschlossen wurde, kehrte ich freudig zu meinen Büchern und Lektionen zurück. Seit einem Zwischenfall im letzten Frühling versteckten wir die Bücher in unseren Gewändern und vermieden es sorgfältig, zur gleichen Zeit anzukommen. Wir hatten die Gewohnheit gehabt, uns schon auf dem Schulweg zu treffen und unsere Hausübungen dabei zu besprechen, bis uns eines Tages ein gutgekleideter Herr anredete und wissen wollte, wohin wir gingen.
Ganz entsetzt starrten wir ihn wortlos an, während er uns gegen eine Wand drängte und versuchte, uns die Bücher wegzunehmen.
»Ich bin nur deshalb neugierig, weil ich einen kleinen Jungen habe, in eurem Alter, und gern hätte, daß er jetzt auch bei einem guten Lehrer Unterricht bekommt. Ihr seht so aus, als würdet ihr zu einem Lehrer gehen. Ihr könnt mir doch sicher jemand empfehlen?«
Da ergriff Jozio, der einzige Junge in unserer Gruppe, die Initiative, rannte seinen rot angelaufenen Kopf dem Mann in seinen gutgepolsterten Magen, und gleichzeitig zerstoben wir in alle Richtungen und hasteten zur Wohnung von Fräulein Bloch. Sie war furchtbar erschrocken und schickte uns sofort alle nach Hause. Von diesem Tag an

waren unsere Bücher und unsere Federn von außen nicht mehr zu sehen, aber unsere Lerngier wurde zur Besessenheit. Wir genossen unsere heimlichen Rendezvous ganz ungemein, und selbst die gewöhnlichste Unterrichtsstunde hatte noch eine Atmosphäre von köstlicher Gefahr.

In gewisser Weise trug dieser Unterricht dazu bei, uns die Aussicht auf ein normales Leben zu erhalten. Wir bereiteten uns auf die richtige Schule vor, die wir eines Tages wieder besuchen würden. Wenn der Krieg aus war, würde es richtige Prüfungen geben – Immatrikulation, sogar Universität. Gar so lange konnte der Krieg ja schließlich doch nicht dauern?

Inzwischen wählte sich jeder von uns ein spezielles Interessengebiet und benutzte es dazu, der Realität zu entfliehen. Jozio entwickelte eine Leidenschaft für Algebra, Jola für Biologie, und ich wählte Geographie.

Ich schrieb mich in einer neuen Bibliothek ein – einer heimlichen natürlich – und tauchte in ein Meer von Büchern, von wo ich erst bei stärkstem Druck der Realität wieder auftauchte, die meistens die Gestalt von Mutters Hand annahm, und in das ich mich sofort wieder versenkte, wenn ich die Erlaubnis dazu bekam.

Vater kaufte einen riesigen alten Atlas, und ich beugte mich stundenlang über die farbigen Karten, entdeckte voll ungläubiger Begeisterung die genauen Schauplätze der Geschichten, die ich las, folgte den Reiserouten der Forscher, überprüfte jedes kleinste Stückchen an Information und erschuf mir eine ganze Welt, in die ich flüchten konnte. Südamerika zog mich besonders an, und das Becken des Amazonas wurde zum Mittelpunkt meiner Träume. Ich las eine ganze Serie von Büchern über die Abenteuer der Forscher in dieser Gegend und sang die Namen aller Flüsse als Zauberformeln. Der Urwald und die menschenfressenden Fische konnten mich nicht schrecken. Nichts erschien mir sicherer als eine kleine Hütte am Ufer des Flusses, oder das schwankende Deck eines Bootes, das die Stromschnellen durchfuhr. Eines Tages – bald – würde ich dort sein.

Der Winter kam, und wir stellten fest, daß auch der kleine Ofen die Wände nicht vor dem Vereisen schützte. Das Wasser im Eimer war eine Stunde, nachdem wir zu Bett gingen, fest gefroren, und tagsüber waren wir vor Kälte selbst dann ganz steif, wenn der Ofen rot glühte. Mutter beschwerte sich, daß die Ofenhitze ihre Haut austrocknete, und wirklich sah ihr Gesicht merkwürdig gespannt und ausgetrocknet

aus, auf den Lippen hatte sie Blasen, und ihre Hände waren rissig, obwohl sie sie ständig mit Vaseline einschmierte. Der Proviant von Lydia war schon fast aufgezehrt, Essen war wieder ein dauerndes Problem. Vater gestand, daß sein knurrender Magen ihn oft unter fremden Leuten in Verlegenheit brachte. Alle aßen wir Süßigkeiten, wenn wir es uns leisten konnten, und kamen beim Zuckerlstand in die Kreide, wenn wir kein Geld hatten.
Die goldene Ryfka saß an einem kleinen Tisch in unserem Hausflur und verkaufte Bonbons. Sie war etwas älter als ich und lebte mit ihrer Mutter und unzähligen Schwestern im Keller unseres Hauses. Sie hatte die längsten Haare im ganzen Haus, wahrscheinlich sogar in der ganzen Straße – zwei dicke goldene Stricke, die ihr bis zu den Knien reichten und beim Gehen wie Schlangen auf ihrem Rücken tanzten. Ein Bonbon pro Tag gab sie uns oft auf Kredit. Wir kauften jeder eins, wenn wir das Haus verließen, und behielten es im Mund, bis wir zum Haus der Leute kamen, die wir besuchen wollten, und wo man üblicherweise damit rechnen durfte, etwas angeboten zu bekommen. Manchmal, wenn die Rechnung ihre Kreditgrenze erreicht hatte, schüttelte Ryfka nur den Kopf und gab uns nicht einmal ein Bonbon für alle zusammen. Dann beschwerte sich Vater wieder, daß er sich unsere Extravaganzen nicht mehr leisten konnte, und schon hatten wir den schönsten Streit. Er verlor jetzt sehr oft die Geduld, und mit seiner Gesundheit ging es bergab. Er hustete ununterbrochen, und sein keuchendes Atmen ließ mich in der Nacht nicht einschlafen. Seine Haut hatte einen gelben Stich, die Wangen waren hohl, zwei tiefe, senkrechte Furchen klammerten seinen Mund ein. Seine Schläfen schimmerten silbrig, und das dichte, wuschelige Haar wurde oben merklich dünner. Aber am meisten Schmerz verursachten ihm die Frostbeulen. Als es kalt wurde, liefen seine Zehen purpurrot an, schwollen und brachen auf wie überreife Pflaumen. Mutter zerriß die letzten Leinenhandtücher zu Verbandstreifen, die jeden Abend steif von Blut und Eiter fest an seine Füße klebten. Nichts schien zu helfen.
Ich betrachtete ihn, wie er auf einem Schemel vor der Schüssel mit heißem Wasser saß und ihm der Schweiß übers Gesicht rann, während er sich bemühte, die kniehohen Stiefel auszuziehen oder behutsam, mit zusammengebissenen Zähnen, den Verband abwickelte. Wir fragten uns, wann wohl seine Zehen abfallen würden, und was dann wohl mit uns geschah.
Oft kam er erst in den frühen Morgenstunden nach Haus, nachdem er

die Nacht in einem Klub in unserem Haus, wo die Männer Karten spielten und die neuesten Nachrichten besprachen, verbracht hatte. Die Schlaflosigkeit, unter der er schon vor dem Krieg gelitten hatte, plagte ihn jetzt wieder, und ich hörte ihn oft um drei oder vier Uhr früh auf Zehenspitzen hereinschleichen. Dann legte er sich voll angekleidet zu Bett und warf sich im Halbschlaf unruhig herum, bis es sechs war und er aufstehen mußte. Mein Herz drehte sich schmerzhaft um, wenn ich sein Gesicht sah, grau im Kerzenlicht, die langen, knochigen Finger um eine Tasse mit Ersatzkaffee geschlungen, alles, was er zum Frühstück bekam. Mit einer Schnitte Schwarzbrot in der Tasche ging er dann zur Arbeit, vorsichtig auf seinen geschwollenen Füßen auftretend, bis die kalte Luft den Schmerz betäubte und er wieder besser gehen konnte.

In diesem Winter verkaufte Mutter seinen letzten guten Anzug. Bevor sie ihn wegtrug, bat sie ihn, ihn noch einmal anzuziehen: »Ich möchte dich anschauen, so wie du einmal warst. Ich hab' schon ganz vergessen, wie du aussiehst, wenn du gut angezogen bist.«

Vater zog das Jackett an und starrte uns mit einer Mischung aus Schreck und Überraschung an, während wir uns bemühten, unser Entsetzen zu verbergen. Das Jackett rutschte ihm von den Schultern, der Hals ragte aus dem gähnend weiten Kragen heraus, und das Ganze baumelte so lose um ihn wie ein Zelt.

»Ist es möglich, daß ich das jemals ausgefüllt habe?« wunderte er sich, die Schultern bis zu den Ohren hochziehend. »Aber ich war doch niemals dick, meine Schultern bestanden nur aus Muskeln. Wo ist das alles hin verschwunden? Kann denn ein Körper derart schmelzen?«

Hastig zog er das Jackett aus, und wir räumten den Anzug weg. Vater rollte ein Hosenbein hinauf und verglich seine Wade mit meiner. Sie hatten ungefähr den gleichen Umfang, und er hatte doch immer gesagt, meine Beine seien wie Streichhölzer.

Der Winter wurde immer strenger, und plötzlich hieß es, daß wir alle unsere Pelze abgeben müßten. Sie wurden für die Soldaten an der russischen Front gebraucht. Wir trauten unseren Ohren nicht. Wir sollten also tatsächlich den Deutschen helfen, aktiv helfen, den Krieg zu gewinnen. Wir sollten uns selbst berauben, unsere Gesundheit, unser Leben in Gefahr bringen, damit unsere Feinde es gemütlich hatten. In dieser neuen Verordnung lag etwas so Lächerliches, daß die Leute gleichzeitig lachten und fluchten. Die Aussicht auf den Winter wurde noch schrecklicher. An Stelle unserer Pelzmäntel hätten wir warme Kleider gebraucht, aber das war ein unmöglicher Traum. Wir hatten nicht einmal Geld für Essen, geschweige denn für Gewand. Nach ängstlichen Besprechungen mit Freunden taten wir, was wir konnten, um aus den Resten eine Wintergarderobe zusammenzuflikken. Es war ein unerhörter Glücksfall gewesen, daß Mutter ihren guten Bibermantel verkauft hatte, eine Woche, bevor die Gerüchte anfingen. Ihr alter Silber-Astrachan war schon sehr abgetragen, die Nähte lösten sich auf, die Haut schien durch den dünnen Pelz. Er bot noch immer Schutz gegen die beißende Kälte, aber wenn Vater mit seinem Rasiermesser noch etwas nachhalf, dann würde er der deutschen Armee nicht mehr viel Freude bereiten.

Am festgesetzten Tag gaben wir ihn ab, zusammen mit unseren Muffs, meinem Hermelinkragen und dem Futter von meinem Mantel und meinen Stiefeln. Alles war »präpariert« worden, und eine Weile machten wir uns noch Sorgen, ob niemand unsere Sabotage entdekken würde.

Zu dieser Zeit kam Lydia wieder einmal unerwartet auf Besuch. Sie kam eines Abends spät, sah sehr unglücklich drein und brach, kaum hatte sie sich gesetzt, in Tränen aus. Wir hatten seit mehreren Wochen nichts von ihr gehört und machten uns schon Gedanken, was wohl los wäre, zogen es aber vor, nicht mit ihr in Kontakt zu treten. Freundschaften mit dem Getto waren eine gefährliche Sache, wir wollten ihr lieber keine Schwierigkeiten bereiten.

Besorgt hörten wir zu, als sie uns eine merkwürdige Geschichte erzählte. »Grünauge« war an die russische Front gegangen und spurlos verschwunden. Nachdem sie vergeblich auf Nachrichten gewartet hatte, fing Lydia an, mit einem seiner Freunde auszugehen. Dann mit noch einem. Dann wurden es immer mehr. Sie führte ein sehr lustiges, abwechslungsreiches Leben, war kaum eine Nacht zu Hause, sie bemühte sich sehr, ihren Geliebten zu vergessen. Doch dann erhielten Erich und sie eine Warnung von einer Widerstandsorganisation, daß man sie beobachtete und auf ihre schwarze Liste gesetzt hatte.

Der arme Erich, der mit den Deutschen nicht das geringste zu tun hatte, nahm die Warnung philosophisch auf, aber Lydia wurde von heftiger Angst erfaßt. In der nächsten Nacht, als ihr Freund schon schlief, ging sie alle seine Taschen durch, fand eine Namenliste, schrieb sie ab, suchte am nächsten Morgen die Männer auf dieser Liste einen nach dem anderen auf und warnte sie vor einer bevorstehenden Verhaftung. Als sie aus dem letzten Haus trat, stieß sie auf die Gestapo, die ihr auf den Fersen gefolgt war, und gefunden hatte, daß alle Vögel ausgeflogen waren.

Ihr Freund war auch bei der Gruppe, und es war klar, daß er wußte, was passiert war. Lydia hoffte, er würde den Mund halten, da die Enthüllung eines derart klassischen Coups auch für ihn sehr unangenehme Konsequenzen haben würde. Aber vorläufig wagte sie sich jedenfalls nicht nach Haus und würde gern bei uns bleiben.
Ich sah es Vater an, daß er ihre Geschichte nicht ganz glaubte. Aber es kam natürlich nicht in Frage, ihr unsere Gastfreundschaft zu verweigern. Zu meiner großen Freude kam ich zu Vater ins Bett, während Lydia und Mutter das zweite Bett teilten. Die Eßrationen wurden durch unseren Gast großzügig ergänzt, und ich war stolz und glücklich darauf, daß sie bei uns wohnte. Ich war auch die einzige, die sich über diesen Besuch freute. Mutter gab sich sichtbar Mühe, sich gastfreundlich zu geben und glücklich zu erscheinen, und Lydia schwankte zwischen Ekel und Abscheu, wenn ich sie durchs Getto führte, und hatte Weinanfälle wegen »Grünauge«, wenn sie bei uns zu Haus war. Sie hätte gern gewußt, ob er noch am Leben war, ob er nicht zu Tode fror in der russischen Steppe. Wir dachten an unsere sabotierten Pelze und sagten nichts.
Nach zehn Tagen fand Lydia, daß es jetzt sicher wäre, wieder nach Haus zu gehen, und uns allen entrang sich ein Seufzer der Erleichterung.
Als Weihnachten kam, wurde ich wieder eingeladen, das Fest bei ihr zu verbringen. Wieder gab es einen prachtvollen Weihnachtsbaum und ein Festessen und einen Berg von Geschenken. Ich nahm unser letztes gesticktes Tischtuch mit, als ein Geschenk von Mutter. Aber diesmal beteiligte ich mich nicht an den nachmittäglichen Spaziergängen der Kinder. Es war zu gefährlich, mich draußen zu zeigen, ich blieb die meiste Zeit zu Haus. Ein- oder zweimal machten wir nach Einbruch der Finsternis einen kleinen Spaziergang, und ich war hingerissen von den strahlenden Lichtern, den Straßenbahnen, den Menschenmengen, der Weite und dem Atem der Großstadt.
Die schönste Überraschung war, daß Sophie, unsere alte Köchin, jetzt Lydias Haushälterin war. Sie hieß mich mit offenen Armen willkommen, und ich verbrachte angenehme Stunden in der Küche, ihren berühmten Käsekuchen verschlingend und ihren Erzählungen lauschend. In diesem chaotischen, zerrütteten Haushalt war sie die einzige feste Stütze. Die Buben spürten das genauso deutlich wie ich, und immer, wenn Lydia und Erich zusammenkamen und ein Streit in der Luft hing, schlüpften wir hinaus in die Küche. Sophie schüttelte ihren Kopf vor Empörung über die »Vorgänge«, lehnte Lydias Freunde

lautstark ab und erklärte mir immer wieder, daß sie nur wegen der Kinder hier bliebe. »Und damit meine ich auch dich«, fuhr sie fort und nickte mir zu. »Falls da drüben etwas passiert« – sie deutete in Richtung Getto –, »bringt Lydia dich hierher, und Gott steh uns allen bei. Weißt du, sie tut das ja nur für deinen Vater. Hat immer schon ein Auge auf ihn geworfen, und jetzt kommt sie zum Zug. Dein Vater würde seine Seele für dich verkaufen, und wenn sie dich in Sicherheit bringt – na, dann gibt es nichts, was dein Vater nicht für sie tun würde, später, meine ich.«

Ich versuchte zu begreifen, was sie damit meinte, schlug es mir aber gleich wieder aus dem Kopf. Nein, das konnte sie nicht meinen. So benahmen die Leute sich doch nicht. Wenn sich da drüben etwas zusammenbraute, wie Sophie sagte, dann würde ich bei meinen Eltern bleiben. Was auch immer geschah, ich konnte doch nicht der Gegenstand eines solchen Handels werden. Ich hatte doch ohnehin schon meinen Eltern ihre Freiheit gekostet und sie gegen ihren Willen zusammengehalten. Mehr Opfer durfte es nicht geben. Meine Existenz war schon eine so große Bürde, wie man sie einem Menschen nur zumuten konnte. Viel zu groß eigentlich, dachte ich oft.

Als es Zeit war, wieder heimzugehen, wurde meine Rückkehr durch einen mysteriösen Telefonanruf um vierzehn Tage verschoben. Weder Lydia noch Erich wollten mir sagen, was los war. Schließlich sagte mir Sophie im geheimen, daß Vater krank war. Er hatte eine Rippenfellentzündung, und dazu waren Komplikationen gekommen. Es war sehr ernst. Sophie schaute mich traurig an, während ich mich bemühte, nicht meine Fassung zu verlieren. Lydia durfte nicht wissen, daß ich es wußte. Aber falls Vater irgend etwas zustieß – tja, das würde sich für mich nicht günstig auswirken.

»Ich würde dich nie wieder hier sehen«, prophezeite Sophie. In der nächsten Woche konnte ich meine Aufregung kaum verbergen. Ich wollte nach Haus, wollte wissen, wie es Vater ging, und dabei durfte ich meine Gefühle nicht einmal zeigen. Mit den Jungen war ich gereizt und ungeduldig, wenn sie mir mit ihren dauernden Bitten, mit ihnen zu spielen, auf die Nerven gingen. Sobald Paul sich zum Spielen hinsetzte, rannte ich aus dem Zimmer und blieb Tomeks schüchternen Avancen gegenüber völlig taub.

Endlich läutete das Telefon, und Lydia verkündete, ich könnte zurück nach Haus. Ich war noch nie so glücklich gewesen, dieses Haus zu verlassen, und hätte beinahe vergessen, die Buben zum Abschied zu küssen.

Ich fand Vater im Bett, noch grauer und noch dünner als zuvor. Sein Husten hatte einen neuen hohlen Klang, und nach jedem Anfall rang er schweißüberströmt nach Atem. Ich saß den ganzen Tag an seinem Bett, und wir spielten endlose Wortspiele und schrieben Gedichte, forderten einander zu immer unmöglicheren Themen heraus. Dabei passierte es einmal, daß wir vier vollkommen unzusammenhängende Worte ausgesucht hatten, um ein Lied darauf aufzubauen, und fanden, daß wir vier identische Verse geschrieben hatten. Betäubt vor Staunen lasen wir sie einander vor. Es gab doch unendlich viele Möglichkeiten, diese Worte miteinander zu kombinieren, und wir hatten, wie wir Mutter versicherten, uns dabei nicht einmal angesehen! Ich freute mich wahnsinnig über diesen neuerlichen Beweis dafür, daß wir ein Herz und eine Seele waren; aber Vater schien merkwürdigerweise darüber beunruhigt. Trotz meines Bettelns spielte er nun weder dieses Spiel mit mir, noch irgendein anderes, wo wir in direkten Wettbewerb miteinander traten, sondern wandte sich einem Buch mit mathematischen Problemen zu, für mich ein Buch mit sieben Siegeln.

Bald war er wieder auf und an der Arbeit, und trotz steigender Atembeschwerden nahm er auch die Nächte im Klub und das Kettenrauchen wieder auf.

Wir konnten uns kein Brennholz mehr leisten, Mutter ging jetzt zweimal die Woche in ein Sägewerk, wo Großvater beschäftigt war und wo sie Sägespäne für unseren Ofen holen durfte. Der Sack war beinahe so groß wie sie selber, sie schleppte ihn auf dem Rücken, stolpernd, auf dem gefrorenen Schnee ausgleitend, und betend, daß keiner von ihren Freunden sie so sehen möge. Mit diesem Brennstoff gefüllt, rülpste und spuckte der Ofen nach jeder frischen Ladung Feuer, so daß wir uns in sicherer Entfernung halten mußten. Es war ein Wunder, daß bis jetzt noch nichts Feuer gefangen hatte, und wir fragten uns, wie lange wir wohl noch Glück haben würden.

Als der Unfall passierte, war die Öllampe schuld, die aus ihrer Stütze rutschte und am Boden zersprang. Vater hatte uns gerade verlassen, um in den Klub zu gehen, und ich lag im Bett. Ich sah, wie Mutter rückwärts zum Fenster zurückwich, während das brennende Öl sich auf dem Boden ausbreitete und sie von der Tür abschnitt. Eine Ewigkeit lang, so schien es mir, saß ich und starrte wie gelähmt auf das Feuer. Da bewegte Mutter den Kopf, unsere Blicke trafen sich, und der Zauber war gebrochen. Sofort sprang ich aus dem Bett, rannte ins Treppenhaus und schrie nach Vater. Seltsamerweise war er ohnehin schon auf dem Weg zu uns, er hatte eine Vorahnung gehabt, daß etwas nicht stimmte. In einer Minute war alles vorbei. Er leerte unser großes Lavoir über die brennende Pfütze und löschte damit das Feuer. Dann hob er Mutter aufs Bett und machte das Fenster auf, um den Rauch hinauszulassen.

Danach durften wir natürlich Frau Kraut keinesfalls in unser Zimmer lassen und mußten auch den beschädigten Boden verdecken. Aber da wir uns mit den Krauts noch im Kriegszustand befanden, war das nicht schwierig. Sie hatten die ganze Aufregung einfach verschlafen und hatten keine Ahnung, daß wir an diesem Abend beinahe alle miteinander verbrannt wären.

17

In diesem Winter gelang mir in der Schule ein großer Wurf. Meinen Essay über Leonardo da Vinci, Raffael und Michelangelo beurteilte Fräulein Bloch als den besten, den je einer ihrer Schüler geschrieben hatte. Sie lieh ihn sich aus, um ihn auch in ihren anderen Klassen vorzulesen, und nahm mich an einigen Tagen mit, damit ich ihn selbst vorlesen konnte. Ich war zu schüchtern, um diese Auftritte zu genießen, und kränkte mich über die gleichgültigen Gesichter der fremden Kinder. Aber die kurzen Blicke in ihre Wohnungen waren faszinierend.

Besonders in einer Wohnung konnte ich mich gar nicht fassen über den Anblick eines Tisches, bedeckt mit schneeweißem Leinen, auf dem ein großes Körbchen mit Brötchen stand, umgeben von kleinen Gefäßen mit Butter, Käse, Sahne und Marmelade. Es gab also doch noch Familien, die ihr Frühstück gemeinam aßen und wo halb gegessene Brötchen auf dem Tisch liegenblieben, dachte ich sehnsüchtig.

Unser Essen war jetzt schrecklich eintönig, obwohl Mutter eine gute Köchin geworden sein mußte, denn ich ließ nie mehr etwas auf dem Teller übrig. Die Suppe war allerdings fast immer die gleiche, und nichts konnte den Geschmack von Steckrüben und Graupen, ihren Hauptingredienzien, verbergen. Das Fleisch war zäh, und weil die Portionen immer kleiner und kleiner wurden, aßen wir statt dessen mehr und mehr geröstete Zwiebeln dazu. Zu Anfang des Jahres erklärte Vater einmal, daß nichts und niemand ihn jemals dazu bringen könnte, Pferdefleisch zu essen, und wenn er Hungers sterben sollte.

Ein Pferd zu essen, das war ja fast wie einen Menschen zu essen. Das Pferd war des Menschen bester Freund. Und außerdem würde er das mit seinem feinen Geschmacksorgan ohnehin sofort bemerken.
Mutter und ich tauschten einen schnellen Blick. Seit über einem Jahr aßen wir bereits Pferdesteaks und nannten es Rindfleisch, und Vater putzte seinen Teller genauso leer wie wir.
Kartoffeln waren jetzt unser Hauptnahrungsmittel, und Mutter machte oft einen großen Kartoffelkuchen, die Pfanne bis zum Rand füllend. Wir bestreuten ihn mit Zucker und ernannten ihn zu unserem Abendessen, aber das hielt nie lange genug vor, und oft wachten wir mitten in der Nacht mit einem Wolfshunger auf. Bei Lydia hätte ich immer sehr gern mehr gegessen, doch meiner Manieren eingedenk ließ ich mir niemals noch ein zweites Mal etwas geben.
Es war mir sehr schmerzlich bewußt, daß meine Eltern mir bei jeder Mahlzeit die besten Stücke gaben und selber langsam dabei verhungerten. Aber wenn ich mich weigerte zu essen, führte das höchstens zu einer wütenden Szene. Ich war im Wachsen, ich brauchte daher mehr Nahrung als sie. Mutter behauptete, sie wäre nach dem Kochen und dem Kosten des Essens nie hungrig, und Vater behauptete jedes Mal steif und fest, in der Stadt schon etwas gegessen zu haben. Ich wußte, daß sie beide logen, aber wenn ich wirklich nicht essen wollte, dann wurde mir schwärzester Undank vorgeworfen. Also schluckte ich mein Essen und meine Schuldgefühle hinunter und spürte, wie sich mein Magen zu einem Klumpen verkrampfte, wenn ich in die beiden eingefallenen Gesichter vor mir sah.
Mein preisgekrönter Essay wurde von beiden Eltern belohnt, aber beide Belohnungen führten ihre Strafe mit sich. Mutter kaufte einen kleinen Viertellaib Weißbrot. Es war noch warm, als sie es nach Hause brachte, und ich genoß jeden Bissen dieser seltenen Delikatesse. Ich konnte meine Augen nicht von dem restlichen Stück abwenden, also bot mir Mutter, die sich immer freute, wenn ich aß, eine weitere Schnitte an. Die sollte aber am Abend zwischen Vater und ihr geteilt werden, und zuerst weigerte ich mich, sie anzurühren. Endlich ließ ich mich überreden und tat einen weiteren Bissen. Wir redeten über den Essay, und plötzlich, bevor ich wußte, wie mir geschah, war das Brot verschwunden. Ich hatte alles aufgegessen.
Sofort brach ich in Tränen aus. Ich hatte meine Eltern um einen seltenen Genuß gebracht. Ich war selbstsüchtig und gedankenlos und von verbrecherischer Gier. Trotz Mutters Versuchen, mich zu trösten, weinte ich stundenlang und mußte mich schließlich übergeben, was

nun wieder Mutter wütend machte. Unglücklich ging ich zu Bett und schämte mich so sehr, daß ich nicht wagte, Vater zu erzählen, was passiert war.
Vater nahm die Nachricht von meinem Essay voll Staunen auf. Als ich ihm recht wichtigtuerisch davon berichtete, tat er, als würde er seinen Ohren nicht trauen: »Leonardo, Raffael, Michelangelo«, wiederholte er, als hätte er diese Namen noch nie gehört. »Solche Sachen lernt ihr in der Schule?«
Er schaute sich in dem kleinen Zimmer um, die Möbel zu Zeugen dieser Ungeheuerlichkeit aufrufend. Dann sah er Mutter an. »Wollt ihr damit sagen, daß die Kinder hier und jetzt, im Jahre 1942, in diesen Umständen ihre Zeit damit verbringen, etwas über die italienische Renaissance zu lernen?«
Mutter war beleidigt. Daß man im Getto lebte, war noch lange kein Grund, seine Studien zu vernachlässigen oder umzuändern. Jeder Mensch lernte in der Schule über die Renaissance. Ich hatte Glück, daß sie noch immer imstande waren, für meine Stunden zu zahlen und mein Leben so normal als möglich zu gestalten.
Vater schüttelte den Kopf und schaute bitter auf meine Bücher. Er warf einen Blick auf den Essay, weigerte sich aber, ihn zu lesen. Er war zu müde dazu. Diese Dinge lagen jetzt so fern... Eines Tages, wenn er sich besser fühlte, würde er ihn gründlich durchlesen. Er tätschelte meinen Kopf und ging in den Klub. Ich war bitterlich enttäuscht. Am nächsten Tag verkündete Mutter höchst geheimnisvoll, ich müßte besonders brav sein, denn Vater hätte eine wunderbare Überraschung für mich. Ich bettelte sie an, mir das Geheimnis zu verraten, und nach langem Drängen gab sie nach. Vater hatte zwei Karten für ein Theater gekauft. In einem der Theater des Gettos wurde eine Komödie mit Musik gegeben, und noch am gleichen Abend führte er mich hin. Mutter ging nicht mit. Vater und ich würden ganz allein sein.
Ich dachte zuerst, ich würde vor Übermaß an Glück platzen, wie ein zum Bersten gefüllter Ballon. Das war zuviel für mich. Ich hüpfte herum, warf mich auf die Betten, strampelte mit den Beinen in der Luft, lachte laut, und noch immer stieg die unerträgliche Freude in mir immer höher. Sie stieg mir zu Kopf wie die Blasen in der rosa Kohlensäure-Limonade, wenn man die Flasche schüttelte. Es war unbeschreiblich. Da konnte man nur noch schreien und tanzen.
Wie oft hatte Mutter an den langen Winterabenden über die Theaterstücke und die Opern geredet, die sie gesehen hatte! Sie beschrieb die

Handlung, schlüpfte in eine Rolle nach der anderen, während Vater die Musik und auch besondere Geräuscheffekte lieferte. Um unseren kleinen Ofen kauernd, sangen sie alle bekannten Arien, verbanden sie, so gut es ging, mit Rezitativen, gaben kurze Hinweise auf das Bühnenbild, die Kostüme, den allgemeinen Verlauf des Stücks, bis in der Finsternis unseres eisigen Zimmers das ganze Theater wieder erstand, komplett mit Orchester, rotem Samtvorhang, und auf der Bühne in den Hauptrollen Mutter und Vater. Wenn dann die Stars endlich ihre Stimmen verloren, wandte Mutter ihre Aufmerksamkeit mir zu und überlegte, wohin – und wann – sie mich zuerst führen würde. Zur Warschauer Oper oder zur Oper in Posen? Und was würde ich anziehen? Ein weißes Kleid mit einer rosa Schärpe, beschloß sie. Das hatte sie selbst bei ihrem ersten Ausgang mit Vater getragen.

»Als du dich durch die ganze *Bohème* durchgeheult hast, und ich am liebsten im Erdboden versunken wäre«, sagte Vater und blinzelte mir zu. »Eine erwachsene Frau, verlobt, die sich in aller Öffentlichkeit über so eine dumme Geschichte die Augen ausweint!«

Dann lächelte Mutter und schüttelte den Kopf: »Deine Tochter wird auch die ganze *Bohème* lang heulen, und in *Madame Butterfly* obendrein, wenn ich mich nicht sehr irre. Ach, wenn man nur hineingeht in die Oper und die Lichter im Foyer sieht, und die Abendkleider, und die Logen, und wenn dann die Lichter langsam ausgehen, die Ouvertüre beginnt und der Vorhang hochgeht... sogar jetzt noch läuft es mir kalt über den Rücken, wenn ich daran denke. Janie wird vor lauter Aufregung noch überschnappen.«

Ich war ja schon am Überschnappen, obwohl es nur ein kleines Theater war, mit einer alten österreichisch-ungarischen Operette, und ich nur mein altes Wollkleid tragen würde. Aber ich kannte jedes Wort von jedem Lied, und ich würde mit Vater gehen!

Als wir hinkamen, brannten die Sicherungen durch, und der erste Akt wurde im Licht zischender Karbidlampen gespielt, die einen Teil der Bühne in gleißendes Licht tauchten, den anderen Teil in Finsternis ließen. Aber nichts konnte meine Freude trüben. Ich lehnte mich in meinem Sessel vor, atmete dem Mann vor mir, zu dessen größtem Ärger, heftig ins Genick, und mußte mit Gewalt davon abgehalten werden, bei jedem Lied mitzusingen.

In der Pause gingen wir ins Foyer, in diesem Fall einfach der Ausgang zur Straße, und Vater zerstörte meine Hochstimmung durch den Vorschlag, doch das Damenklo aufzusuchen. Ich schaute ihn voll Ent-

setzen an. Das war Blasphemie. Falls tatsächlich jemand sich bemüßigt gefühlt hatte, an diesem heiligen Orte eine derart vulgäre Anlage zu errichten, dann wollte ich jedenfalls nichts damit zu tun haben. Ich war jetzt unter den Unsterblichen, wo schmutzige körperliche Bedürfnisse gewöhnlicher Sterblicher kein Anrecht auf mich hatten.
Aber Vater ließ nicht locker, was mich sehr irritierte. Der zweite Akt war lang, und dann müßten wir uns sehr beeilen, um noch vor Beginn der Ausgangssperre zu Hause zu sein. Es wäre wirklich klüger, noch schnell hinzugehen, einfach für alle Fälle. Noch während ich heftig protestierte, stieg ein vager Verdacht in mir hoch, daß Vater vielleicht doch recht haben könnte, und wurde sofort rücksichtslos unterdrückt. Ich wollte keinen Augenblick der Pause verlieren, und außerdem hatte ich schon viel zuviel protestiert. Jetzt konnte ich nicht einfach plötzlich meine Meinung ändern, ohne das Gesicht zu verlieren. Da erschien die Schauspielerin, die die weibliche Hauptrolle spielte, oben im Stiegenhaus, und Vater kämpfte sich bis zu ihr vor, um mit ihr zu sprechen. Sie hatten einander früher gut gekannt, vor langer Zeit, als sie noch beide Studenten waren.
»Das muß jetzt schon achtzehn Jahre her sein«, sagte Vater, und die Dame wich beleidigt zurück. »Unsinn, nicht mehr als fünf«, behauptete sie energisch, drehte sich um und verließ uns etwas plötzlich. Sie war alt und voller Falten, und ihr Rock war an mehreren Stellen geflickt. Aber auf der Bühne war sie ein reizendes junges Mädchen, und sang und tanzte mit großer Lebhaftigkeit. In meinen Augen war sie ewig jung.
Vater zog sich sehr verlegen zurück: »Jetzt bin ich aber furchtbar ins Fettnäpfchen getreten«, gestand er. »Man darf einer Frau – und besonders einer Schauspielerin – nie sagen, daß sie schon vor vielen Jahren so bekannt war.«
Ich konnte nicht verstehen, warum. Wenn es wahr war, sollte sie sich dann nicht freuen, daß sie so lange Zeit hindurch berühmt war?
Wir gingen wieder auf unsere Plätze, und vom ersten Augenblick des zweiten Aktes an wußte ich, daß Vater recht gehabt hatte, und daß ich in der Pause zu den »Damen« hätte gehen sollen. Keine zehn Pferde hätten mich dazu gebracht, meinen Platz zu verlassen, nachdem der Vorhang hochgegangen war, aber mein Elend wuchs, ich konnte dem Stück kaum noch folgen. Vater schaute mich überrascht an, bemerkte mein gequältes Gesicht und meine geballten Fäuste, hielt es aber für Symptome meiner Aufregung und streichelte mir nachsichtig übers Haar.

Als das Stück aus war, war mir bereits klar, daß eine Katastrophe unabwendbar war, und Tränen der Scham stiegen in meinen Augen hoch.
»Aber Janie, wenn du schon bei einem Happy-End heulst, was wirst du erst bei einer großen Oper tun, wenn am Ende nur noch das Orchester am Leben ist?« fragte Vater spöttisch.
Ich verbarg mein Gesicht und zog ihn an der Hand, so daß wir den ganzen Heimweg rannten. Aber es war zu spät. Die italienische Renaissance, so stellte ich fest, war wirklich eine sehr komplexe Periode in meinem Leben. Sie brachte große Freude und bittere Tränen.

18

Seit unserer Rückkehr nach Warschau hatte ich Tante Marysia nur sehr selten besucht. Sie lebte mit Sigi und ein paar Freunden in einer großen Wohnung auf der anderen Seite des Gettos. Mutter hatte sie überhaupt noch nicht gesehen, sie war auch dagegen, daß ich sie besuchte, Vater nahm mich also ein- oder zweimal heimlich mit.
Tante Marysia hatte sich sehr verändert. Ihr rechter Arm war zum Teil gelähmt, sie konnte ihn nur bis zur Taille heben. Auf der rechten Wange hatte sie eine Narbe, ihr Gesicht war ganz schief und zeigte keine Spur mehr von seiner früheren Schönheit. Sie hinkte wegen der Wunde an ihrer Hüfte, sie war dünn und etwas bucklig geworden, und irgend etwas in ihrer Stimme und im Umriß ihrer Gestalt erinnerte mich an Tante Helena.
Ich war sehr enttäuscht darüber, daß Sigi jedesmal fort war, wenn wir auf Besuch kamen. Er hatte sich von seinen Verwundungen recht gut erholt, besser als seine Mutter, er hinkte auch gar nicht mehr, sagte sie uns, und hatte keine Narben im Gesicht. Sie hatten große Schwierigkeiten damit, das Insulin für ihn zu bekommen. Auf legalem Weg war es natürlich nicht zu erhalten, es mußte zu enormen Preisen hereingeschmuggelt werden. Ich wußte, daß Vater dabei seine Hand im Spiel hatte, daß Mutter die Wahrheit ahnte, und daß sie darüber sehr verbittert war. Vaters erste Pflicht war gegen uns, seine Frau und sein Kind. Wenn wir am Verhungern wären, dann hätte Tante Marysia uns sicher nicht geholfen. Ich konnte sehen, wie tief diese Einstellung Vater verletzte, und ich haßte Mutter, sobald die Rede darauf kam.
Im Januar 1942 erfuhren wir, daß Sigi sehr krank war. Das Insulin,

das Tante Marysia gekauft hatte, hatte sich als Wasser herausgestellt. Sigis Diabetes wurde unkontrollierbar, seine alten Wunden öffneten sich wieder, eine Infektion kam dazu, die der Arzt als Osteomyelitis bezeichnete. Nach wochenlangem schwerem Leiden starb er.
Ich war mit Mutter zu Haus, als ein junger Polizist in unser Zimmer kam und uns die Nachricht von Sigis Tod brachte. Mutter bedeckte ihr Gesicht und rief: »Nein!« Der Polizist stand eine Weile stumm da, dann salutierte er und ging. Mir fiel der Tag ein, an dem Tante Helena gestorben war, und ich schaute neugierig auf Mutter. Sie hielt den Kopf in den Händen und starrte ins Feuer. Ich wartete, daß sie etwas sagte.
»Wir dürfen Vater nichts sagen, bevor er nicht gegessen hat. Sonst läuft er noch mit leerem Magen da hinüber«, war Mutters einziger Kommentar.
Vater kam an diesem Abend spät heim. Ich wich seinem Blick aus, denn ich war sicher, er könnte in meinen Augen die Nachricht lesen. Nach dem Essen sagte Mutter es ihm. Die Ausgangssperre hatte schon begonnen. Vater sprang auf, die Lippen zusammengepreßt: »Und du läßt mich hier sitzen und essen, während du weißt, daß Marysia mich braucht... Du auch, Janie«, fügte er zu mir gewendet hinzu, »du lernst es auch schon, so wie deine Mutter zu werden...«
Es war kein Zorn in seiner Stimme, nur Schmerz und Verbitterung. Ich brach in Tränen aus und lief aus dem Zimmer. Er kam erst am nächsten Abend wieder zurück. Ich verbrachte die Nacht am Rand des Bettes, um nur ja Mutter nicht zu berühren. So wie jetzt hatte ich sie noch nie zuvor gehaßt.
In den folgenden Wochen rief Fräulein Bloch Freiwillige auf, um im Waisenhaus zu helfen. Es wurden Mädchen gebraucht, die im Nähsaal arbeiten würden, und ich meldete mich begeistert. Großmutter hatte mich die Kunst des Stopfens und Nähens gelehrt, und ich war sehr stolz auf meine Leistungen auf diesem Gebiet. Außerdem sehnte ich mich danach, endlich etwas Nützliches zu tun. Es war mir immer schmerzlicher zu Bewußtsein gekommen, daß ich nichts als ein Parasit war, daß ich ein nutzloses Leben führte, und die ständigen Opfer meiner Eltern akzeptierte, ohne mich in irgendeiner Weise bei ihnen revanchieren zu können. Ich träumte davon, eine Arbeit anzunehmen, Tag und Nacht hart zu arbeiten, Geld und Essen nach Haus zu bringen, meine Familie zu ernähren, statt mich von ihnen ernähren zu lassen. Die Arbeit im Waisenhaus würde mir zwar weder Geld noch Essen einbringen, aber damit konnte ich wenigstens irgend je-

mandem nützlich sein. Schließlich konnte man vielleicht der Gesellschaft geben, was man der eigenen Familie nicht geben konnte. Wir waren alle Teile einer Gemeinschaft, und ich sehnte mich von ganzem Herzen danach, endlich meine Rolle als verantwortungsbewußtes und nützliches Glied dieser Gemeinschaft anzutreten. Meine begeisterte Ankündigung stieß jedoch auf den steinernen Widerstand meiner Eltern.

»Du wirst keinen Fuß an diesen Ort setzen«, erklärten sie.

Ich war fassungslos. »Aber warum...?«

»Weil dabei nichts anderes herauskommen wird, als daß du dir irgendeine Krankheit holst. Diese Kinder müssen ja in Läusen nur so schwimmen.«

»Aber ich möchte etwas tun«, protestierte ich, »ich möchte jemandem nützen. So kann es nicht weitergehen, daß ich immer nur nehme und wachse und nie etwas dafür tue. Warum versteht ihr denn nicht, wie mir zumute ist?«

Verständnislos schauten sie mich an, ausnahmsweise einmal einig in ihrem Staunen.

»Du bist das einzige, was wir auf dieser Welt haben. Unser einziger Schatz. Wenn dir etwas passiert, dann haben wir nichts, wofür wir noch leben könnten. Du bist der einzige Grund für unser Dasein.«

Mutter hielt diese Rede, aber Vater nickte dazu, und seine Augen wurden weich.

Ich starrte sie an, ballte die Fäuste und erstickte fast vor Zorn und Auflehnung. Die alten, längst bekannten Argumente! Diese verhaßte, lähmende Liebe! Diese Familienbande, die uns miteinander verbanden, wie die Umarmung einer Boa constrictor! Ich konnte mich nicht davon befreien, ohne diese beiden hier umzubringen, die doch auch gegen ihren Willen gebunden waren, genau wie ich, aber alt und aufgerieben im Kampf, und deren traurige Blicke mich stumm beschworen, sie doch am Leben zu lassen. Ich war ihnen zum Dasein so notwendig wie sie mir, ich war ihnen eine ebenso große Last wie sie mir, und wir würden diesen gegenseitigen Würgegriff nicht lockern, bis eine Seite unterging.

Ich teilte Fräulein Bloch mit, daß ich ihren Freiwilligen nicht beitreten würde, und hörte mir eine lange Predigt an über meinen Mangel an Gemeinschaftssinn und Verantwortungsbewußtsein.

Der Winter dauerte an. Die goldene Ryfka legte sich mit Typhus zu Bett, was wir aber, um der Quarantäne zu entgehen, nicht meldeten. Sie überstand die Krankheit und war mit den ersten Strahlen der

Frühlingssonne wieder an ihrem Bonbonstand. Aber sie hatte alle Haare verloren. Es war einfach in großen Büscheln ausgefallen, und jetzt trug sie einen Turban und weinte, wenn wir ihr unser Mitgefühl aussprachen.

Ich bekam eine Augenentzündung, und unser Arzt, ein junger Mann, der erst vor dem Krieg fertig geworden war, meinte, es könnte ein Trachom sein, und riet, einen Facharzt aufzusuchen. Großmutter erwähnte Professor S., der sie vor dem Krieg behandelt hatte, und mit dem sie noch immer freundschaftlich verkehrte.

»Sag ihm, daß du meine Tochter bist, dann wird er nicht allzuviel verlangen«, schlug sie Mutter vor.

Professor S. war ein liebenswürdiger alter Herr, der sehr charmant über seinen letzten Urlaub im Ausland im Jahr 1939 plauderte und sich nach Großmutter erkundigte. Er untersuchte meine Augen, versicherte Mutter, daß diese Entzündung kein Trachom wäre, allerdings sehr ähnliche Symptome zeige: »Ich kann Ihrem Arzt wegen dieses Irrtums keinen Vorwurf machen. Der Unterschied ist wirklich nur sehr schwierig festzustellen. Ich bin sehr froh, daß Sie zu mir gekommen sind. Wir müssen das sehr vorsichtig behandeln; es ist zwar gutartig, aber leider nur sehr schwer wegzubekommen.«

Er schrieb ein Rezept aus und reichte es Mutter: »Mein Honorar beträgt...«

Die Höhe der Summe ließ Mutter nach Luft schnappen. Sie sah den guten Onkel Doktor ungläubig an: »Aber... ich dachte... meine Mutter...«

Der Arzt lief vor Zorn rot an. Das war doch wirklich unwürdig. Er hätte nie gedacht, daß Frau K.s Tochter sich so unmöglich benehmen würde. Sie wollte also tatsächlich über sein Honorar handeln!

»Wirklich, junge Dame, wenn Sie sich nicht benehmen können, dann kommen Sie am besten nicht mehr zu mir. Ein Mann in meiner Stellung... von meinem Ruf...«

Er nahm Mutter das Rezept aus der Hand und verschloß es in einer Lade. Mutter wischte sich die Augen ab und legte schweigend ein Bündel Banknoten auf seinen Tisch. Das Rezept wurde ihr wieder zurückgegeben. Wir verließen ihn ohne ein weiteres Wort.

Auf der Straße drückte mir Mutter die Hand: »Kein Wort darüber zu Vater. Er wird sagen, daß dieser Arztbesuch unnötig war, und das hat uns das Haushaltsgeld für eine ganze Woche gekostet. Ich habe keine Ahnung, wovon wir jetzt leben sollen.«

Ich ließ den Kopf hängen und versuchte, die brennenden Tränen am

Heraussprudeln zu hindern. Es war unverzeihlich, daß Mutter so viel Geld für mich ausgegeben hatte. Ich haßte den Arzt und wäre am liebsten mit einem Gewehr in der Hand in seine Ordination zurückgegangen. Ich wollte ihn umbringen und unser Geld zurückholen. Ganz sicher hätte ich ihn ohne Gewissensbisse töten können, nicht ohne ihm vorher klar und deutlich zu sagen, was ich von ihm hielt.
Aber ich wußte, daß das ein unerreichbarer Traum war, daher wandte sich mein Zorn gegen mich selber. Ich haßte mich und verfluchte meine Augen. Wenn ich jetzt blind würde wie Tante Helena, dann wäre das eine Erlösung, und zugleich eine Strafe für das dumme sinnlose Opfer, das ich Mutter abverlangt hatte. Ich wünschte mir aus ganzem Herzen, tot zu sein.

19

In diesem Winter fiel mir auf, daß immer, wenn wir Tante Lola besuchten, auch ihr Hausherr da war, Herr Stein. Er war ein großer, kräftig gebauter Mann, makellos gekleidet, und mit den gefälligen, glatten Manieren, wie sie in meiner Erinnerung die Leute vor dem Krieg hatten. Er war offenbar wohlhabend, und er wäre sicher gar nicht auf die Idee gekommen, daß jemand aus seinem engen Freundeskreis vielleicht nicht so gut zurechtkommen könnte wie er.
In seiner Gegenwart gewann Mutter wieder ihre gute Laune zurück. Sie lachte und scherzte und bot die vollkommene Imitation einer leichtsinnigen jungen Frau ohne eine Sorge in der Welt.
Herr Stein folgte ihr mit faszinierten Blicken, lachte über jeden ihrer Einfälle, half ihr so vorsichtig in den Mantel, als wäre sie eine Porzellanpuppe, und begleitete uns oft zu Fuß nach Haus. Seine Frau war nur sehr selten dabei. Tante Lola sagte uns, Herr Stein habe seinen eigenen Freundeskreis und verbringe seine meiste Zeit mit ihnen.
Die Steins gaben oft Gesellschaften, und Mutter wurde immer eingeladen. Vater begleitete sie meistens, wenn es ihm gut genug ging. Wenn sie zurückkamen, waren sie immer in bester Laune. Mutter roch schwach nach Lydias Lavendelwasser und Vater nach Alkohol. Mutter besprach lebhaft jeden einzelnen Gast, jedes Kleid, jede Frisur, und die Art, wie sie getanzt hatten.
Ich begann zu begreifen, wie sehr sie diese Art von Leben vermißte, wie sehr sie sich danach sehnte, aus unserem feuchten, finsteren Loch

herauszukommen, in die saubere Atmosphäre der Steinschen Wohnung. Und wie sehr sie die Unterhaltung genoß, die Plaudereien gut gekleideter, gut genährter Menschen, unter denen sie ihre Vorkriegsbrillanz zurückgewann.

Gleichzeitig machte sie sich wegen ihres Aussehens Sorge. Vor jeder Einladung kratzte ich endlos lange ihren Lippenstiftbehälter aus, um noch ein paar Brösel für ihr Make-up zu bekommen, und sie klopfte die letzten Puderstäubchen aus ihrer Dose und zerbrach sich dann den Kopf, wie sie ihre rissigen Hände verschönern könnte. Ihr einziges gutes Kleid war schon einmal gewendet worden, und die Ellbogen wetzten sich erbarmungslos immer weiter durch. Ich putzte ihre Schuhe, bis sie spiegelglatt waren, und begleitete sie bis zur Tür, fast so aufgeregt, als würde ich selbst hingehen.

Manchmal allerdings kam Mutter zornig nach Haus. Sie warf Vater vor, er hätte mit irgendeiner Frau zu eng getanzt, oder offen mit ihr geflirtet. Einmal gab es eine bittere Szene, als Mutter steif und fest behauptete, sie habe ihn in der Stadt mit einer Blondine ertappt, und er hätte so getan, als würde er sie nicht sehen. Sie unterhielt sich gerade mit einer Freundin, die eine Bemerkung darüber machte, und Mutter wäre am liebsten im Boden versunken. Das war ein Affront, eine Beleidigung, die Mutter nicht verzeihen konnte.

Vater sagte wie üblich nichts zu ihren Beschuldigungen und ging fort in seinen Klub. Wir lagen im Bett, Mutter konnte sich lang nicht beruhigen. Sie versuchte, mir zu erklären, was geschehen war, und warum ein solches Benehmen sie verletzte. Ich lag ganz steif neben ihr, innerlich kochend vor Ärger. Ich wollte sie nicht verstehen. Ich wollte überhaupt nichts hören, was Vaters Bild in meinem Herzen irgendwie ändern könnte. Es gab sicher eine einfache Erklärung für das, was da passiert war. Mutter machte sicher aus einer Mücke einen Elefanten, wie üblich. Es gab sicher einen Ausweg.

Die Tatsachen schienen allerdings unbestreitbar. Ich zerbrach mir den Kopf nach einer passenden Bemerkung, und plötzlich bot sich von selber eine ganz einfache Erklärung.

Ich drehte mich zu Mutter und drückte sie tröstend an mich. »Keine Angst, es ist nichts wirklich Ernstes«, behauptete ich.

Sie sah mich an, und auf ihrem kleinen Gesicht malten sich deutlich Überraschung und Hoffnung.

»Weißt du«, erklärte ich eifrig, »das Singen hat dabei nicht aufgehört. Damit meine ich, es geht nämlich immer, solange ich wach bin, eine Melodie durch meinen Kopf. Ganz gleich, was ich sonst tue, innerlich singe ich immer vor mich hin. Sogar in der Schule, sogar beim Lesen, immer singt ein Teil von mir. Ich kann das nicht zum Schweigen bringen. Nur manchmal hört es auf, wenn etwas wirklich Ernstes geschieht, dann weiß ich aber, daß es ernst ist, und bekomme große Angst. Während der Luftangriffe, oder bei einem wirklich argen Gewitter, oder wenn ihr beiden streitet. Aber als du mir über Vater und diese Blondine erzählt hast, da hat das Singen nicht aufgehört. Es kann also nicht ernst sein.«

Mutter schob mich mit einem Seufzer von sich. »Wirklich, Janie, ich hatte schon gehofft, daß du endlich erwachsen wirst, und daß wir uns endlich wie zwei Frauen unterhalten können. Aber du verstehst ja immer noch gar nichts.«

Sie wandte sich von mir ab, und ich schämte mich fast zu Tode. Ich hatte ihr meine geheimsten Gedanken zu dieser Angelegenheit mitgeteilt, etwas, was ich sonst keinem gesagt hätte. Aber sie konnte mich nicht verstehen. Vater hätte verstanden, was ich meinte.

Kurz nach diesem Vorfall trafen wir in der Stadt Tante Lola, und während wir uns einen Weg durch die überfüllte Straße bahnten, besprachen die beiden Herrn Stein.

»Der würde alles für dich tun«, sagte Tante Lola. »Wenn du es schlau anfängst, dann läßt er sich scheiden, und dir wird nie wieder etwas abgehen. Wenn der Krieg vorbei ist, bist du reicher, als wir jemals waren. Seine Geschäfte sind noch ganz intakt, weißt du, einige von seinen polnischen Freunden kümmern sich für ihn darum. Seine Frau hat ihn praktisch ja ohnehin schon verlassen. Sie haben seit Jahren wie Fremde nebeneinander hergelebt, und ich glaube, sie hat auch jemand anderen. Was die beiden zusammenhielt, war nur ihre Tochter, aber die heiratet jetzt, dann sind sie frei.«

Ich hatte das Mädchen ein paarmal gesehen. Sie war eine hübsche Blondine, achtzehn Jahre alt. Ihr Verlobter war Pole, besuchte sie regelmäßig und versuchte die Steins dazu zu überreden, sie mit ihm auf die andere Seite gehen zu lassen. Die Steins zögerten. Die gesellschaftliche Stellung des jungen Mannes war weit unter ihrer eigenen, am Vorkriegsstandard gemessen. Allerdings konnte er unter den gegenwärtigen Umständen dem Mädchen vielleicht das Leben retten. Andererseits würden sie beide sterben, wenn jemand sie denunzierte, während sich die Steins im Getto verhältnismäßig sicher fühlten. Das Problem wurde unaufhörlich besprochen, während die jungen Leute von Tag zu Tag ungeduldiger wurden. Endlich hatten die Steins anscheinend nachgegeben.

Mutter hörte Tante Lola gereizt zu und sagte, sie solle sich doch nicht lächerlich machen.
»Du machst dich lächerlich, nicht ich«, erwiderte Tante Lola. »Das ist die Chance deines Lebens. Stein ist unermeßlich reich. Mein Gott, ihr könntet beide schon morgen das Getto verlassen, wenn ihr wolltet. Er hat Freunde, die euch in Sicherheit bringen würden. Und er ist charmant, intelligent, und ein wirklich kultivierter Herr. Und fesch außerdem. Was willst du eigentlich noch mehr?«
»Du vergißt, daß ich bereits verheiratet bin«, sagte Mutter.
»Aber du bist nicht glücklich. Wie lange ist es denn her, daß du mit Marek jemals glücklich warst... und das ist auch kein Wunder, wenn man bedenkt... Du hast schon vor dem Krieg daran gedacht, dich von ihm scheiden zu lassen, und jetzt hättest du noch viel mehr Gründe, es zu tun.«
»Aber ich habe mich nicht von ihm scheiden lassen. Ich habe ihn damals nicht verlassen, als er noch gesund und stark war und ein neues Leben hätte anfangen können. Und so werde ich ihn auch jetzt nicht verlassen, wo ich weiß, daß sein Leben schon fast zu Ende ist. Und wenn er stirbt, dann wird das auch mein Ende bedeuten. Seit ich Marek kenne, habe ich nie einen anderen Mann angesehen, und so soll es auch bleiben. Das habe ich Stein gestern gesagt, und das kannst du ihm noch einmal sagen, da er dich offenbar beauftragt hat, dich für ihn einzusetzen. Ich will ihn nicht einmal wiedersehen.«
Damit ließ sie Tante Lola mitten auf der Straße stehen, und wir eilten nach Hause. Ich betrachtete sie voll Dankbarkeit und Bewunderung. Ich konnte mir nicht vorstellen, wie sie Vater wegen des dicken, öligen Herrn Stein verlassen könnte, trotz seiner vielen Millionen. Was sie über Vaters Leben gesagt hatte, das schon fast zu Ende sei, das war natürlich pure Erfindung. Sie liebte Übertreibungen, aber es hatte jedenfalls großartig geklungen. Ich hätte am liebsten die ganze Unterhaltung Vater berichtet, aber eine höchst vernünftige Scheu davor, mich in »diese Angelegenheiten« einzumischen, hielt mich davon ab.
Zu meiner Überraschung war Mutter an diesem Abend besonders schneidend und kurz angebunden, auch noch an den folgenden Tagen. Ein- oder zweimal brach sie in Tränen aus und drohte, ihn zu verlassen und zu ihren Eltern zurückzugehen. Vater erwiderte darauf zornig, sie sollte es doch versuchen. Großmutter würde sie noch am selben Tag zurückschicken. Die beiden konnten einander jetzt kaum noch sehen, ohne sofort zu streiten. Großmutter wurde bei jedem Be-

such immer anspruchsvoller, sie jammerte praktisch ununterbrochen und beschrieb ausführlich ihre verschiedenen Beschwerden. Aber Großvater verdiente im Sägewerk recht gut, und da sie nur zu zweit waren, konnten sie sich viel besseres Essen leisten als wir. Ihr Zimmer war unvergleichlich besser als unseres, die Golds, Sarah und Simon, noch immer so freundlich und fröhlich wie zuvor. Großmutters Schrank war noch immer zum Bersten voll schöner Kleider, die sie nie trug, da sie fast nie ausging. Mutter deutete oft an, daß dieses oder jenes Kleid ideal für sie wäre, oder für mich geändert werden könnte, aber solche Winke wurden immer ignoriert. Dagegen verlangte Großmutter oft von Mutter, ihr schwierig zu beschaffende Eßwaren zu bringen, so wie Schinken, oder teuren Käse, und erwartete, daß wir das bei unserem nächsten Besuch mitbrachten. Wenn Mutter protestierte und sagte, daß diese Dinge schwer zu finden wären, vom Preis gar nicht zu reden, dann winkte Großmutter hoheitsvoll mit der Hand: »Ach, dann bitte doch Marek, das auf der anderen Seite zu besorgen.«

Auf das Einschmuggeln von Eßwaren ins Getto stand die Todesstrafe, und selbst ein Sandwich, das zu dick mit Butter bestrichen war, konnte einem das Leben kosten, aber Großmutter zog es vor, die Realität zu ignorieren.

Wenn also Mutter damit drohte, zu Großmutter zu ziehen, dann wußte ich, daß da keine unmittelbare Gefahr drohte. Wir blieben zusammen, im Guten wie im Bösen.

20

Der Frühling kam, und mit dem warmen Wetter schnellte die Sterberate wieder in die Höhe. Dieses Jahr ging ich zu meinem Geburtstag nicht zu Lydia. Die Situation war zu unsicher. Neue Lager wurden eröffnet, die Neuansiedlung aus Provinzgettos ging weiter, und ganze Zugladungen von Juden verschwanden spurlos.

Es gab Gerüchte, daß spezielle Todesbrigaden, aus Ukrainern, Litauern und Letten, in Warschau eintreffen sollten. Panische Angst verbreitete sich im Getto. Die »Balten« übertrafen die Deutschen an Grausamkeit bei weitem, und ihre Ankunft an irgendeinem Ort konnte nur eins bedeuten.

Im April wurde im Getto eine illegale Druckerei entdeckt, darauf folgte ein Massaker an Druckern, Bäckern und vielen anderen, die mit keinem dieser Berufe etwas zu tun hatten. Bleierne Stille lag über den Straßen. Irgend etwas wurde für uns ausgebrütet, und wir warteten ängstlich auf den ersten Schlag.

Inzwischen bemühte ich mich darum, die Realität zu vergessen, und las *Kleine Frauen* von Louisa Alcott, Mutters Geschenk zu meinem Geburtstag. Das war ihr Lieblingsbuch gewesen, als sie in meinem Alter war, daher hatte sie sich sehr gefreut, es in einem Antiquariat zu finden.

An einem Sonntagmorgen waren wir zu dritt zusammen, durch das weit geöffnete Fenster drangen die schrillen Stimmen aus dem Hof zu uns herauf. Mutter beugte sich über den Ofen, und ich dachte traurig, daß mein deutscher Flüchtlingskönig tot sein mußte, denn ich hatte ihn seit Neujahr nicht mehr gesehen. Zum letzten Mal bemerkt hatte ich ihn zu Anfang des Winters. Da schritt er aber nicht mehr stolz dahin, seine Decke wie ein königliches Gewand von der Schulter nachschleifend. Die Kälte war bis zu seinem betäubten Gehirn vorgedrungen, und er hastete, noch immer im Pyjama, zusammengekrümmt, die letzten Fetzen seiner zerfallenden Decke um seinen vor Kälte zitternden Körper geschlungen. Die langen Haare und der Bart waren glanzlos und schmutzig. Die bloßen Füße, aufgesprungen vom Frost, ließen im Schnee Blutspuren zurück. Ich spürte den absurden Drang, ihm nachzulaufen und meine Arme um ihn zu schlingen und mit ihm um sein verlorenes Königreich zu weinen. Aber er verschwand in der Menge, und ich sah ihn nie wieder.

Aus Mutters Ecke kam ein Seufzer, und plötzlich schwankte sie über dem Ofen und stürzte zu Boden. Vater sprang auf und hob sie aufs Bett. Er öffnete ihr die Kleider, machte ihr das Gesicht naß und rieb ihre Hände, als sie langsam wieder die Augen öffnete. Sie sah erschrocken und überrascht drein.

»Dir ist wohl klar, was das bedeutet«, flüsterte sie, und Vater starrte sie an, hob plötzlich seine Hand und bedeckte seine Augen.

»Du weißt, das einzige Mal, als ich jemals ohnmächtig wurde, war, als ich Janie trug«, fuhr Mutter in dem gleichen erschrockenen Flüsterton fort. »Ich bin nicht krank, also muß es das sein.«

In den nächsten paar Wochen verwandelte sich unser kleiner Haushalt in ein Chaos. Mutter fiel so oft in Ohnmacht, daß ich Angst hatte, sie auch nur eine Minute allein zu lassen.

Bei den Mahlzeiten zwang sie sich zum Essen und schaute verzweifelt auf die winzigen Portionen, die dann noch für uns übrigblieben.

Tante Lola kam einmal gerade zu einer Ohnmacht zurecht und mußte in das Geheimnis eingeweiht werden. Von da an kam sie jeden Tag zu uns und hielt endlose Debatten mit Mutter ab, die weinte, ihre Hände rang, und sich zu keiner Entscheidung durchringen konnte.
In unseren Umständen ein Kind auszutragen, war heller Wahnsinn. Sogar wenn sie es tatsächlich austragen konnte – was von Tag zu Tag unwahrscheinlicher schien –, konnte doch kein Baby in diesem feuchten Zimmer und ohne anständiges Essen am Leben bleiben.
»Schau doch, was mit Rosas Baby geschah«, weinte Mutter. »Ich würde mich selbst umbringen und das Kind dazu, bevor ich es auf diese Weise umkommen ließe.«
Cousine Rosa hatte vor etwa zwei Jahren ein Baby bekommen, einen großen, kräftigen Jungen. Wir besuchten sie oft und bewunderten seine Fortschritte. Rosas Mann arbeitete, aber sie lebten hauptsächlich von Eßpaketen aus dem Ausland. Als keine Pakete mehr durchgelassen wurden, hörte das Baby auf zu blühen und zu gedeihen. Jedesmal, wenn wir ihn sahen, war er wieder dünner geworden. Er hörte zu gehen auf und fing wieder zu kriechen an, schließlich bewegte er sich gar nicht mehr. Faltig und geschrumpft lag er in seinem Bettchen, Arme und Beine fest an den Körper gepreßt, den Kopf zurückgebeugt, sabbernd, nach Tod riechend. Rosa saß über ihm und starrte ihn an, ihr Gesicht von Tränen geschwollen. Von Zeit zu Zeit schaute sie mit verständnislosem Blick herum.
»Ich kann es nicht fassen, daß uns das passiert«, sagte sie. »Celia« – sagte sie oft flehend zu Mutter – »du weißt doch noch, wie Jasio geboren wurde, oder deine Janie. Erinnere dich, wie sie immer alles hatten – Kinderschwestern, Kindernahrung, Babykleider, Babypuder, Babyseife. Von allem hatten wir im Überfluß, und wenn eines nur nieste, zitterten wir schon, und wir holten den Arzt, wenn sie keinen Spinat aßen, und wir waren überzeugt, es würde irgend etwas Fürchterliches passieren, wenn sie einmal zu einer Mahlzeit nichts aßen. Und hier ist mein eigenes Baby – am Verhungern, und ich kann überhaupt nichts dagegen tun. Und es sind noch keine zwei Jahre her, da haben wir an einem Tag mehr weggeworfen, als wir jetzt in einer Woche zu essen bekommen. Ist das denn möglich?«
Als das Baby starb, weinte Mutter mit Rosa, aber beide wußten, daß das eigentlich eine Erlösung war. Und jetzt starrte Mutter Tante Lola an und stellte ihr dieselbe Frage, die sie jeden Tag wiederholte. Was für Aussichten hatte denn ihr Kind, unter diesen Umständen am Leben zu bleiben?

»Aber wenn ich verhindere, daß es überhaupt zur Welt kommt, spiele ich damit nicht Hitler in die Hände? Will er denn nicht genau das erreichen? Unsere Rasse vernichten? Nehme ich ihm damit nicht die Arbeit ab? Wenn nämlich der Krieg vielleicht doch bald zu Ende ist, dann gibt es wenigstens wieder ein neues Leben als Ersatz für die vielen, die gestorben sind.

Ich hatte nie etwas für Kinder übrig«, gestand sie, »und ich wollte auch nie welche. Ich bekam Janie, weil man doch wenigstens ein Kind haben sollte. Eine Ehe ohne Kind ist keine wirkliche Ehe. Aber ich hatte so viele Probleme mit ihr, als sie klein war, daß ich mir schwor, nie wieder eins zu bekommen. Aber jetzt, wenn ich diese ganze Vernichtung rund um uns sehe, dann möchte ich auf einmal so viele Kinder haben wie möglich. Wenn ich noch jung genug bin, wenn der Krieg aufhört, dann müssen wir noch mehr Kinder bekommen. Marek wollte immer eine große Familie. Vielleicht wären wir glücklicher miteinander gewesen, wenn ich in diesem Punkt nachgegeben hätte. Aber wie kann ich denn jetzt ein Baby haben? Wenn wir neu angesiedelt werden, irgendwo im Land in die Arbeit geschickt, wie werde ich mich da durchschlagen, wenn ich schwanger bin?«

Tante Lola wußte auch keinen Rat. Sie hatte immer viele Kinder haben wollen, konnte aber nicht mehr als eins bekommen. Sie hielt es für die Pflicht einer jeden Frau, so viele Kinder aufzuziehen, als die Familie ordentlich aufbringen und mit einer guten Erziehung versehen konnte. Aber auch sie konnte Mutter anständigerweise nicht raten, was sie tun sollte. In unserer Lage unterschrieb jeder, der nicht imstande war, den ganzen Tag zu arbeiten, sein eigenes Todesurteil. Schwangerschaft war keine Entschuldigung, im Gegenteil, damit lenkte man nur die Aufmerksamkeit des Feindes auf sich und stachelte ihn zu neuen Exzessen an.

Am Ende traf die Natur selbst die Entscheidung. Die Blutung begann ganz plötzlich, als wir beide allein waren, und ich wurde um den Arzt geschickt, während Frau Kraut Mutter zu Bett brachte.

Als alles vorüber war, ging ich wieder in unser Zimmer hinein und setzte mich in den dunkelsten Winkel. Der Arzt, ein väterlicher, weißhaariger Mann, saß am Bett, hielt Mutters Hand und wischte ihr die Tränen vom Gesicht.

»Mein armes Kind«, sagte er gerade, »mein armes kleines Mädchen. Die Natur ist die weiseste Mutter von uns allen, und je länger ich arbeite, um so fester glaube ich, daß wir am besten alles ihr überlassen. In Ihrem gegenwärtigen Zustand hätten Sie kein Kind austragen kön-

nen. Sie sind so dünn wie ein Schilfrohr, Sie brauchen das ganze Essen, das Sie bekommen können, nur um sich selbst am Leben zu erhalten. Wie hätten Sie denn in Ihrem armen kleinen Körper ein zweites Geschöpf nähren können? Warten Sie, bis der Krieg vorbei ist. Dann können Sie so viel Babies bekommen, wie Sie wollen. Aber jetzt müssen Sie an sich selbst denken und wieder gesund werden. Uns allen stehen jetzt schwere Zeiten bevor. Sie müssen stark sein, Kind, wenn Sie durchkommen wollen.«
Seine Stimme brummte freundlich weiter, nur unterbrochen von Mutters Schluchzen.
In meinem dunklen Winkel dachte ich überrascht, daß ich nie jemand Mutter »mein armes Kind« hatte nennen hören.
Niemand redete eigentlich jemals wirklich freundlich mit ihr. Großvater, weil er ohnehin kaum mit den Leuten redete, und weil er es nicht verstand, seine Gefühle in Worte zu fassen; Großmutter, weil sie niemanden liebte außer sich selber; Vater ... seine seltenen zärtlichen Worte wurden von Mutter meistens sarkastisch beantwortet, so daß er sich am Ende mit seiner Liebe immer zu mir wandte. Mutter ließ keine Zuneigung zu sich aufkommen, und doch, wie einsam mußte sie sich im Schoß ihrer Familie gefühlt haben. Wie oft schien es mir, als würde sie uns absichtlich gegen sich aufbringen, aber wie unglücklich wirkte sie dann in der feindseligen Atmosphäre, die sie selber erschaffen geholfen hatte. Kaum jemals hätte ich es gewagt, auf ihre Knie zu hüpfen, meine Arme um sie zu schlingen und ihr in absurder Babysprache zu sagen, daß ich sie liebte. Mit Vater war das jederzeit möglich, da war ich mir immer sicher, wie er es aufnehmen würde. Aber Mutter würde nur ungeduldig mit den Schultern zucken und mir sagen, doch nicht so dumm zu sein. Aber wenn ich mich dann schmollend aus ihren Armen löste, dann sah sie gekränkt, reumütig drein, und versuchte manchmal, ihre Schroffheit wiedergutzumachen, indem sie mir abrupt irgendwelche Gunstbeweise anbot, die ich nicht annehmen konnte. Dann verlor sie die Geduld, und wir tauchten wieder in unser übliches, mit Groll geladenes Schweigen.
Wenn ich nur einen Weg finden könnte, mich ihr zu nähern und sie zu entwaffnen, bevor sie Zeit fand, die Geduld zu verlieren. Ich fragte mich, ob das wohl jemals möglich wäre. Vielleicht, wenn ich erwachsen war. Wenn sie mich einmal nicht länger als ein Kind behandelte, dem man jedes Versprechen brechen konnte, das man übersehen, zur Seite schieben, lächerlich machen konnte. An dem man jederzeit seine schlechte Laune auslassen konnte, danach aber blinden Gehor-

sam und Hingabe als eine heilige Pflicht erwarten durfte. Wenn sie nur zugeben würde, daß ich die gleichen Gefühle, die gleichen Empfindlichkeiten hatte wie sie. Daß ich, mit einem Wort, ein Mensch war, jedes bißchen genauso menschlich wie sie.
Der Arzt ging, und sie schlief. Ich saß an ihrem Bett und weinte. Es hatte in meinen Ohren so wunderbar geklungen, daß sie ein Kind wollte! Das bedeutete, daß sie jetzt nicht mehr gar so viel gegen mich hatte. Das hätte der Beginn eines neuen Lebens für uns alle sein können, eines neuen Verständnisses, eines Bundes.
Aber das Baby war weg, und meine Hoffnungen verschwanden mit ihm. An seiner Stelle hatte sie nur eine Menge Angst und Schmerzen durchstehen müssen, und jetzt lag sie krank und hilflos in dem großen Bett. Die Vorstellung, daß sie krank war, jagte mir einen großen Schrecken ein. Bis auf die dunkle Erinnerung an ihren Scharlach konnte ich mich nicht entsinnen, sie jemals bei Tag im Bett gesehen zu haben. Vater ja; mich selbst sogar noch öfter; aber Mutter – nie.
Plötzlich wurde ich überwältigt von einem Gefühl der Fürsorge und einer ungeheuren Kraft: ich werde für sie und für Vater sorgen. Ich werde kochen und saubermachen und einkaufen gehen. Wie gern hätte ich sie jetzt verhätschelt, so wie sie mich immer verhätschelte, wenn ich krank war! Angestrengt dachte ich nach, was sie wohl besonders gern hatte, und wünschte mir einen Zauberstab. Ich malte mir ihre Überraschung aus, wenn sie die Augen öffnete und das Zimmer sauber und trocken fand, Blumen überall, und einen Tisch, der sich unter Bergen von Essen bog.
Im Schlaf sah sie so klein aus, und so jung, trotz ihrer trockenen Haut und dem feinen Liniennetz rund um ihre geschlossenen Augen. Mit einem Schock bemerkte ich, daß ihr Haar grau wurde. Ihre Hände, früher so verzärtelt, so schön, waren von Adern durchzogen, die Nägel abgebrochen, der Grind vom endlosen Schrubben in der Haut eingebettet.
Ich stand vom Stuhl auf und wischte mir die Augen. Von jetzt an hatte ich das Heft in der Hand. Ich kam mir 2 Meter groß vor, und unzerstörbar.

In den folgenden Wochen begriff ich langsam, warum Mutter sich über die Hausarbeit so bitterlich beschwerte.
Vom Zusehen allein hatte ich diese tödliche Monotonie nie richtig erfaßt, die dauernden Anstrengungen, die nötig waren, um unser kleines Zimmer wenigstens einigermaßen sauberzuhalten, eßbare

Mahlzeiten aus ungeeigneten Materialien zu bereiten, um diese Materialien in den Geschäften und sogar noch auf der Straße zu kämpfen.

Ich trug unsere Rationen in meinem Mantel versteckt, oder preßte sie mit beiden Armen an die Brust, während ich mich durch die Menge drängte, ängstlich Ausschau haltend nach den »Schnappern«. Das waren kleine Jungen, oder auch ausgewachsene Männer, die der Hunger zur Verzweiflung getrieben hatte. Sie rissen den Frauen jedes halbwegs nach Essen aussehende Päckchen aus der Hand und verschlangen es als ganzes. Mutter und ich waren nur einmal auf diese Weise angegriffen worden, und unser Verlust dabei war nur geringfügig gewesen. Mutter trug eine Papiertüte voll Tomatenmark, sehr vorsichtig, denn es fing schon an zu tropfen. Der »Schnapper« tauchte ganz plötzlich aus der Menge auf, riß ihr die Tüte aus der Hand und schlang die Hälfte von dem bittern Zeug hinunter, bevor er überhaupt bemerkte, was es war. Spuckend und gurgelnd lief er hinter uns her, schüttelte die Fäuste und drohte uns, als wäre es unsere Schuld gewesen, daß die Tüte nichts Besseres enthalten hatte.

Aber ein anderes Mal war ich Zeuge, wie derselbe Junge eine alte Frau anrempelte, die ihr Päckchen fallen ließ, so daß ein halbes Dutzend Eier im Schnee zerbrachen. Im Bruchteil einer Sekunde lag er auf den Knien, und die Eier verschwanden, bevor die Frau überhaupt ihren Mund aufmachen konnte.

Ich hatte Glück, niemand attackierte mich in den Wochen, wo ich den Haushalt führte. Aber ich hatte auch eine besondere Geschicklichkeit entwickelt, derart pfeilschnell durch die Menge zu fahren, daß keiner die Chance hatte, überhaupt zu bemerken, was ich da trug. Ich hatte Angst, Mutter allein zu lassen, und war viel zuviel mit meinen Aufgaben beschäftigt, als daß ich hätte draußen herumlungern wollen. Sobald es Mutter besserging, kamen Tosia und Jola täglich, und während sie mir beim Schleppen von Wasser und Feuerholz halfen, schwätzten wir alle und lachten und erzählten uns Geschichten. Zu meiner Überraschung machte auch Mutter immer öfter mit uns mit. Sie redete von ihrer Schulzeit, erzählte von den Streichen, die sie mit ihren Cousins gespielt hatte, über die herrlichen Sommer auf dem Land auf dem Anwesen ihrer Tante, wo es zwölf junge Cousins gab, sowie zahlreiche Gäste. Da gab es die Boote auf dem Fluß, Pilzesuchen im Wald, Nachmittagstees im Garten, mit frisch gepflückten wilden Erdbeeren und einem Kübel voller Sahne, der jedesmal unvermeidlicherweise über irgend jemandes Haupt geleert wurde. Sie erzählte von den Jahren, die sie in der Schweiz in dem Pensionat für höhere Töchter verbracht hatte, wo sie nicht nur die einzige Polin, sondern auch die einzige Jüdin gewesen war. Die anderen Mädchen kamen von überall her, es gab sogar eine Amerikanerin, die bereits verlobt und daher das Objekt allgemeinen Neides wie allgemeiner Bewunderung war.

Die jungen Damen lernten Tanzen, Singen, verschiedene Instrumente. Sie malten auf Porzellan, vervollkommneten ihre Kenntnisse der modernen Sprachen und des vornehmen Benehmens, und eigneten sich die nötigen Kenntnisse an, um einen Haushalt mit Hilfe zahlreicher Bedienter zu führen. Sie konnten sogar, falls ihnen danach zumute war, selber etwas Haushaltskunde und Kochen lernen, aber diese Kurse waren nicht sehr populär.

Mit weit aufgerissenen Augen hörten wir ihr zu, wenn sie Ausflüge in die Berge beschrieb, Bootsfahrten auf den Seen, Mitternachtsfeste in den Schlafsälen, heimliches Zigarettenrauchen auf der Toilette, und die Liebesbriefe der Amerikanerin, die immer vom ganzen Internat gelesen wurden.

Kein Zweifel, Mutter hatte sich verändert. An diesen Nachmittagen behandelte sie uns als ebenbürtig, und wir verloren nach und nach unsere Schüchternheit und fingen an, ganz offen vor ihr zu sprechen. Sie redete nicht über ihre Krankheit, nahm aber an, daß ich wußte, was es war, und daß ich wußte, daß sie wußte. Nur ein einziges Mal kam sie darauf zu sprechen. Meine Hand nehmend, fragte sie mich – mit sichtlicher Mühe –, wieviel ich denn von »diesen Dingen« eigentlich wußte. »Ich finde zwar, daß du mit zwölf noch ein bißchen jung bist, um das alles zu wissen, aber wegen dem Krieg – und wer weiß, wo du vielleicht einmal bist, vielleicht allein ... ich dachte eben, ich sollte dir vielleicht ein paar Sachen sagen ...?«

Ich spürte, wie ich puterrot wurde, und zog meine Hand hastig zurück. Da war sie endlich, die lang ersehnte Gelegenheit. Jetzt war endlich der Augenblick gekommen!

»Du brauchst mir gar nichts zu sagen«, stammelte ich undeutlich. »Ich weiß alles.«

Mutter sah überrascht drein, aber die Erleichterung auf ihrem Gesicht war unverkennbar. »Aber vielleicht gibt es noch etwas, was dir nicht ganz klar ist? Ich sage dir gern alles, was du wissen willst«, bot sie mir noch einmal an.

Eine innere Stimme drängte mich: »Bitte, bitte, frag mich nicht. Sag mir nur einfach alles. Ich weiß nichts, und was man mir erzählt, ist so

scheußlich, daß ich es nicht glauben kann. Fang einfach an zu reden!«
Ich preßte meine Lippen aufeinander und schüttelte nur den Kopf.
»Seit ungefähr einem Jahr weiß ich schon alles«, antwortete ich, mein Gesicht dabei sorgfältig abwendend.
»Wer hat's dir gesagt?«
»Vorsicht – das ist eine Falle«, sagte die Stimme. »Wenn sie das herausfindet, darfst du sie nie mehr sehen.«
»Ach, niemand im besonderen«, antwortete ich, mit den Achseln zukkend. »Weißt du, diese Sachen sprechen sich so herum. Jeder weiß etwas, auf diese Weise kennt man sich schließlich ganz gut aus.«
Mutter überlegte einen Augenblick, dann kuschelte sie sich mit einem Seufzer der Erleichterung wieder in die Kissen. »Nun gut – wenn du noch irgend etwas Weiteres wissen willst, dann will ich gern mit dir darüber reden.«
»Danke, Mutter«, sagte ich höflich. Und damit war die Sache beendet.
Mutter kam nur langsam wieder zu Kräften. Der Arzt kam noch immer zur Visite, lehnte jede Bezahlung ab, und wir empfingen ihn wie einen geehrten Gast. In den wenigen Minuten seiner Anwesenheit schien der Raum heller, und wir lächelten, wenn wir ihm in die Augen sahen. Er hatte einen Heiligenschein aus langen weißen Haaren rund um einen kahlen Scheitel, und die leuchtendsten blauen Augen, die ich je gesehen hatte. Er strahlte Wärme und Zuversicht aus und eine Art von überirdischer Freundlichkeit. Ich hoffte, er würde seine Visiten ewig so fortsetzen, und war gern bereit, eine ganze Serie der verblüffendsten Krankheitssymptome zu entwickeln, sollte er uns jemals verlassen wollen.
Während Mutters Rekonvaleszenz wurde Vater eine andere Art von Arbeit zugeteilt, und er mußte jetzt regelmäßig als Eskorte mit auf die andere Seite. Dabei schmuggelte er unter ungeheurem Risiko jeden Tag Essen herein, und bestand darauf, daß Mutter wenigstens die Hälfte davon aß. Sie weinte und flehte ihn an, nicht sein Leben in dieser Weise aufs Spiel zu setzen. Wenn er schon nicht an sich selber dachte, so sollte er sich doch überlegen, was aus uns würde, wenn man ihn dabei erwischte.
Aber Vater wollte nicht hören.
»Man wird mich nicht erwischen, und du mußt essen, damit du bald gesund wirst«, sagte er darauf.
Es war, als würde die ständige Gefahr neues Leben in ihn bringen. Er

schien glücklicher, lebhafter, er lachte und machte Witze und sang die alten russischen Soldatenlieder, die ich seit Jahren nicht mehr gehört hatte. Es war ganz klar, daß er die Gefahr genoß. Mutters zornige Behauptung, er sei ein unverbesserlicher Spieler, bezog sich keineswegs auf seine Leidenschaft für Poker allein.

Ich bewunderte diese Verwegenheit und liebte ihn noch mehr als zuvor. Die Idee, daß er erwischt werden könnte, erschien mir völlig abwegig. Vater war unbesiegbar.

Im Juli war Mutter wieder recht gut beisammen, aber sie mußte sich noch jeden Nachmittag hinlegen. Vater kam jetzt mehrmals täglich nach Haus, um nachzusehen, und Großmutter verbrachte ihre meiste Zeit mit uns. Die Lage wurde ganz offensichtlich jeden Tag gespannter. Deutsche Stoßtrupps plünderten Häuser, drangen in Wohnungen ein und brachten jeden um, der ihnen dabei in die Hände fiel. Sie kamen im Morgengrauen, jagten die Leute aus ihren Betten und zwangen sie, im Pyjama im Hof zu tanzen. Ihre Erfindungsgabe nahm offenbar kein Ende. Ich hatte schon das Gefühl, daß wir alle Zirkustiere waren, die jeden Augenblick aufgerufen werden konnten, sich vor einem höhnischen Publikum zu produzieren.

Am 22. Juli wurde das Getto von einem Kordon von Ukrainern, Litauern und Letten umzingelt, und die »Aktion« begann.

Soweit den Plakaten zu entnehmen war, sollten 6000 Juden pro Tag im Osten »angesiedelt« werden. Um die Durchführung zu erleichtern, wurde allen, die sich freiwillig meldeten, Brot und Marmelade gereicht, und bald bildeten sich Schlangen vor dem Tor zum »Umschlagplatz« – dem großen Platz vor dem evakuierten Krankenhaus, von wo die Züge ihre Passagiere einsammelten, hundert auf jeden Viehwaggon, mit versiegelten Türen, Fenstern, die kreuzweise mit Stacheldraht vergittert waren, ungelöschtem Kalk auf dem Boden, bewaffneten Wachen auf dem Dach, so fuhren sie ab und wurden nie wieder gesehen.

Die Krauts lehnten es ab, sich von Brot und Marmelade einfangen zu lassen. Aber Rachel verschwand gleich in der ersten Woche. Als sie eines Abends nicht nach Haus kam, öffnete Frau Kraut ihren Reisekoffer, und da zeigte sich, daß ihr Trousseau ebenfalls verschwunden war. Rachel ging in ihrer funkelnagelneuen rosa Rüstung aus Satin und Fischbein in den Tod, in einer weißen, leicht verschimmelten Satinbluse und einem schwarzen Faltenrock. Da der junge Mann mit Schnurrbart sie nicht geholt hatte, stellte sie sich in die Schlange um Brot und Marmelade und einen versiegelten Viehwaggon.

Als Familie eines Polizisten waren wir einigermaßen sicher, und auch meine Großeltern profitierten noch von Vaters Schutz.
Die Krauts hatten überhaupt keine Papiere, bei jeder Razzia fand meine Mutter für sie ein neues Versteck. Sie wurden zuerst in den Kleiderschrank gesperrt, dann in den Diwan hineingequetscht, dann in den Kohlenkübel gepreßt, bis sie schließlich bei der dritten Razzia entdeckt wurden und sich der langen Kolonne draußen auf der Straße anschlossen.
Was nicht niet- und nagelfest war, nahmen sie mit, in zwei riesige Bündel verpackt, die sie jeder auf Brust und Rücken trugen, so daß sie sich kaum mehr rühren konnten. Sie schleppte ihre sämtlichen kostbaren Essenssäckchen, während sie ihm die Kleider anvertraute, eine Auswahl an Töpfen und Pfannen, und den Nachttopf, der hinten herabbaumelte.
Mit Tränen in den Augen sah Mutter ihnen nach, wie sie hinter dem Tor verschwanden. Sie hatten versprochen, uns zu schreiben und zu berichten, wie es im Osten aussah, und sie hofften, uns bald wiederzusehen.
Diese dritte Razzia hatte das Haus völlig geleert. Wir waren die einzige Familie, die noch übrig war, es war höchste Zeit, daß auch wir gingen. Ein letzter Vorfall an diesem Tag beschleunigte unsere Vorbereitungen beträchtlich.
Über uns im letzten Stock lebte ein Witwer mit zwei Mädchen, Zwillinge ungefähr in meinem Alter. Er arbeitete in einer der Gettofabriken, und die Mädchen spielten den ganzen Tag über im Hof. Als die Razzia begann, war ich mit ihnen unten und paßte auf die kleinen Kinder in der Sandkiste auf, die wir im Sommer gebaut hatten.
Plötzlich hörten wir von der Straße schrilles Pfeifen, verängstigte Füße rannten vorbei, und das Tor wurde zugeschlagen. Wir hörten Lastwagen vor dem Haus zum Stillstand kommen und Befehle auf deutsch und polnisch brüllen. In einem Moment war der Hof leer. Ich war schon fast in unserem Stiegenhaus, als ich eine unserer Nachbarinnen sah, eine junge Frau, wie sie auf ihrem Balkon aufschrie und sich die Haare raufte. Sie war im zweiten Stock, und ihre Kinder, ein Baby von sechs Monaten und ein zwei Jahre altes Mädchen, waren noch in der Sandkiste. Ohne zu überlegen, drehte ich mich um, flog quer über den Hof, riß das Baby an mich, das Kleinkind hängte sich erschrocken an meinen Rock, und ich erreichte das Stiegenhaus in dem Augenblick, als das vordere Tor aufging und die »Aktionstruppe« hereinmarschierte.

Die junge Mutter rannte uns auf der Stiege entgegen, riß mir das Baby aus dem Arm und verschwand hinter ihrer Tür. Als ich aufschaute, sah ich die verschreckten Gesichter der Zwillinge über das Treppengeländer starren. Es fiel mir nicht ein, daß sie ja allein waren; mit einem freundlichen Winken rannte ich zu Mutter, die von ihrem Fenster aus alles gesehen hatte und mich jetzt krampfhaft an sich drückte, während Großmutter methodisch unsere Papiere auf dem Tisch ausbreitete. Wir wollten uns nicht zu viel am Fenster zeigen, und als wir auch eine Stunde später von nirgendsher einen Ton hörten, wurde uns klar, daß wir die einzigen Überlebenden waren.
Bald darauf kam Vater nach Haus und saß gerade bei uns und besprach, was wir als nächstes tun sollten, als wir draußen rasche Schritte hörten. Herr Roth, der Vater der Zwillinge, blitzte vorbei, wir hörten ihn die Stiegen hinauflaufen und die Mädchen rufen. Es war ein heißer, sonniger Tag, und alle Fenster waren offen. Wir hörten seine Schritte, wie er von einem Zimmer ins andere lief, dann kurze Stille, dann einen großen Gegenstand, der von oben herabgeschleudert wurde. Einen Augenblick lang verdunkelte er unser Zimmer, dann prallte er wie ein Donnerschlag unten auf dem Zement auf.
Vater stürzte hinaus. Großmutter fiel in Ohnmacht. Mutter und ich machten uns mit Wasser und Riechsalzen zu schaffen. Keiner wagte sich zum Fenster. Früh am nächsten Morgen zogen wir aus.

21

Unsere neue Behausung lag in einem großen, modernen Haus. Die Wohnungen waren gerade von ihren Bewohnern geleert worden, die ihr ganzes Hab und Gut zurückgelassen hatten. Wir zogen in eine große, sonnige, gutmöblierte Wohnung und nisteten uns im größten Raum ein. Das kleinere Zimmer und die Küche wurden bald von zwei anderen Familien übernommen.
Die Großeltern zogen auch aus, aber in einen anderen Block, in der Nähe von Tante Lola und ihrer Familie. Die Golds, Sarah und Simon, waren schon bei der ersten Razzia gefaßt worden. Tosias Eltern zogen in die Bäckerei, wo ihr Vater arbeitete. Auch sie waren vorläufig noch in Sicherheit. Jola verschwand.
Die Razzien gingen weiter, aber in unserem Block, der voller Polizisten und anderer »notwendiger« Arbeiter war, fühlten wir uns ver-

hältnismäßig sicher. Immer waren ein paar Polizisten in der Nähe – für mich ein beruhigender Anblick –, und Vater sah mehrere Male am Tag nach uns. Gegen das Loch bei den Krauts bedeutete unsere neue Wohnung eine enorme Verbesserung. Dutzende von Kindern in meinem Alter wimmelten in dem riesigen Hof herum. Keiner von uns durfte das Haus verlassen. Das Wetter war herrlich. Noch immer hörten wir manchmal Schüsse, Schreie und vorüberfahrende Lastwagen, aber unsere Wohnung lag im Seitenflügel, von dem aus die Straße nicht zu sehen war, und ich hatte mein Inneres energisch vor allem verschlossen, was da draußen vorging.

Eine Kinderbande bildete sich in unserem Hof, und ich wurde aufgenommen – eine Ehre, die ich Mutter vergeblich klarzumachen versuchte. Wir waren alle zwischen zwölf und sechzehn, und wir besprachen jeden Tag die neuen Gerüchte, die durch den Block gingen. Die meisten von uns waren Kinder von Polizisten und daher gut unterrichtet. Wir wußten, wo die versiegelten Waggons ihre Reise beendeten. Ein Mann war aus Treblinka geflüchtet und zurückgekehrt, um die anderen zu warnen. Die große Mehrheit weigerte sich, seine Geschichte zu glauben, und sie versicherten einander, der arme Mensch habe den Verstand verloren. Wir glaubten ihm. Ruhig besprachen wir unsere Zukunft, fest entschlossen, mit allen verfügbaren Mitteln zu kämpfen. Da ja nichts den Tod abwenden konnte, wollten wir wenigstens vorher noch soviel Schaden anrichten als irgend möglich.

Inzwischen durchstreiften wir die übriggebliebenen leeren Wohnungen, durchsuchten, was sie enthielten, nahmen mit, was wir wollten, und zerbrachen, zerrissen, zertrampelten das übrige. Wenn die Mädchen sich von dem Schlachtfeld zurückgezogen hatten, urinierten die Jungen auf die Reste.

Im August brachte Vater Tante Marysia zu uns auf Besuch. Die hatte keine Bleibe mehr, ihr Haus war durchsucht und geplündert worden, und nur Vaters unvermutetes Erscheinen hatte sie davor gerettet, noch an diesem Tag deportiert zu werden. Gebückt und grau saß sie in unserem Zimmer und schaute steinernen Blicks auf Mutter, die auf dem Ofen Milch wärmte. Vater ging fort, mit dem Versprechen, irgendwo eine Wohnung für sie aufzutreiben, offenbar in der Hoffnung, daß Mutter sie zu uns einladen würde.

»Mein Haus ist deines, Marysia«, sagte Mutter und bot ihr ein Glas warme Milch an. »Du kannst immer bei uns wohnen, aber du weißt so gut wie ich, daß es nicht gehen würde.«

Tante Marysia nippte ruhig an ihrer Milch. »Keine Angst, Celia, ich

bleibe schon nicht. Seit Sigi tot ist, ist mir alles egal. Mich bindet nichts mehr ans Leben.«
Mutter fing an zu protestieren, gab es aber bald auf. Tante Marysia interessierte sich wirklich nicht mehr fürs Leben. Als Vater zurückkam, verabschiedete sie sich gleichmütig, und die beiden gingen zusammen fort. Vater hatte im Zimmer von irgendwelchen Leuten eine Ecke für sie gefunden. Als er wieder zu Hause war, warf er Mutter vor, zu hart und unversöhnlich zu sein, und sie verteidigte sich und sagte, Tante Marysia hätte ohnehin nicht bei uns bleiben wollen.
»Klar, nach dem Empfang, den du ihr bereitet hast, konnte sie sich hier nicht wohl fühlen«, sagte Vater.
Das Wetter blieb weiterhin sonnig und warm. Das kleine Stück Himmel, das vom Hof aus sichtbar war, war tiefblau, und in der Nacht leuchteten die Sterne heller, als ich jemals gesehen hatte. Wir schliefen in dieser Zeit wenig. Durch die offenen Fenster konnten wir die Geräusche der anderen Familien in den überfüllten Räumen hören.
Im Hof saßen die Männer und rauchten und besprachen die täglichen Vorkommnisse. Oft brach Streit aus, jäh und heftig. Die Nerven waren gespannt und rissen leicht. Wilde Gerüchte gingen um, und es wurde immer schwieriger, sie als Panikmache abzutun. Jeden Tag erwarteten wir jetzt den großen Schlag.
Am 4. September wurden wir in der Nacht von schrillen Polizeipfeifen geweckt: »Alle in den Hof. Jeder nimmt nur mit, was er tragen kann.«
Schweigend packten wir und trotteten hinunter. Mit zwei Nachbarsfamilien machten wir uns auf den Weg zu einer Straße am anderen Ende des Gettos. Die Einwohner dieses Sektors waren schon beim Ausziehen, wir betraten die Wohnung von irgendwelchen Leuten und bezogen hier einen Raum. Das sollte aber nur ein vorübergehender Aufenthalt sein. Wir hatten hier zu warten, während eine »große Selektion« durchgeführt wurde. Wer im Getto bleiben durfte, bekam eine Nummer. Polizisten, Arbeiter aus den deutschen Fabriken, und einige andere, die für das Funktionieren der Gemeinschaft wichtig waren, wurden auf diese Art von der Deportation verschont. Alle anderen mußten gehen. Kinder erhielten keine Nummern und waren daher von jetzt an illegal. Falls sie erwischt wurden, konnte sie niemand mehr beschützen.
Wir erhielten diese Informationen, während wir auf dem grünen Plüschsofa in diesem fremden Zimmer saßen. Unsere beiden Freunde hatten keine Kinder, aber sonst war das Haus voll von ihnen.

Vater tauchte in kurzen Abständen auf, um sich zu überzeugen, daß wir noch da waren, und um Nachrichten zu bringen. Seine Papiere boten Mutter Schutz, und er hätte auch Tante Marysia zu sich nehmen können. Aber die Großeltern hatten jetzt keinen Schutz, außer Vater ließ sie als seine eigenen Eltern eintragen. Falls er das tat, konnte er Tante Marysia jedoch nicht einschließen.
Als er uns das erklärte, brach Mutter in lautes Weinen aus: »Du kannst doch nicht Papa und Mama gehen lassen!« rief sie. »Wenn sie gehen, dann gehe ich mit ihnen.«
»Und was ist mit Marysia?« fragte Vater.
Ich flüchtete mich aus dem Zimmer und ging die Treppe hinauf, spähte in andere Wohnungen, wo verängstigte, müde und schmutzige Leute auf Stühlen saßen oder am Boden ausgestreckt lagen. Frauen weinten oder beteten. Familien drängten sich zusammen, verbargen ihre Gesichter einer an des anderen Schultern. In einem Zimmer lag eine Frau im Bett allein. Ihr Gesicht war rot und geschwollen, und sie sah sehr krank aus. Der Raum war erfüllt vom Gestank nach Krankheit, der wie eine Wolke von ihrem schweren Federbett aufstieg. Sie winkte mir, und ich näherte mich ihr auf Zehenspitzen.
»Was wird mit meinem Baby geschehen?« flüsterte sie.
Ich starrte sie schweigend an. »Schau ihn an«, stöhnte sie plötzlich. »Schau dir meinen Sohn an, meinen zwei Tage alten Sohn.«
Sie schob das Bettzeug weg, und ich sah den winzigen, rotgesichtigen Säugling neben ihr schlafen.
»Alle sind sie weg und haben mich allein gelassen. Was wird mit uns werden?«
Ich flüchtete mich hinaus, setzte mich auf die Treppe und preßte meinen Kopf an die glitschige Mauer. Was sollte aus mir werden, ohne Nummer? Was sollte aus uns allen werden?
Vater kam am Abend zurück, grau im Gesicht. Er schwankte, wir machten auf dem Sofa für ihn Platz.
»Marysia ist weg«, sagte er zu Mutter. »Ich bin zu spät gekommen, ich habe sie nicht mehr gesehen. Ich will versuchen, für deine Eltern zu tun, was ich kann.«
Am nächsten Tag gingen er und Mutter in unsere alte Wohnung zurück, um ein paar Kleider zu holen.
»Soll ich dir etwas zum Lesen bringen?« fragte Mutter.
In dem Zimmer, in dem wir jetzt waren, gab es keine Bücher. Ich zögerte. In der alten Wohnung hatte ich einen dicken Band mit biblischen Geschichten auf jiddisch gefunden, und da ich sie nicht lesen

konnte, hatte ich mich damit unterhalten, die Illustrationen mit ein paar Wasserfarben, die ich bei meinen Raubzügen gefunden hatte, zu kolorieren. Das Buch war so schwer, daß ich Mühe hatte, es auf den Tisch zu heben. Es war wohl klar, daß ich Mutter nicht bitten konnte, es durch das halbe Getto zu schleppen. Dankend schüttelte ich den Kopf.

Als sie ein paar Stunden später zurückkam, hatte sie das Buch und die Schachtel mit den Farben in einem großen Bündel auf ihrem Rücken. Die Leute in unserem Zimmer bewunderten ihre Energie und warfen ihr vor, mich zu verwöhnen.

»Das ist vielleicht das letzte, was ich für sie tun kann«, antwortete sie und legte das Buch auf meinen Schoß.

Am nächsten Morgen ging ich mit Vater auf den großen Platz und wartete, während die Nummern aufgerufen wurden, und die glücklichen Besitzer steckten sich einer nach dem anderen ihre Nummer an den Mantel und verließen die Menge. Dank Vaters Bemühungen waren auch die Großeltern auf der Liste und warteten auf der anderen Seite des Platzes auf ihre Nummern. Mutter, die schon eine Nummer hatte, blieb zu Haus. Während ein Name nach dem anderen von dem Beamten an dem kleinen Tisch aufgerufen wurde, gab es jedesmal eine Bewegung, wenn der glückliche Kandidat sich einen Weg durch die Menge bahnte. Darauf wurde die Nummer ausgestrichen, die kleine Scheibe aus Pappkarton wurde ihm an einen Aufschlag geheftet, und der nunmehr legitimierte Mensch ging heim, sofern er noch ein Heim hatte.

Wir hörten, wie Großvaters Name aufgerufen wurde. Während er sich nach vorn drängte, gab es einen kleinen Auflauf am Tisch der Beamten. Irgend jemand protestierte gegen irgend etwas. Der Beamte gab eine zornige Antwort und strich dabei ungeduldig Großvaters Nummer aus. Als Großvater endlich bis zum Tisch vorgedrungen war, schaute der Mann auf seine Liste und winkte ihn fort.

»Ihre Nummer ist durchgestrichen. Ich habe sie Ihnen gerade gegeben.«

Großvater protestierte. Der Mann deutete auf seine Liste und schrie wütend auf. Vater drängte sich durch die Menge, um ihm erklären zu helfen. Aber es war zu spät. Eine andere Nummer wurde aufgerufen, der nächste Kandidat erschien und bekam seine Nummer. Großvater stand eine Weile benommen da, dann schlurfte er langsam davon. Er bewegte sich nur mehr unter Schwierigkeiten.

In den letzten Monaten hatte er an Wassersucht gelitten, seine Beine

waren geschwollen, das Gesicht aufgedunsen, kaum noch zu erkennen. Er drückte Vater die Hände und schüttelte den Kopf. Vater legte den Arm um ihn und half ihm zurück zu seinem Platz.
Ich war nicht imstande, alles zu sehen, was vorging, da die Mauer aus Rücken und Schultern den Tisch des Beamten vor meinen Augen verbarg. Wir standen jetzt schon seit Stunden auf einem Fleck, ich war sehr müde. Bevor wir am Morgen von zu Haus fortgegangen waren, hatte mir eine der Frauen eine große Tafel Schokolade in die Tasche gesteckt. Es war Kochschokolade, bitter und zu hart zum Brechen. Jetzt wickelte ich sie aus und knabberte an einem Ende, die Oberfläche mit meinen Zähnen raspelnd, bis ich ein paar Brösel herunterbekam.
In meine Arbeit vertieft, spürte ich allmählich, daß ich beobachtet wurde. Ein paar Schritte vor mir stand ein kleines Mädchen, am Boden festgewurzelt, die Augen fest auf meine Schokolade geheftet. Als sie sah, daß ich sie anschaute, tat sie einen Schritt vorwärts. Ich hörte zu essen auf, und wir maßen einander schweigend.
»Würde es dir etwas ausmachen, mir ein Stück von deiner Schokolade zu geben?« fragte sie.
Ich wickelte das andere Ende der Tafel aus und gab es ihr. Sie nahm es mit beiden Händen, und ich sah ihr zu, wie ihre Zähne längere Zeit wie wütend an der harten Schokolade bissen.
Nach einer Weile reichte sie mir die Schokolade wieder und sah mir mit scheuem Lächeln ins Gesicht.
»Das ist sehr freundlich von dir. Ich würde sonst nie, nie jemand um Essen bitten, aber ich war so hungrig... ich bin dir sehr dankbar.«
Eine derart förmliche Ansprache hatte ich nicht erwartet, voll Überraschung schaute ich sie an. Sie war ungefähr sechs Jahre alt, gut angezogen, in einem wunderschön geschnittenen Mantel. Ihr Haar war frisch gekämmt, aber ihr Gesicht war von Staub verschmiert, und ihre Augen waren rot.
»Wann hast du zuletzt gegessen?« fragte ich.
»Gestern«, antwortete sie, und ihre Augen gingen zu der Schokolade zurück. Ich kratzte noch ein bißchen an meinem Ende und reichte sie ihr dann wieder.
»Wo sind deine Eltern?« erkundigte ich mich.
»Ich weiß es nicht«, sagte sie, und ihr Gesicht verzerrte sich, aber sie hatte sich sofort wieder unter Kontrolle. »Sie sind gestern gegangen, um sich ihre Nummern zu holen, aber nicht wieder zurückgekommen.«
»Wo wohnst du?«

»Jetzt nirgends. Letzte Nacht habe ich auf der Treppe geschlafen, und heute bin ich gekommen, um Mami zu suchen, aber ich kann sie nicht finden.«

Wir kratzten abwechselnd an der Schokolade, bis sie verschwunden war. Ich dachte mir, daß ich sie gern mit nach Haus genommen hätte, dann aber fiel mir ein, daß ich vielleicht nicht einmal selber wieder nach Haus gehen konnte.

Als Vater von seinem Gespräch mit Großvater zurückkam, nahm ich seine Hand und schaute zu ihm auf, um ihm von dem Kind zu erzählen, aber als ich sein Gesicht sah, vergaß ich, was ich hatte sagen wollen. Als ich mich wieder umsah, war das Mädchen verschwunden.

Wir drängten uns zu einem anderen Tisch durch, wo ein anderer Beamter Vater die Hand schüttelte und ihm auf die Schulter klopfte. »Marek«, sagte er, »freut mich, dich zu sehen. Alles in Ordnung? Wo ist deine Familie?«

Vater schob mich zu dem Mann hin. »Meine Frau ist in Ordnung, aber ich habe keine Nummer für Janie.«

Der Beamte tätschelte meinen Kopf und nahm eine Nummer aus seiner Tasche. »Das ist die Nummer meiner Tochter, aber ich kann eine andere für sie bekommen. Und jetzt bring sie am besten nach Haus und versteck sie für die nächsten paar Tage.«

Er steckte mir die Scheibe an den Mantel und winkte uns beide fort. Vaters Hand umklammernd, schwamm ich hinter ihm durch die schlagende, stoßende Menge, die so dicht war, daß ich nichts sehen konnte außer den dunklen, schäbigen Gestalten, die uns zu trennen drohten, und ich grub meine Nägel in Vaters Handfläche und hielt mich mit meiner ganzen Kraft daran fest.

Plötzlich packte jemand meine andere Hand und fing an, mich zurückzuzerren. Durch einen Spalt in der Masse um uns sah ich Großvaters Gesicht, aufgedunsen und rot, die Augen von Tränen überflutet. Er hielt meine Hand mit beiden Händen fest und seine Lippen bewegten sich, aber ich konnte unmöglich hören, was er sagte. Einen Moment lang fürchtete ich, die beiden würden mich auseinanderreißen. Ich zupfte Vater am Arm, damit er stehenblieb, aber er konnte mich nicht sehen und ging einfach weiter, drängend und stoßend und mich hinter sich herziehend.

Ich konnte Großvater jetzt nicht mehr hinter mir sehen, aber noch immer hielt er meine Hand und plötzlich spürte ich seine Lippen in meiner Handfläche. Im nächsten Augenblick war meine Hand frei. Ich renkte mir den Hals aus und rief nach ihm, aber die wirbelnde

Menge hatte ihn schon verschlungen. Den ganzen Tag hielt ich meine Hand geschlossen, seinen Kuß wie einen Schatz hütend, aber meinen Eltern konnte ich davon nichts sagen.

22

Am nächsten Tag kehrten wir in unsere Wohnung zurück. Das Haus war fast leer. Wer nicht mitgenommen worden war, übersiedelte in den Polizeiblock. Das Wetter war weiterhin herrlich, die Nächte klar, und zum ersten Mal seit 1939 fingen jetzt die Luftangriffe wieder an. Russen oder Engländer, fragte ich mich, während wir auf der Treppe saßen und den Bomben zuhörten. Eines Nachts klangen die Explosionen gefährlich nahe.
War es denn möglich, daß wir jetzt von unseren Alliierten umgebracht wurden? Es wäre eine Ironie des Schicksals, aber es würde genauso schmerzen wie eine deutsche Bombe.
In unserer leeren Wohnung saß Mutter vor der offenen Balkontür und weinte unaufhörlich von morgens bis abends. Ich konnte sie schon vom Hof aus hören, von den leeren Wohnungen, die ich jetzt aufsuchte, um nur ja dieses schreckliche Weinen nicht mehr zu hören. Ich schämte mich ihres Schmerzes und versuchte, so zu tun, als wäre das nicht Mutter, sondern irgendeine andere Frau, die sich ihren Gefühlen so ohne alle Beherrschung überließ.
Meine Wanderungen führten mich in sämtliche andere Wohnungen des Hauses. Ich spähte in Laden und Schränke und brachte merkwürdige Schätze ans Licht. Überall waren die Betten ungemacht, Nachthemden lagen am Boden, Schranktüren standen offen. Ich inspizierte ihren Inhalt und riß den Mund auf, was ich da für Sachen fand. Der Laden eines Juweliers hielt mich tagelang fest, unter Schachteln mit Perlen jeder Art und Größe, Farben, Klebestoffen und imitierten Edelsteinen. Im Stock darüber war eine Kosmetikerin, ich brachte Mutter eine Schachtel mit Puder, Rouge und Lippentift nach Hause mit, und war zu Tränen gekränkt, als sie sie wegwarf, ohne sie nur eines Blickes zu würdigen. Aber eine Garnitur warmer Unterwäsche, die ich in einem anderen Zimmer fand, nahm sie an.
Eines Tages wanderte ich in den letzten Hof und kletterte in den obersten Stock. Vor mir lag der Hof des Nachbarhauses. Nichts rührte sich. Das Haus war leer. Die Sonne spiegelte sich in den schwingen-

den Fensterscheiben, und heiße Luft stieg in schimmernden Wellen von den Mauern hoch. Ungebrochene Stille lag über der Welt. Ich bekam schon das Gefühl, als wäre ich das einzige Lebewesen, das noch übrig war, als eine Bewegung meinen Blick auffing.
Auf der gegenüberliegenden Seite in einem Raum im ersten Stock stand eine junge Frau vor dem offenen Fenster. Sie war nackt, das frisch gewaschene Haar hatte sie in einer nassen Pyramide oben auf dem Kopf festgesteckt. In einem Tümpel aus Sonnenlicht stand sie vor einem großen weißen Becken und wusch sich langsam, mit Bewegungen wie eine Tänzerin, graziös, ernst und voll Lebensfreude. Es bereitete ihr sichtlich Genuß, das Wasser auf ihrer Haut zu spüren. Vielleicht hielt auch sie sich, wie ich, für den letzten Überlebenden einer Weltkatastrophe, und verrichtete eben das letzte Ritual einer untergegangenen Zivilisation.
Ich stand am Fenster und schaute ihr zu, während sie das Becken auf den Boden stellte und hineinstieg, die Füße in dem seifigen Wasser bewegte und herumspritzte. Sie hob die Arme, schlang die Hände hinter dem Kopf zusammen und schloß die Augen. Ihr der Sonne zugewandtes Gesicht trug den Ausdruck eines stillen Lächelns.
Ich zog mich auf Zehenspitzen zurück, damit ich nur ja nicht mit meinem Starren diesen Augenblick absoluten Friedens zerstörte.

Am Versöhnungstag – dem 21. September – gab es wieder eine »Selektion«, und dieses Mal wurden 2000 Polizisten mit ihren Familien deportiert. Die Bevölkerungszahl war seit Juli auf ein Viertel gesunken.
Wieder packten wir unsere Koffer und verbrachten eine Nacht in fremder Leute Zimmer, während wir das Ende der »Aktion« abwarteten. In der Nacht kam ein weiteres Paar dazu und richtete sich bis zum Morgengrauen auf dem Fußboden häuslich ein. Zu unserer Überraschung hatten sie beide Pelzjacken in ihren Koffern, die überhaupt gepreßt voll mit wunderschönen Kleidungsstücken waren. Irgendwann in der Nacht zog der Mann einen dicken Berg von Papieren aus der Tasche und zeigte sie uns. Es waren falsche Identitäts- und Arbeitspapiere, Lebensmittelkarten und Fahrscheine für die Eisenbahn. Sie gingen »nach draußen«, sagte er. Ihre Freunde erwarteten sie, um sie aus Warschau hinauszubringen, und dann weiter nach Süden in die Berge. Dort sollten andere Freunde sie über die Grenze bringen, und dann weiter in die Türkei, vielleicht sogar nach Persien. Alles war bis ins kleinste Detail geplant und vorbereitet.

Schweigend starrten wir sie an. Die Ungeheuerlichkeit ihrer Pläne überstieg unseren Wortschatz. Dazu hatten wir nichts zu sagen. Die Frau öffnete ihren Koffer und wählte ein paar Kleidungsstücke aus. »Die sollten Ihnen genau passen«, sagte sie, sie Mutter anbietend. »Wir haben die gleiche Größe. Tragen Sie sie für mich.«
Mutter nahm an, mit einem äußerst knappen Wort des Dankes. Der Mann reichte Vater einen Schlüsselbund: »Wenn die ›Aktion‹ vorbei ist, gehen Sie in unsere Wohnung und nehmen Sie sich, was Sie wollen. Sie werden eine Menge Essen finden. Nehmen Sie es, bevor es schlecht wird.«
Im Morgengrauen schlüpften sie nach einem kurzen Abschied davon, und wir blieben, schweigend dasitzend, und warteten darauf, eine neue Wohnung zugewiesen zu bekommen. Am Morgen versammelten wir uns auf einem großen Platz und erhielten alle neue Wohnungen. Vater weigerte sich, in den Polizeiblock zu ziehen, und meldete sich für den Block der Bauarbeiter. Ein Mann, der in der dichten Menge zu schwanken anfing, wurde zur Seite gedrängt und drückte seine Zigarette auf meine Hand. Vom plötzlichen Schmerz gelähmt, stand ich wortlos da, während der Mann fluchte und die zerdrückte Zigarette zu Boden schleuderte. Ich schaute zu Vater hin, aber der starrte mit grimmigem Gesicht über die Köpfe der Menge, und ich beschloß, ihm meine Hand lieber nicht zu zeigen. Seine Nerven waren so gespannt, daß ich Angst hatte, er könnte den Mann in einem plötzlichen Wutanfall umbringen. Gegen Abend kamen wir heim, um zu packen. Das war uns jetzt schon zur Routine geworden, und wir wußten genau, wohin jedes Stück in unseren alten Koffern gehörte. Schweigend trugen wir unsere Sachen in eine neue Wohnung und machten uns wieder einmal daran, uns unter fremden Möbeln häuslich einzurichten.
Jetzt war meine Hand schon geschwollen und schmerzte sehr, und ich mußte zugeben, was passiert war. Wie ich erwartet hatte, explodierte mein Vater in furchtbarem Zorn, schwor, daß er den Mann umbringen würde, falls er ihn nur finden könnte, und ich war froh, den Mund gehalten zu haben.
Als sein Zorn etwas nachgelassen hatte, ging er in den Gang hinaus, wo unser größter Koffer noch stand, und versuchte, ihn zu heben. Zu seiner Verblüffung brachte er das Ding überhaupt nicht vom Fleck, aber ein paar Stunden vorher hatte er ihn doch durch die Straßen geschleppt, ohne sein Gewicht zu bemerken.
Er kam ins Zimmer zurück, setzte sich schwer aufs Sofa und vergrub

das Gesicht in den Händen: »Ich frage mich, wie lange meine Nerven das noch aushalten«, murmelte er. »Ich hoffe, ich kann es noch eine Weile lang schaffen, denn wenn ich mich einmal hinlege, dann komme ich nicht wieder auf...«

Unsere neue Wohnung bestand aus drei Zimmern und Küche. Wir bezogen das mittlere, das größte Zimmer, und zwei andere Polizisten bezogen mit ihren Familien die beiden anderen Zimmer. Wir waren die einzigen Polizistenfamilien in dem Block, alle anderen Bewohner standen in irgendeiner Beziehung zum Baugewerbe. Das Getto änderte ständig seine Gestalt, Mauern wurden umgerissen, neue aufgeführt, um jeden Bezirk zu umschließen. Es gab jetzt mehrere kleine Gettos innerhalb der äußeren Mauern, jeder Abschnitt enthielt irgendein Industrieobjekt und Wohnungen für die Arbeiter und Angestellten. Die Tore zwischen den einzelnen Abschnitten wurden Tag und Nacht bewacht. Vater ging noch immer »nach draußen«, als Eskorte für die Lastwagen voller Ziegel oder Schutt, und er schmuggelte noch immer Essen herein. Mit den Vorräten aus der Wohnung jenes Paares, das auf so geheimnisvolle Weise »nach draußen« gegangen war, hatten wir jetzt mehr Essen als je zuvor seit Beginn des Krieges.
Unter der Ausbeute aus dieser Wohnung, die, wie Vater sagte, mit barbarischer Pracht möbliert war und auf allen Böden Perserteppiche liegen hatte, befand sich eine ganze Speckseite, und ein paar riesige Tafeln Kochschokolade. Außerdem ein ganzer Koffer voll Konserven. Frische Milch, Butter, Käse, sogar Eier kamen täglich aus Vaters Taschen zum Vorschein.
Am 3. Oktober war das erste Stadium der Neuansiedlung beendet, und Frieden senkte sich über die Reste des Gettos.
Da jeder Einwohner, der im Besitz einer Nummer war, sich seinen Lebensunterhalt selbst verdienen mußte, gingen Mutter und auch die anderen Polizistenfrauen zur Arbeit. Jeden Morgen machten sie sich zu einem Trümmergrundstück auf, wo sie Schutt und Ziegel siebten. Da sich ihre eigenen Schuhe gleich am ersten Tag auf der Baustelle in nichts aufgelöst hatten, trug Mutter über Vaters Wollsocken meine Schnürstiefel. Außerdem hatte sie einen guten Mantel, der aus der geheimnisvollen Wohnung stammte, einen Schal auf dem Kopf und dicke Handschuhe. Jeden Tag sah ich sie wieder mit dem gleichen Schock des Erstaunens an. In dieser dicht vermummten Babuschka konnte ich meine Mutter nicht erkennen.
Die geheimnisvolle Wohnung verlor ihre Rätselhaftigkeit, als wir

herausfanden, daß sie wohlhabenden Schmugglern gehörte. Auf seinem letzten Besuch dort stieß Vater auf ein paar andere Vertreter dieser Interessengemeinschaft, und zwischen ihnen entwickelte sich eine merkwürdige Freundschaft.

Als Mutter davon hörte, war sie entsetzt. Schmuggler waren nicht besser als Diebe oder Banditen, niedrigstes Gesindel, Abschaum. Ich lauschte ihrer empörten Rede, während in meinem Geist der Rhythmus von Kiplings Gedicht auf gedämpften Hufen galoppierte. Ich hoffte, ich könnte die Schmuggler einmal sehen, und überlegte, ob sie wohl Radmäntel und Kapuzen trugen.

Inzwischen hatte ich mich mit unseren neuen Wohnungsgenossen angefreundet. Das Ehepaar Beatus bewohnte das kleine rosa Zimmer mit den Kindermöbeln. Sie waren jung und schüchtern, hatten beide an der Sorbonne studiert und waren 1939 nach Warschau heimgekommen, um zu heiraten. Bevor sie aber nach Frankreich zurückkehren konnten, brach der Krieg aus. Herr Beatus studierte Philosophie. Er war ein dünner junger Mann mit kurz geschorenem Haar und einem kleinen Gesicht, das er hinter riesigen Hornbrillen versteckte. Er war so kurzsichtig, daß er ständig gegen die Möbel rannte, über seine eigenen Füße stolperte und sich fortwährend für seine Ungeschicklichkeit entschuldigte. Was er bei der Polizei zu suchen hatte, und wie er da jemals hineingekommen war, blieb auf ewig ein Rätsel. Anscheinend hatte er irgendeine Schreibtischarbeit, verbrachte seine Tage mit der Nase tief in Papieren und hatte nicht die geringste Ahnung, was rund um ihn vorging. Seine Frau war eine Blondine mit Hakennase, genauso aufgeweckt und energisch, wie er verschwommen und vage. Buchstäblich und metaphorisch hatte sie in diesem Haushalt die Hosen an, und Vater warf immer bewundernde Blicke auf ihre schlanke Figur in den grauen, makellos geschnittenen Jodhpurs und den spiegelblank gewichsten, kniehohen Stiefeln. In einer Schürze mit Rüschen spülte Herr Beatus jeden Abend das Geschirr und putzte das Gemüse für die morgige Suppe. Vollkommene Harmonie herrschte in dem kleinen Haushalt, und man hätte nicht leicht zwei Leute gefunden, die verliebter ineinander waren.

Mutter schloß sie beide ins Herz und achtete unauffällig darauf, ob sie auch genug zu essen hatten. Wir hatten jetzt mehr, als wir brauchten, während die Beatusse nichts hatten als ihre Rationen. Herr Beatus lehnte Schmuggel ab und gab sich die größte Mühe, innerhalb der Grenzen der Legalität zu existieren. Unsere häufigen Einladungen zum Abendessen konnte er allerdings nicht gut ablehnen. Vater zog dann die Aufmerksamkeit von Frau Beatus auf sich, während Mutter den Teller von Herrn Beatus nachfüllte, bevor er Zeit fand zu protestieren. Von Mutter und mir flankiert, durch seine Brillen von der übrigen Welt isoliert, blind gegenüber den flehenden Blicken seiner Frau, aß er stumm vor sich hin. Nach dem Essen tauchte er aus seinem Traum wieder auf, dann hielten die beiden einander an den Händen und erzählten von Paris.

Ich saß zwischen ihnen, hörte den Geschichten zu und war überglücklich. Mitanzusehen, wie Mutter, nicht länger weinend, sondern im Gegenteil lächelnd, in einer neuen, traurigen Weise lächelnd, die beiden hungernden Beatus' taktvoll fütterte und gelassen zuschaute, wie Vater mit der jungen Frau flirtete, all das griff mir richtig ans Herz. Und in der Nacht führten Mutter und ich, in unserem neuen, gemütlichen Bett, endlich einmal nicht gestört von Wanzen, lange geflüsterte Gespräche miteinander. Sie träumte laut vom Leben nach dem Krieg. Anscheinend war ja das Ende wirklich schon ganz nahe. Jeden Tag konnte es soweit sein. Plötzlich würden am Himmel lauter Fallschirme aufblühen und eine ganze Armee zu uns herniederschweben. Und wir würden heimgehen. Im Nu würde unser Leben zu genau dem Moment zurückschnappen, wo es 1939 unterbrochen worden war. Ich wäre wieder mit Stefa im Kinderzimmer. Meine Bücher und Spielsachen stünden alle an ihrem Platz. Die Großeltern wären wieder in ihrer eigenen Wohnung...

Mutter schmiedete weiter ihre Pläne: »Wir werden uns um Jola kümmern, und vielleicht auch noch um ein anderes Kind. Vielleicht adoptieren wir auch ein paar Waisenkinder und nehmen sie zu uns nach Haus. Hättest du das gern?« Und ob ich das gern hätte! Ich erdrosselte sie fast vor Freude.

»Wir werden eine ganz andere Art von Leben führen. Keiner wird jemals mit leeren Händen von meiner Tür gehen, das schwöre ich bei Gott, nur laß uns bitte alle zusammen wieder nach Haus kommen.«

»Was du da träumst, ist ein kapitalistischer Traum, Genossin«, unterbrach uns Vater von seinem Sofa. »Nach dem Krieg werden die Russkis hier sein und wir werden den Kommunismus bekommen. Und dann gilt, was dein ist, ist mein, und was mein ist, geht niemand was an. Es wird keine Bettler an deiner Tür geben, denn du wirst keine eigene Tür haben. Wir werden alle auf einer Kolchose arbeiten und Gemeinschaftskartoffeln graben. Hör also bitte auf damit, hier subversive Träume zu nähren.«

»Geh zu Bett, Genosse Eule, und hör auf zu unken. Pessimismus ist ein Vergehen gegen den Staat. Defätismus heißt das, wenn ich nicht irre, und ganz egal, was wir sonst haben, *das* brauchen wir jedenfalls nicht.«

Mutter hat sich wirklich verändert, dachte ich, kuschelte mich an sie und schlief ein.

Unsere anderen Nachbarn im ersten Zimmer waren die Szereks. Er war ein großer, barscher Mann, der selten den Mund aufmachte und dessen einziger Zeitvertreib das allabendliche Pokerspiel mit Vater war. Ob er aber Glück hatte oder nicht, Herrn Szereks Gesicht zeigt immer die gleiche Verdüsterung.

»Also daher kommt der Ausdruck ›Pokergesicht‹«, erkannte ich, als ich ihn eines Abends beobachtete. »Eigentlich sollte es ›Szereksgesicht‹ heißen«, dachte ich, und so habe ich das für mich auch immer genannt.

Frau Szerek war älter als ihr Mann – dünn, grauhaarig und unfrisiert. Ihre Stimme war so durchdringend und unangenehm wie eine ungeschmierte Tür. Ihr Zimmer war immer ein Durcheinander, die Betten ungemacht, das Geschirr wurde erst dann gespült, wenn es für die nächste Mahlzeit gebraucht wurde. Aber sie hatte einen Vorzug: ihre Kartoffelpuffer waren unübertroffen. Wenn sie mit ihrer Schlamperei und Nörgelei wieder einmal alle an den Rand des Nervenzusammenbruchs getrieben hatte, dann bereitete sie ihren Teig und kündete mit lauter Stimme an, sie würde heute abend braten, und alle seien willkommen. Und ganz egal, wie wütend wir uns schworen, unsere Räume nicht zu verlassen, der verführerische Duft strömte unter den Türen hindurch in unsere Münder, und schließlich fanden wir, zaghaft, schuldbewußt grinsend, doch noch irgendeine Ausrede, um im Gang nach etwas zu suchen. Um dahin zu gelangen, mußten wir allerdings durch das Zimmer der Szereks, und dort stand Frau Szerek über dem kleinen Herd und behielt die Bratpfanne im Auge.

»Ich glaube, die werden heute besonders knusprig«, sagte sie dann einfach zur Luft, während wir über den Boden schlurften. »So richtig knackig, da wette ich.« Man konnte sie nicht gut ignorieren.

»Sie sehen vollkommen aus, Frau Szerek«, sagten wir dann zustimmend.

»Na also, dann kosten Sie doch«, forderte sie einen sofort auf.

Wir wehrten ab.

»Doch, doch, bitte! Ich glaube, ich habe nicht genug Salz hineingegeben. Bitte sagen Sie mir's! Nehmen Sie doch einen und sagen Sie mir, ob noch etwas fehlt.«

Aber das kam nie vor. Die Kartoffelpuffer waren immer der Gipfel der Vollkommenheit. Bald war das ganze Zimmer voll, wir saßen vollzählig auf den ungemachten Betten herum und verbrannten uns die Finger an den heißen Puffern. So aßen sie sich viel lustiger. Messer und Gabel war viel zu umständlich. Frau Szerek machte mit vor Glück und Hitze geröteten Wangen Kaffee, und unsere ganze schlechte Laune schmolz dahin in der glücklichen Glut eines wohlgefüllten Magens.

Wir saßen da und plauderten. Die Männer pokerten. Rundum war Friede.

Die Szereks hatten einen siebzehnjährigen Sohn, Mietek, und in den ersten Wochen unseres Aufenthalts in der neuen Wohnung, bevor auch er zur Arbeit mußte, waren wir unzertrennlich. Mit demselben Pack Karten, das unsere Väter zum Pokerspielen verwendeten, spielten wir unaufhörlich und voll Leidenschaft Gin Rummy, vom frühen Morgen bis zum Abendessen. Natürlich gab es sonst absolut nichts anderes zu tun.

Es gab keine Bücher, und keiner von uns durfte hinaus. Bald stellte sich heraus, daß wir einander wirklich nichts zu sagen hatten. Unsere anfänglichen Versuche, ein Gespräch in Gang zu bringen, endeten in wüsten Streitereien. Aber die Karten verhinderten jedes Gespräch und gaben uns etwas zu tun. Sogar Vater, der bisher Spielkarten in den Händen von Kindern für den Gipfel des Verderbens gehalten hatte, gab vor, nicht zu wissen, auf welche Weise ich meinen Tag verbrachte.

Als auch Mietek zur Arbeit ging, blieb ich ganz allein zu Haus. Zuerst spielte ich Solitaire, fand es aber bald zu blöd, mich den ganzen Tag damit abzugeben. Dann fand ich einen Flecken Leinen und Faden und versuchte, mir selber das Sticken beizubringen, aber wegen meiner Hand konnte ich keine Nadel halten.

Diese Hand hatte uns übrigens Sorgen gemacht, seit wir in diese Wohnung eingezogen waren. Die Brandstelle wollte einfach nicht heilen. Wir hatten es mit jeder bekannten Medizin versucht, aber nichts hatte genützt. Jetzt sah die Wunde wie ein Miniaturvulkan aus, mindestens drei Zentimeter hoch, Blut und Eiter speiend und ihren Fuß in einem vollkommenen Kreis weiter über meine Handfläche ausbreitend. Ein- oder zweimal sah es so aus, als würde der Vulkan seine Aktivitäten verringern, aber wenn ich mir gerade die größten Hoffnungen machte, brach er wieder aus, mit verstärkter Heftigkeit. Der Arzt wurde gerufen, murmelte düster etwas von Sekundärinfek-

tion, ohne daß er jedoch die Primärquelle finden konnte. Vaters Schmuggler versorgten mich mit Medikamenten, darunter eine Reihe von außerordentlich schmerzhaften Injektionen, aber der Vulkan fuhr mit seinen Ausbrüchen fort, und der Arzt erklärte, daß meine Hand, ganz gleich, was jetzt noch geschähe, für den Rest meines Lebens eine Narbe haben würde. Als ich kurze Zeit nach seiner letzten Visite Mandelentzündung bekam, da wollte Mutter ihn nicht wieder holen lassen. Das war schließlich eine ganz alltägliche Krankheit, sie wußte schon, wie sie damit fertig wurde. Ihrer Geschicklichkeit zum Trotz erwies sich jedoch auch diese Krankheit als hartnäckig, und nach einer Woche voll Elend brachte Vater einen neuen Arzt nach Haus. Er war ein alter Freund von der Universität und außerdem ein bekannter Gynäkologe. Da er seit seiner Arbeit auf der Internen Station vor vielen Jahren kein Kind mehr untersucht hatte, wollte er nur sehr ungern eine Diagnose wagen, ließ sich aber schließlich von Vater erweichen, setzte sich an mein Bett und schaute mir in den Mund. Mißtrauisch sah ich ihm zu, wie er einen hölzernen Stift schnitzte, ihn mit Watte umwickelte und in meinen Hals hineinsteckte.
Düster starrte er dann an, was er da herausgefischt hatte. »Wie ich schon sagte, ich weiß wirklich nicht mehr sehr viel von Kinderkrankheiten«, begann er, »aber ihr Hals gefällt mir nicht, und ich halte das nicht für Mandelentzündung. Das sieht mir eher nach Diphtherie aus...«

Kaum hatte er das Wort gesagt, fiel Mutter in Ohnmacht. Als sie wieder zu sich kam, brach sie in Tränen aus. Das war zuviel auf einmal. Zuerst verschwanden ihre Eltern, jetzt sollte ihr Kind sterben, und noch dazu auf eine so gräßliche Weise. Sie konnte das nicht ertragen.

Während der Arzt sich um sie bemühte und noch einmal schwor, daß er sich mit größter Wahrscheinlichkeit geirrt hatte, stand Vater am Fuß meines Bettes und starrte mich an. Zum ersten Mal sah ich ganz deutlich Furcht auf seinem Gesicht – Furcht, und eine Art von entsetztem Mitleid, und ich wußte, daß er mich schon mit dem Erstikkungstode ringen sah. So starb man nämlich an der Diphtherie. Man bekam keine Luft mehr, und dann schnitten sie einem die Kehle durch. Es war ein schrecklicher Tod. Aber ich fühlte mich gar nicht dem Tode nahe. Mein Hals war fast frei. Was mir weh tat, waren ein Knie und ein Ellbogen und meine beiden Schultern. Aber danach hatte mich der Arzt nicht gefragt, und ich traute mich nicht, es ihm zu sagen.

Als er endlich ging und Mutter sich, noch immer weinend, aufs Sofa legte, versprach ihr Vater, daß er morgen einen anderen Arzt auftreiben würde. Aber es dauerte mehr als einen Tag, bis er einen gefunden hatte, und bis dahin waren meine Gelenke bereits geschwollen und überaus schmerzhaft. Mutter bestand darauf, mich mit sämtlichem Bettzeug zuzudecken, das wir hatten, während ich nicht einmal das Gewicht eines Leintuchs auf meinem Körper ertrug. Wie ich so dalag, schwitzend, vor Fieber brennend, mich vor Schmerzen windend und trotzdem bemüht, ruhig zu bleiben, da dachte ich, daß ich nie zuvor in meinem Leben so elend gewesen war. Und um mein Elend vollzumachen, konnte Mutter jetzt auch nicht mehr zu Hause bleiben. In ein oder zwei Tagen mußte sie wieder zur Arbeit, und ich hatte aufzustehen. Jemand mußte die Wohnung saubermachen, während die Frauen in der Arbeit waren, und außerdem, wenn irgendeine Patrouille oder Sanitätskontrolle mich im Bett fände, dann würden sie nicht erst lang nach einer Diagnose fragen. Bestenfalls würde das ganze Haus unter Quarantäne gestellt, schlimmstenfalls würde ich einfach verschwinden.

Der neue Arzt, ein Professor der Medizin, erklärte, ich müßte im Bett bleiben, ohne eine Bewegung und mindestens drei Wochen. Ich hätte rheumatisches Fieber, und jede Anstrengung würde mir einen Herzfehler eintragen. Vater trug mich hinaus in das Zimmer der Beatus, während sie drinnen die Prognose besprachen. Als der Arzt gegangen war, versammelte sich der ganze Haushalt rund um mich.

»Was für eine Art von schwerer Krankheit ist das, wenn Aspirin alles ist, was sie dafür bekommt?« wollte Frau Szerek wissen. »Diese Professoren, Frau David, die reden immer so daher. Sie machen gern Eindruck auf Leute – da kommen sie sich selber wichtig vor. Nichts als heiße Luft, glauben Sie mir. Aspirin, haha – kann also nichts Ärgeres sein als Kopfweh, was?«

Sie wandte sich um und gab mir einen spielerischen Klaps auf den Rücken. »Das ist deine ganze Krankheit, Kleine – Kopfweh!«

Ich wand mich, und Mutter sprang auf und legte ihre Arme um mich. »Professor hin, Professor her, im Bett können wir sie nicht lassen. Das ist zu gefährlich. Wenn sie zu Haus bleibt, dann wird sie sich doch nicht überanstrengen? Wenn Gott ihr Leben bisher erhalten hat, dann wird er vielleicht auch ihr Herz verschonen.«

Am nächsten Tag ging Mutter in die Arbeit, und ich stand auf.

Unser Tag begann um fünf Uhr. Meine Eltern, die Szereks und die

Beatus gingen zusammen fort, und ich blieb allein zu Haus. Ich aß mein Frühstück, räumte unser Zimmer auf und inspizierte die beiden anderen. Das Zimmer der Beatus war immer das reinste Schmuckkästchen. Alles rosa und weiß, die Möbel glänzten, die rosa Kissen waren prall aufgeklopft. Kein Bröselchen auf dem Boden, nirgends ein Staubkörnchen.
Die Szereks waren chaotischer, ich brauchte immer einige Zeit, um bei ihnen aufzuräumen. Dann lag der ganze Tag vor mir, mit überhaupt nichts zu tun. Ich zog mich sorgfältig an und vertrödelte viel Zeit mit dem Kämmen meiner Haare. Dann wickelte ich mich in einen Wollschal, kniete mich aufs Sofa und starrte in den Hof. Er war immer leer. Das ganze Haus war wie ausgestorben. Kein Laut von einem der Fenster, nirgends je ein Gesicht zu sehen.
Ich hatte nichts zu lesen. Es gab nur eine Sammlung von Filmstars, das alte Paket Karten, und einen großen Vorrat an neuen Notizbüchern, die ich in einem Schrank entdeckt hatte. Das weiße Papier hatte eine unwiderstehliche Anziehungskraft. Ich wollte alles mit Zeichnungen und Schreibereien bedecken, aber da saß ich nun mit erhobenem Bleistift und konnte keinen einzigen Gedanken fassen. Zu zeichnen gab es nichts, und schreiben konnte ich nicht. Ich schaute mich langsam um. Das Zimmer war warm und gemütlich. Der Ofen brannte, alles war still, es gab Essen im Schrank, ich litt weder unter Hunger noch Kälte, aber ich war gelähmt vor Angst.
Während ich über meinem Solitaire-Spiel saß, lauerte ich mit gespitzten Ohren auf das leiseste Geräusch sich nähernder Schritte oder einer Stimme, oder der Pfeife eines Polizisten. Und ganz tief drinnen bewegte mich ständig die Frage, was ich wohl tun würde, wenn sie kämen.
Dann ließ ich die Karten liegen und ging durch die Räume, bemüht, nur ja kein Geräusch zu machen, hielt den Atem an, schoß zu den Fenstern oder schlich auf Zehenspitzen zur Wohnungstür, und dort blieb ich minutenlang stehen, das Ohr ans Schlüsselloch gepreßt. Dann kehrte ich in unser Zimmer zurück und starrte in den Spiegel. Drinnen, auf der anderen Seite des Glases, sah ich ein helles, schön eingerichtetes Zimmer. Es war leer und sah sehr einladend und gemütlich aus. Wenn ich nur dort hinein könnte, dann wäre ich sicher.
Ich preßte mein Gesicht ans kalte Glas und wünschte mich hinein. Ich hatte *Alice Through the Looking Glass* gelesen. Wenn sie das konnte... Natürlich war das ein Märchen. Mit zwölf glaubte man nicht mehr an Märchen, aber wenn es vielleicht doch einen Weg gab?

Wenn es vielleicht doch einen magischen, unentdeckten Weg gab, konnte er mir nicht vielleicht jetzt geoffenbart werden, wo ich das so furchtbar dringend brauchte? Gab es denn wirklich keine Wunder, keinen Fluchtweg aus der Gegenwart?
In meinen ruhigeren Momenten lachte ich mich selbst aus, aber dann warf mich eine neue Welle der Angst wieder gegen den Spiegel, und dann betete ich, daß das Glas schmelzen möge.
Sie kamen nur einmal. Ganz plötzlich waren sie da, füllten den Hof mit dem Klang barscher Stimmen und dem Klirren genagelter Stiefel auf den gefrorenen Steinen. Beim ersten Geräusch flog ich zur Eingangstür und verriegelte sie. Es war eine sehr starke Tür mit einer dicken Stahlplatte, schweren eisernen Schiebern und mehreren massiven Schlössern. Als wir hier einzogen, zerbrachen wir uns den Kopf darüber, wer wohl hier gelebt haben mochte, der solchen Schutz nötig hatte. Wir entschieden, es mußte ein Gangster gewesen sein, mit vielen Feinden. Aber wer es auch gewesen war, er war zusammen mit den anderen verschwunden, die Stahltür hatte ihn nicht gerettet.
Ich segnete jeden Riegel beim Zuschieben, dann wartete ich in dem eiskalten Korridor auf den Klang von Schritten. Sie kamen nicht. Vielleicht hatten sie beschlossen, eine andere Stiege aufzusuchen.
Ich ging in unser Zimmer zurück und spähte vorsichtig zwischen den Vorhängen hinaus. Sie gingen jetzt das Treppenhaus unserem gegenüber hinauf. Ich wartete wie erstarrt, bis die Gruppe wieder herunterkam. Jetzt wandte sie sich auf unsere Seite. Ich ging vom Fenster weg und schaute wild um mich. Nirgends konnte ich mich verstecken. Ich öffnete den riesigen Garderobenschrank und vergrub mich unter den Kleidern. In der erstickenden Dunkelheit kauernd, versuchte ich, die Tür zuzuziehen, ohne sie aber ganz zu schließen. Wenn sie zuging, dann würde das komische Schloß zufallen und ich wäre gefangen. Und selbst wenn ich nicht ersticken sollte, dann wäre ich jedenfalls nicht imstande, die Wohnungstür aufzumachen, und Vater hätte keine Möglichkeit, hereinzukommen.
Mittlerweile kamen die Deutschen noch immer nicht. Ich saß, wie ich meinte, stundenlang da drinnen, war mir vollkommen klar darüber, wie sinnlos es war, mich in einem Kleiderschrank zu verstecken, aber mir schienen die Kleiderschichten rund um mich eine Art Isolierung vor den Gefahren da draußen zu bieten. Es war so, als wenn man sich die Ohren zuhielt, wenn der Blitz einschlägt. Das rettet einen nicht, aber es macht die Wartezeit bis zum Einschlagen des Blitzes erträglicher.

Schließlich kroch ich heraus, ich konnte die stickige Luft da drinnen nicht länger aushalten. Vorsichtig streckte ich mich, kniff vor dem hellen Licht die Augen zusammen und schlich wieder auf Zehenspitzen zum Fenster. Der Hof war leer. Sie mußten gegangen sein, ohne daß ich es gehört hatte.
Am späten Nachmittag, als Vater wie üblich kam, um nachzusehen, ob das Feuer noch brannte und sonst alles in Ordnung war, schämte ich mich meiner Panik und brachte es nicht über mich, ihm von dem Besuch zu erzählen.

23

Die Tage vergingen unverändert und leer. Es schneite. Ich dachte sehnsüchtig an Tosia und Jola. Wenn wir nur beisammen wären. Wie herrlich wäre es, sie im selben Haus zu haben. Wir könnten einander besuchen, miteinander reden, oder wir könnten einfach dasitzen, die Arme umeinander geschlungen. Sogar Jola, die irgendwelche zärtlicheren Gefühle nie zugeben wollte, sogar sie hatte uns am Ende gezeigt, daß sie lieben konnte. Also vielleicht hätte sie jetzt nichts dagegen, umarmt zu werden? Ängstlich fragte ich mich, was wohl mit ihr passiert war, und dachte an das letzte Mal, als wir zusammen waren.
Das war bald, nachdem Mutter nach ihrer Fehlgeburt wieder aufgestanden war. Jola und Tosia kamen täglich zu uns, um zu fragen, ob sie irgendwas für sie tun konnten, und ob ich mit ihnen hinausgehen durfte. An einem dieser Tage ließ mich Mutter mit ihnen gehen.
Es hatte die letzten beiden Tage gegossen, die Straßen waren voller Wasserlachen. Wir bahnten uns einen Weg zu einem Trümmergrundstück, wo mitten unter dem Schutt eine Bank stand, auf der wir unsere Konferenzen abzuhalten pflegten. An diesem Tag stand die Bank auf einer Insel, umgeben von einem tiefen Schlammsee.
»Was wetten wir, daß ich auf die Bank springen kann«, forderte uns Jola heraus.
»Wetten, du kannst nicht«, antwortete ich automatisch.
»Nicht, Jola, du wirst hineinfallen und dein Kleid ruinieren«, sagte die immer praktische Tosia.
Jola trat ein paar Schritte zurück. Ein kurzer Anlauf, ein Sprung, und schon flog sie durch die Luft. Sie kam bis zur Bank, schlug mit den Schienbeinen gegen den Sitz, und fiel zurück in den Dreck.

Einen Moment lang blieb sie benommen sitzen, bis zur Taille im Wasser, und wischte sich den Schlamm vom Gesicht. Dann stand sie langsam und mühsam auf und watete steifbeinig zu uns. Ihr Kleid klebte am Körper, war ganz mit Schlamm überzogen. Schlamm klebte in ihrem Haar und quatschte in den Schuhen. Wir starrten sie entsetzt an.
»So kann ich nicht nach Haus gehen« – ihre Stimme klang dünn wie die eines kleinen Mädchens – »Mutter bringt mich um.«
»Komm nach Haus mit mir«, sagte ich, ohne zu überlegen. »Meine Mutter wird schon etwas tun.«
Mit hängendem Kopf stimmte sie mir zu, aber auf dem Heimweg fragte ich mich, in was ich mich da wohl eingelassen hatte. Ich wußte genau, was passieren würde, wenn ich in einem solchen Aufzug nach Hause käme. Wie konnte ich sicher sein, daß Jola nicht das gleiche Schicksal blühte? Hatte sich Mutter so sehr geändert?
Zitternd öffnete ich unsere Tür. Mutter stand da wie angewurzelt, als sie die Vogelscheuche neben mir erblickte, dann brach sie in schallendes Gelächter aus. Sofort lachten auch wir mit. Im nächsten Moment stand schon ein Kübel Wasser auf dem Herd, und Mutter half Jola beim Ausziehen. Sie stellte sie in unser größtes Lavoir und schrubbte sie, dann packte sie sie, taub gegen Jolas Proteste, ins Bett, einen Schal rund um ihre knochigen Schultern. Während sie ihre Kleider wusch und noch mehr Wasser für den Tee heiß machte, lachten wir und plapperten, und ich hatte das Gefühl, ich müßte sie eine nach der anderen küssen und an mich drücken. Als Jolas Kleider über dem Herd aufgehängt waren, setzte sich Mutter aufs Bett und trank mit uns Tee. Jola bekam ein Stück Zucker mit einem Tropfen von Vaters Rum darauf, eine Ehre, die mir nur zustand, wenn ich mich erkältet hatte. Jola saß in unserem Bett, das kupferne Haar in die Höhe stehend wie ein Heuschober, mit brennenden Augen und einem ungläubigen Lächeln auf ihrem Gesicht, und schaute Mutter mit unverhüllter Anbetung an, und ich dachte, ich würde vor Stolz explodieren.
Ich bügelte ihre Sachen, während Mutter ihr den Schlamm aus dem Haar bürstete, und endlich ging sie, angezogen, trocken und sauber, fort. Aber auf der Schwelle drehte sie sich noch einmal um, umarmte meine Mutter und preßte sie schweigend an sich. Dann lief sie ohne ein Wort davon.
Ich rannte zu Mutter hin und drückte sie, bis sie rief, ich würde sie ja ersticken. Noch nie zuvor war ich so stolz auf sie gewesen. Zwei Tage später hatte die Neuansiedlung begonnen, und seither hatte ich Jola nicht mehr gesehen.

Eines Abends kam Vater geheimnisvoll lächelnd nach Haus und reichte mir ein Stück rosa Papier, zusammengefaltet wie ein Brief. Neugierig öffnete ich und schrie auf, als ich Tosias großes, kindliches Gekritzel erkannte.

Meine liebe Janie, las ich, *Dein Vater ist gerade zu uns gekommen, und ich schreibe dieses, so schnell ich kann. Ich bin hier in dieser Backstube, und wir sind sicher. Mami und Papi sind auch hier. Außer uns gibt es noch viele andere Leute, und es ist sehr voll hier, aber es geht uns gut. Alle meine Tanten, Onkel und Cousinen sind weg. Nur wir drei sind noch übrig, und ich denke oft an Dich und möchte Dich sehr gerne sehen. Ich habe eine wundervolle Nachricht für Dich: Ich bin eine Frau. Es geschah vor einem Monat, und ich bin so glücklich. Ich kann es Dir nicht erzählen. Ich verstehe eigentlich nicht, warum, aber so ist es eben. Ich bin so viel gewachsen, ich bin jetzt größer als Mami, und ich reiche Deinem Vater bis zum Ohr. Wenigstens fast. Und ich habe einen Busen. Ich brauche ihn jetzt nicht mehr mit Taschentüchern auszustopfen. Ich hoffe, Du wirst auch bald eine Frau, und wenn wir uns nächstes Mal sehen, dann sind wir keine Kinder mehr, sondern zwei junge Frauen! Klingt das nicht toll?*
Meine liebste Janie, jetzt habe ich auch noch eine sehr traurige Nachricht für Dich: Jola ist tot. Papa sah sie bei einer Gruppe, die zum Umschlagplatz ging. Plötzlich stürzte sie davon und wollte zurücklaufen, und ein Deutscher erschoß sie. Er schoß sie zuerst durchs Knie, daß sie hinfiel, dann ging er zu ihr hin und schoß ihr in den Kopf. Ich habe geweint und geweint, als ich es erfuhr, sogar jetzt weine ich noch immer. Ich werde sie nie vergessen.
Muß jetzt schließen, Dein Vater will gehen. Bitte schreib und gib den Brief Deinem Vater, er kann ihn herbringen. Alles Liebe und Gute. Bitte denk heute abend um acht Uhr an mich, ich werde auch an Dich denken.

Auf ewig
Deine Tosia

Benommen starrte ich das rosa Papier an. Jola tot. Von den vielen Toden der letzten Wochen schien das der unmöglichste, der schmerzlichste. Hatte ich deshalb in der letzten Zeit so oft an sie denken müssen? War das ihre Seele gewesen, die versucht hatte, mich zu erreichen, mir etwas zu sagen? Würde sie ein Geist werden? Würde sie mir erscheinen? Sehnte sie sich ins Leben zurück? Gab es wohl außer To-

sia und mir noch einen Menschen, der sie wirklich gekannt hatte und der sie betrauerte? »Solange ich lebe, wirst du meine Freundin bleiben«, versprach ich. Solang ich lebe... wie lang wird das sein? Jolas Tod machte unser aller Tod möglich. Jetzt konnte ich nicht mehr sagen, daß mir das nicht geschehen konnte. Ein wenig war es auch mir schon geschehen.
Auf einmal merkte ich, daß Vater etwas zu mir sagte, und ich bemühte mich, ihm zu folgen.
»Tosia ist eine wirklich gutaussehende junge Frau geworden«, sagte er eben, »fast hätte ich sie nicht erkannt. Sie ist jetzt mindestens einen Kopf größer als du, und was sie für eine Figur hat! Eine Wucht! Ich war ganz stolz, wie sie mir um den Hals gesprungen ist und mich wie verrückt abgeküßt hat. Aber sie hat noch immer die gleiche Quietschstimme und plappert noch immer so dahin wie früher. Ich war sehr glücklich darüber, sie alle so froh und gesund zu sehen.«
Und er sieht wirklich ganz glücklich aus, dachte ich. Er hatte Tosia sehr gern. Aber auch Jola hatte einen Stein im Brett bei ihm gehabt. Wie konnte ich ihm seine gute Laune mit dieser schrecklichen Nachricht zerstören? Außerdem – »Tod« war ein großes, ein furchtbares Wort. Ein Wort für Erwachsene. In Gegenwart meiner Eltern hatte ich dieses Wort noch nie benutzt. Und auch jetzt brachte ich es nicht heraus. Schweigend schrieb ich einen langen Brief an Tosia und ließ ihn meinem Vater in die Tasche gleiten. Er versprach, ihn am nächsten Tag abzugeben.
Die Tage vergingen ruhig, grau und kalt und fürchterlich leer. Meine Hand war endlich verheilt, wenn sie auch fast ganz von einer großen roten Narbe überzogen war. Ich fing wieder zu sticken an. Vater brachte ein paar Bücher nach Haus, eines davon, ein Western, wurde sofort als unpassend für mich abgelehnt, ich durfte es daher nicht anrühren. Zum ersten Mal wagte ich es, mit Vater zu argumentieren. Ich hatte das Gefühl, doch schon ziemlich erwachsen zu sein. Ich wußte alles über das menschliche Leben, was es zu wissen gab. Es war doch lächerlich, mir so einen dummen Western zu verbieten. Aber Vater gab nicht nach, und ich versagte es mir, mein bestes und stärkstes Argument zu benutzen. Ganz für mich fand ich, daß kein Buch mir »einen Schaden fürs ganze Leben« zufügen konnte, wenn ich doch in den nächsten Wochen oder Monaten wahrscheinlich ohnehin sterben würde. Und kein Western reichte an den Schauder unseres gegenwärtigen Lebens und unserer wahrscheinlichen Zukunft heran. Die Angst vor dieser Zukunft hinderte mich in der Nacht am Ein-

schlafen und füllte meine wachen Stunden mit Alpträumen. Aber ich konnte trotzdem nicht darüber sprechen. Die Hoffnung, daß wir verschont würden, daß schlimmstenfalls ich allein überleben würde, war uns zur notwendigen Illusion geworden. Ohne sie würde Mutter wieder zu weinen anfangen. Ohne sie würde sich Vater ins Bett legen und nie wieder aufstehen. Meine Sicherheit und mein Leben, vor jeder Befleckung durch Unreines beschützt, das war ihr einziges Ziel, die einzige Triebkraft, die sie am Leben hielt. Ich konnte ihre Träume nicht zerstören.

Allerdings entschädigte mich ein anderes Buch vollkommen für den entgangenen Western. Es war eine Sammlung von Kindermagazinen, die ich früher zu Hause immer gelesen hatte. Dieser Band hier stammte aus dem Jahr 1936, dem Jahr, da ich angefangen hatte, mich wirklich dafür zu interessieren und die einzelnen Nummern zu sammeln. Meine eigene Sammlung hatte ich natürlich mit allen anderen Büchern zu Haus gelassen, und rechnete auch nicht damit, sie jemals wiederzusehen. Und hier hatte mir das Schicksal den Lesestoff eines ganzen Jahres in die Hände gelegt.

Ich blätterte die eselsohrigen Seiten mit einer Andacht um, die meine Eltern erstaunte. Sie hatten angenommen, daß ich mich nicht einmal erinnern würde, daß ich diese Geschichten vor sechs Jahren gelesen hatte, und wieder einmal wunderte ich mich über ihren Mangel an Einfühlung. Für mich war jeder Vers und jede Illustration ein Atemzug von zu Hause. Es brachte mir wieder das Kinderzimmer vor Augen und den Nachmittagstee im Eßzimmer, wenn die Gäste kamen. Den Geschmack von kandierten Früchten in dickem Sirup in kleinen Untertäßchen aus Kristall, den Tee in hohen Gläsern in silbernen Haltern, und mich selber, wie Stefa mich aufrief, ein neues Gedicht aufzusagen, das ich aus der letzten Nummer des Magazins gelernt hatte. Und nach dem Aufsagen einen Löffel Erdbeeren, schmelzend und süß, auf Mutters Löffel in meinen Mund geschoben. Dann applaudierten die Gäste, und ich rannte ins Kinderzimmer und vertiefte mich wieder in mein Buch.

Mit dem Magazin allein konnte ich meine Augen so abdecken, daß nur die Seite allein sichtbar war. Dann konnte ich mir einreden, wir befänden uns in Wirklichkeit im Jahr 1936, und ich war zu Hause. Im nächsten Moment würde Stefa mich zum Abendessen rufen...

Ich hob meine Augen, und mein Blick fiel auf die dunklen, fremden Möbel, die unbekannten Wände von anderer Leute Zimmer. Ich war in Warschau, drinnen im Getto, hinter Mauern, umgeben von einem Kordon aus bewaffneten Männern, die keine Hemmungen hatten, Kinder umzubringen. Vielleicht war dieses Buch das letzte Zeichen aus dieser anderen Welt meiner Kindheit, ein Geschenk des unbekannten Schicksals, das mir auf diese Weise die letzten paar Wochen versüßen wollte?

24

Gegen Ende November luden uns zwei von Vaters Schmugglerfreunden zum Abendessen ein. Mutter machte die heftigsten Einwände geltend. Nicht nur, daß diese Männer Schmuggler, also Verbrecher waren. Aber seit diese beiden in der großen Selektion ihre Familien verloren hatten, hatten sie sich beide »Frauenzimmer« aufgegabelt und lebten mit ihnen, als wären sie verheiratet. Noch dazu alle vier in einem Zimmer.

Auf Mutters Gesicht malte sich der heftigste Abscheu, als sie diese Information unseren Nachbarn mitteilte. Diese Männer hatten es gewagt, sich über etwas hinwegzutrösten, was ihnen auf ewig ein untröstlicher Schmerz bleiben sollte. Kaum hatten ihre Frauen diese Welt verlassen, als auch schon andere Frauen ihre Stelle einnahmen. Und sie hatten nicht einmal soviel Anstand, dieses skandalöse Benehmen zu verheimlichen. Nein, sie lebten ganz offen miteinander, alle vier in einem großen Zimmer, und verbrachten wahrscheinlich die Nächte in besoffenen Orgien. Abgehen ließen sie sich sicherlich nichts...

Vater schob ihre Argumente mit einem ungeduldigen Schulterzucken beiseite. Darum ging es ja schließlich gar nicht. Die Männer hatten großes Glück gehabt, zwei gütige, großzügige Frauen zu finden, die nichts dagegen hatten, ihre letzten Tage mit anderen Menschen zu teilen. Auch sie hatten ihre Familien verloren. Jeder brauchte den Trost menschlicher Gesellschaft. Wenn sie alle zusammenlebten, dann bewies das nur, wieviel Angst sie hatten. Und was diese besoffenen Orgien anging – es war einfach zu lächerlich, um darüber zu sprechen. Aber wenn Mutter schon darauf bestand – warum denn nicht? Wenn man Vergangenheit und Zukunft im Alkohol ertränken konnte, warum sollte man dann nicht trinken?

Zu meiner Freude schloß Vater auch mich in die Gesellschaft mit ein, obwohl dadurch Mutter wieder sämtliche Einwände hervorbrachte.

Einer der Schmuggler hatte in der Selektion seine Tochter verloren. Das war der, der mir die Medikamente verschafft hatte, als ich krank war, und er hatte Vater gebeten, mich mitzubringen. Vater erklärte mir das, während wir uns durch die dunklen Höfe vorwärts tasteten. »Sei vorsichtig, was du sagst«, warnte er mich. »Dieser Mann hat seine Tochter genauso geliebt, wie ich dich liebe, er ist jetzt ganz gebrochen. Du mußt sehr lieb zu ihm sein. Er ist ein guter Mensch.«
Die Höfe waren durch Löcher in den Wänden miteinander verbunden, so daß wir nicht auf die Straße hinaus mußten, und ich sah nichts außer leeren Stiegenhäusern, bis wir uns im Zimmer der Schmuggler befanden. Es war ein großer Raum, nur dürftig beleuchtet und bereits voll von Leuten. Unsere beiden Gastgeber begrüßten Vater mit begeistertem Schulterklopfen und küßten Mutter ehrerbietig die Hand. Sie hatte sich, kaum hatten wir das Zimmer betreten, merkbar versteift und entspannte sich den ganzen Abend lang nicht wieder.
Ich betrachtete neugierig die beiden Frauen, die das Abendessen richteten, und war enttäuscht. Sie sahen ganz gewöhnlich aus, schäbig gekleidet und ziemlich vernachlässigt. Sie hatten kein Make-up, ihr Haar war ungekämmt, und sie bewegten sich mit größter Selbstverständlichkeit unter den Gästen. Mutter mußte über ihr natürliches Aussehen wohl ziemlich enttäuscht sein, dachte ich, und freute mich darüber.
Wir saßen rund um einen großen Tisch und genossen ein vorzügliches Essen. Es gab eine Menge Wodka, und Mutter sah mit verkniffenen Lippen zu, wie Vater immer lustiger wurde. Er erzählte ein paar lustige Geschichten, ein paar waren auch nicht ganz stubenrein, und alle brüllten vor Lachen. Dann umarmte er die beiden Frauen und küßte sie auf die Wangen, um ihnen für das Essen zu danken, und benahm sich ganz allgemein in einer Weise, die speziell darauf angelegt war, Mutter auf die Palme zu bringen, so daß ich schon Angst bekam, sie würde gleich an Ort und Stelle eine Szene machen.
Nach dem Essen setzten sich die Männer zum Poker zusammen. Wolken aus Zigarettenrauch stiegen vom Tisch auf, und die Frauen zogen sich in eine Ecke zurück, um zu plaudern. Ich beobachtete Mutter, wie sie sich Mühe gab, mitzuhalten, aber ganz offenbar nicht wußte, was sie hier sagen sollte. Noch nie hatte ich sie so befangen gesehen. Unfähig, diesen Anblick länger zu ertragen, fing ich an, durchs Zimmer zu wandern, und blieb schließlich vor einem Frisiertisch stehen. Auf der staubigen, vollgeräumten Platte stand die große, gerahmte Fotografie einer Frau mit einem kleinen Mädchen auf ihrem Schoß. Ne-

ben dem Foto stand eine kleine Schachtel, eingelegt mit Muscheln und kleinen Perlmutterstücken. Der Anblick raubte mir den Atem. So etwas Schönes hatte ich noch nie gesehen, und mein erster Gedanke war Bedauern, daß das keine leere Wohnung war, wo ich mitgehen lassen konnte, was ich wollte. Aber sofort genierte ich mich dafür. Wurde ich denn zum Dieb? Mit einem vorsichtigen Finger strich ich über den unebenen Deckel des Schächtelchens und überlegte, ob ich es wohl wagen würde, sie an mich zu nehmen.

»Das ist eine schöne Schachtel«, sagte eine Stimme, ich sah schnell in den Spiegel und sah den älteren der beiden Schmuggler hinter mir stehen. Er zog einen Stuhl heran, setzte sich und hob mich auf sein Knie. Zusammen sahen wir uns die Schachtel an.

»Die hat meinem kleinen Mädchen gehört«, erklärte er. »Es war ihr Lieblingsspielzeug.«

»Sie ist sehr schön«, flüsterte ich. Der Schmerz in seiner Stimme ging mir so zu Herzen, daß ich Angst hatte, ich würde zu weinen anfangen. Schweigend saßen wir da, hielten die Schachtel zwischen uns und vermieden es, einander in die Augen zu schauen.

Da kam mir Mutter zu Hilfe. Sie haßte es, wenn die Leute mich anfaßten, und da sie mich auf einem derart unpassenden Schoß sitzen sah, kam sie herbeigeeilt und zog mich weg. »Es ist sehr spät«, erklärte sie dem Mann, »wir müssen gehen.«

Vom Tisch drüben hörten wir Vater protestieren. Der Mann lächelte und strich mir übers Haar. Ich konnte sehen, daß Mutter immer ungeduldiger wurde, also nahm ich schnell seine Hand in meine Hände: »Ich bin sehr froh, daß ich gekommen bin. Ich danke Ihnen für den schönen Abend«, sagte ich und bemühte mich, diese stereotype Formel mit meinem ganzen Gefühl zu füllen. »Ich hoffe, Sie wiederzusehen«, fügte ich hinzu, während Mutter mich mit fester Hand abführte.

Ich hörte dem bitteren Wortwechsel nicht zu, der den Rest des Abends über tobte. Alles, was ich sehen konnte, war das rote, schlecht rasierte Gesicht, die zitternden Wangen und die kleinen blauen Augen, die verzweifelt auf die kleine Schachtel starrten. Die ganze Nacht träumte ich von ihm und wachte ein paar Mal auf, weil ich seine Stimme hörte. Im Morgengrauen gab es eine Unruhe draußen im Gang, und wieder hörte ich die Stimme des Mannes, aber dieses Mal drehte ich mich um und schlief weiter. Etwas später, als der ganze Haushalt aufstand, setzte sich Vater zu mir ans Bett: »Der ältere von unseren beiden Gastgebern von gestern war gerade hier«, sagte er,

»er wollte dich nicht aufwecken, aber er hat das für dich hiergelassen.«
Und damit legte er mir die kleine Schachtel in die Hand.

25

Neunzehnhundertzweiundvierzig ging seinem Ende zu. Wir feierten Vaters vierundvierzigsten Geburtstag am 18. Dezember mit einer Dinnerparty, zu der wir die Szereks und die Beatus' einluden. Aber die Atmosphäre war alles andere als lustig. Ein unerwarteter Streit am Tag zuvor hatte mir alle Freude verdorben. Ich hatte für Vater ein Gedicht geschrieben und es bis zu seinem Geburtstag in einem Koffer versteckt. Wie üblich bei solchen Anlässen, schrieb ich von meiner Liebe zu ihm und von meinen Wünschen für seine glückliche Zukunft. Aber zum ersten Mal behandelte ich meinen Gegenstand mit etwas leichterer Hand und warf ihm, wenn auch durch die Blume, sein diktatorisches Benehmen vor, nannte ihn abwechselnd den vollkommenen Vater und dann wieder Iwan den Schrecklichen. Mutter las es und lachte. Sie fand es sehr gut.
Aber am Tag vor seinem Geburtstag fand Vater das Gedicht, als er irgend etwas in dem Koffer suchte. Er las es und explodierte.
Also war es schon so weit gekommen, daß sein eigenes Kind ihn zu kritisieren wagte!
Mir blieb der Mund offen. Daß Vater, der doch immer so schnell bereit war, sich über andere lustig zu machen, meine Absicht so völlig mißverstehen konnte, daß er etwas so ernst nahm, was doch nur als Witz gemeint war, das war mir ganz neu und völlig unglaublich. Sogar Mutter wunderte sich und versuchte, ihn zu beruhigen, zu erklären. Aber da beschuldigte er sie, mich gegen ihn aufzuhetzen. Sie unterminierte seine Autorität! Ermutigte mich dazu, frech zu sein!
Verbittert zogen wir uns jeder in eine Ecke zurück. Das würde ein trauriger Geburtstag werden. Die Atmosphäre löste sich am nächsten Abend, als unsere Gäste im Sonntagsstaat aus ihren Zimmern erschienen. Mutter deckte den Tisch mit unserem besten Leintuch – die Tischtücher waren schon längst alle verkauft. Es gab einen falschen Fisch, aus Mehlknödel, Karotten und Zwiebeln, dazu Karotten und Erbsen und Kartoffeln als zweiten Gang, und echten Tee. Es war ein Fest.

Herrn Beatus' Augen leuchteten auf, als er das Essen sah, und während der ganzen Mahlzeit gab er kein Wort mehr von sich. Seine Frau versuchte verlegen, seine Aufmerksamkeit von seinem Teller abzulenken, aber Mutter schüttelte nur leicht den Kopf und bestand darauf, ihm zum dritten Mal den Teller zu füllen. Sie selber aß absichtlich recht langsam, damit er nicht der letzte blieb, der noch aß. Ich bemerkte das Manöver und war ihr sehr dankbar.

Das Dinner war ein voller Erfolg, die Gäste priesen jeden Gang, und Mutter, mit vor Glück geröteten Wangen, war so stolz, als hätte sie eine höchst kunstvolle Mahlzeit zubereitet.

Nur Vater war traurig. Er antwortete auf die Toasts – mit selbstgebrautem Wodka – mit einem schmerzlichen Lächeln und schüttelte den Kopf, wenn die Gäste ihm ein langes Leben wünschten. »Das ist mein letzter Geburtstag, machen wir uns doch nichts vor«, sagte er als Antwort auf ihre kleinen Ansprachen. »Ich weiß es, und ich möchte nur wissen, wer von uns hier das nächste Jahr überleben wird.« Seine Augen wanderten langsam um den Tisch, und die Köpfe neigten sich, einer nach dem anderen. »Janie vielleicht, wenn sie Glück hat. Vielleicht erinnert sie sich einmal an ihren Vater und denkt besser von ihm, als sie das jetzt tut.« Er zog mich an sich, und ich schluckte meine Tränen und verbarg das Gesicht an seiner Schulter. Ich konnte ihm nicht noch einmal meine Liebe beteuern, schon gar nicht vor allen diesen Leuten.

Mutter brach das lastende Schweigen mit einem halb lustig, halb empört gemeinten Ausruf. Was war Vater doch für eine Unke, wenn er ein bißchen was zu trinken hatte! Das mußte wohl dieses spezielle Gebräu sein, daß er von seinen Schmugglern bezog. Was für eine Ansprache an seinem eigenen Geburtstag!

Die Gäste unternahmen tapfere Anstrengungen, um die Atmosphäre wieder aufzuheitern. Herr Szerek erzählte eine fürchterlich zweideutige Geschichte, und Mietek bekam einen solchen Lachanfall, daß er fast an einer Kartoffel erstickte. Wir klopften ihm alle auf den Rükken, und in der allgemeinen Aufregung vergaßen wir Vaters Rede.

Die Wintertage vergingen einer nach dem anderen. Vater ging noch immer »nach draußen« als Eskorte für die Schuttkarren und brachte Essen für uns herein. Wir wußten, daß er sein Leben dabei aufs Spiel setzte, und wünschten, er würde endlich damit aufhören. Allerdings hätten wir dann nichts mehr zu essen gehabt. Er erzählte uns nur selten, was wieder Gefährliches passiert war, aber wenn er an manchen Tagen heimkam, sah er noch grauer und noch erschöpfter aus als sonst, und dann wußten wir, daß wieder etwas geschehen war. Und manchmal, wenn er schon im Bett lag, kam eine Geschichte heraus. Ein Kollege kaufte ein paar Gramm Butter und schmierte sie auf ein Sandwich, das er seiner Frau bringen wollte. Der Gendarm öffnete das Sandwich und erschoß ihn. Vater hatte ein halbes Pfund Butter in der Tasche. Während der Gendarm ihn durchsuchte, schob er die Tasche mit seinem Ellbogen herum, tat dabei so, als wollte er nur dem Gendarm die Suche erleichtern; und irgendwie wurde die Tasche nicht aufgemacht.

An einem anderen Tag wollte der Gendarm den Schuttkarren inspizieren. Ein Sack Kartoffeln war in dem Karren versteckt, und die Gruppe von Arbeitern stand mit ihren Schaufeln herum, vor Schreck nicht fähig, mit dem Abladen zu beginnen. Der Gendarm wurde ungeduldig. Jeden Augenblick konnte er Verdacht schöpfen. Da packte Vater eine Schaufel und fing wie wütend mit dem Abladen an, warf den Schutt in die Luft, daß eine Staubwolke in die Luft stieg und der Gendarm etwas zurückwich. Vater schrie die Männer an, sie sollten anfangen, und plötzlich verstanden sie, was er wollte, und schmissen die Ziegel und den Schutt heraus, so schnell sie nur konnten. Sie waren schon fast unten am Boden angelangt, wo der Sack lag, als der Gendarm, der schon genug hatte von dem Mist, den sie machten, ihnen befahl, alles wieder aufzuladen. Offenbar war in dem Karren ja nichts versteckt, sonst würden sie doch nicht derart eifrig beim Abladen sein...

Manchmal hörte ich ihn von meinem Bett in der Ecke aus mit müder Stimme zugeben, daß er nicht wußte, wie lange er noch so weitermachen konnte, daß er keine Kraft mehr hatte, und daß er nichts anderes mehr wollte, als sich hinlegen und nicht mehr aufstehen: »Ich muß so lange durchhalten, als Janie noch hier ist. Wenn sie geht, gebe ich auf. Wenn sie in Sicherheit ist, dann weiß ich, daß ich in Ruhe sterben kann.«

Mutter murmelte dann irgendwas, daß man nicht aufgeben sollte, solange man lebte, aber auch sie schien sich in ihr Schicksal ergeben zu haben. Und ich fragte mich, was ich tun sollte. Wenn ich mich bereit erklärte, zu gehen, würden die beiden dann wirklich aufgeben und sterben? Sollte ich also bleiben? Und wenn wir alle zusammen sterben mußten? Wäre es besser, jetzt zu sterben, als in ewiger Unsicherheit zu leben, oder vielleicht allein? Aber die Vorstellung, ohne die beiden allein zu überleben, war mir unvorstellbar schrecklich. Nein, was auch geschah, entweder wir lebten zusammen oder wir starben zusammen. Keiner von uns durfte die anderen im Stich lassen. Wenn es wahr war, daß sie – wie sie mir so oft gesagt hatten – nur für mich lebten, dann würden sie doch alles daransetzen, um zu überleben, selbst wenn ich auf der »anderen Seite« war, damit wir uns nach dem Krieg wieder trafen. Und ich mußte alles versuchen, um für sie am Leben zu bleiben. Es wäre unerträglich furchtbar für sie, mich nach dem Krieg womöglich nicht mehr zu finden.

26

Die friedlichen Tage konnten nicht dauern. Am 18. Januar 1943 wurden wir von den Trillerpfeifen der Polizei geweckt. Als wir uns hastig in der Dämmerung anzogen, spürten wir alle, daß es diesmal das Ende war. Diesmal konnten wir nicht entkommen, es gab keine schützenden Papiere, nichts konnte uns mehr retten. Wir stolperten in dem schwachen Licht, rauften mit unseren Kleidern. Mutter schluchzte nervös, und Vater war zum ersten Mal zu sehr mit sich selbst beschäftigt, um sich darum zu kümmern.
Wir versammelten uns draußen vor dem Haus in der eisigen Finsternis und standen lange da, mit den Füßen aufstampfend, in unsere frierenden Hände hauchend. Als die Dunkelheit dem trüben Winterlicht wich, sahen wir andere fröstelnde Gruppen vor anderen Häusern warten. Die Deutschen, die uns bewachten, waren alle schon älter und verwirrt. Das war nicht die SS, sondern die Wehrmacht, und die meisten erinnerten sich noch an den Ersten Weltkrieg. Sie antworteten höflich auf unsere Fragen und gaben zu, daß sie keine Ahnung hatten, was aus uns werden sollte. Sie machten sich Sorgen, ob wir auch warm genug gekleidet waren, und liefen bereitwillig in unsere Wohnungen, um uns Schals und Mäntel zu bringen, die wir in der Panik vergessen hatten.
Da erschien eine Gruppe von SS-Offizieren am Ende der Straße. Sie kamen näher, bellten Befehle, und die Gruppen sprangen ins Leben und formten sich zu einer langen Kolonne. Als wir an die Reihe kamen, schlossen wir uns den anderen an und marschierten langsam auf die Hauptstraße zu. Als wir um die Ecke bogen, schlug uns eisiger Wind ins Gesicht. Breit und verlassen lag die Straße da, die Häuser zu beiden Seiten schweigend und leer. Glasscherben krachten unter unseren Füßen. Hier und dort bezeichnete ein Bündel Kleider, eine Blutlache, ein Hut den Durchzug einer anderen Kolonne. Mit gesenkten

Köpfen schlurften wir langsam voran. Die Straße vor uns führte geradewegs zu den Toren des Umschlagplatzes, von wo die Züge nach Treblinka abfuhren. Einmal hinter diesem Tor, gab es kein Zurück mehr. Als wir uns weiter näherten, tauchte aus einer Seitengasse eine weitere Kolonne auf, und während die beiden Gruppen aufeinanderstießen, herrschte kurze Zeit eine gewisse Verwirrung. In diesen Minuten bemerkten wir, daß die Polizisten an der Spitze der Kolonne beim Passieren des Tores zur Seite treten mußten, während ihre Familien hineinmarschierten. Damit war Vaters Entschluß gefaßt.

Mutter und mich an der Hand nehmend, drehte er sich um und marschierte zurück. Hinter uns kamen die Szereks und noch ein anderes Paar. Die Beatus' weigerten sich. Herr Beatus hatte den Kampf aufgegeben, er starrte jetzt auf die näherkommenden Tore wie ein Vogel, den eine Schlange hypnotisiert hat. Er ging seinem Untergang entgegen, und niemand konnte ihn mehr aufhalten. Er schob sogar seine Vordermänner vorwärts, nur um schneller dort zu sein. Wir marschierten im Gleichschritt in völligem Schweigen, mit geraden Rücken und hocherhobenen Köpfen. Die beiden Kolonnen hinter uns waren noch immer dabei, sich neu zu formen, niemand bemerkte unseren Rückzug. Wir kamen an ein paar verstreuten Gruppen vorbei, die von Deutschen vorangetrieben wurden, wir hörten Schläge, Stöhnen, Schüsse. Unsere Rücken schmerzten in Erwartung der Kugeln. Niemand hielt uns auf, bis wir zur Ecke unserer Straße kamen, wo uns zwei junge Soldaten entgegenkamen und fragten, ob wir Pässe hätten.

»Wir haben Pässe«, antwortete Mutter ruhig.

»Dann machen Sie, daß Sie von der Straße wegkommen, bevor Sie erschossen werden«, rieten sie uns und hasteten davon.

An der Ecke zu unserer Straße packte ein höherer SS-Offizier Vater am Ärmel und brüllte ihm ins Gesicht, mit einem Revolver herumfuchtelnd. Vater sprach kaum Deutsch, und in der folgenden Konfusion wurde ihm der Revolver auf die Brust gesetzt, während der Deutsche, den Finger am Abzug, ihn aus voller Kraft anschrie.

Ich war schon am Morgen zu Eis erstarrt, in meinem ganzen Körper war keine Spur von Gefühl mehr vorhanden, während ich das puterrote, wütende Gesicht betrachtete, die Adern, die auf dem dünnen Hals wie Seile anschwollen, den schreienden Mund. Ich beobachtete Vater, der ganz reglos stand, ein halbes Lächeln im Gesicht, während er in freundlichem Ton versprach, hierzubleiben und auf den Offizier zu warten, der uns eine Minute hier stehenlassen mußte, aber später zurückkommen würde, um sich mit uns zu befassen.

Er verließ uns im Laufschritt, wedelte mit seinem Revolver jemand anderem vor der Nase herum und brüllte uns an, uns ja nicht zu rühren. Dann verschwand er in einem Haus, und im selben Moment gaben wir auch schon Fersengeld. In einer Minute waren wir um die Ecke und im Hof des Polizeiblocks. Der Platz war völlig verlassen. Es gab in diesem Block mehrere große Häuser, und die Höfe waren durch Tunnels verbunden, durch Löcher in den Verbindungsmauern, Dachpassagen und Kellern, so daß man den ganzen Block entlanggehen konnte, ohne einen Fuß auf die Straße zu setzen.

Wir durchquerten drei Höfe, bevor wir auf eine lebende Seele stießen, die aber dann zu unserer Überraschung und Erleichterung der Mann von einer von Mutters Cousinen war. Er grüßte uns mit offenen Armen.

»Und wo ist Bertha?« fragten wir.

»Versteckt. Wir haben ein gutes Versteck gebaut, dort wird sie bleiben, bis alles vorüber ist.«

»Könntest du Celia und Janie dorthin mitnehmen?« fragte Vater. »Wir wissen nicht, wo wir hingehen sollen.«

Henryks Gesicht änderte seinen Ausdruck. »Tut mir leid, ich kann nicht helfen.«

Wir schauten ihn ungläubig an. »Aber wir wissen nicht wohin«, erklärte Vater. »Um mich selber mache ich mir keine Sorgen, aber wenn ich Celia und Janie draußen lasse, werden sie von der ersten deutschen Patrouille mitgenommen. Ich sagte dir doch, wir kommen gerade zurück von den Toren des Umschlagplatzes.«

»Es tut mir leid, Marek, aber hier ist jeder sich selbst der Nächste. Ich habe meine Frau versteckt; du mußt für deine Familie das gleiche tun. Ich kann nicht alle anderen dadurch gefährden, daß ich das Versteck aufmache.« Damit drehte er sich auf dem Absatz um und verschwand.

Wir betraten eine leere Wohnung im Erdgeschoß und setzten uns wortlos nieder. Nach einiger Zeit schneiten die Szereks und noch zwei andere Paare herein. Von der Straße hörte man Schreie, Brüllen und das Geräusch von Schlägen. Trillerpfeifen schrillten, Autos dröhnten vorbei.

»Hier können wir nicht bleiben«, sagte jemand. »Das heißt das Unglück herausfordern. Wenn wir schon kein Versteck finden, dann können wir uns doch wohl etwas von der Straße entfernen.«

Wir fanden eine Wohnung im obersten Stock und gingen in das kleinste Zimmer mit Aussicht auf die Straße. Im ersten Zimmer gab es ei-

nen schweren Kleiderschrank, wir dachten, damit könnten wir ja immerhin die Tür verbarrikadieren.
Was auch immer geschah, uns würden sie mit keinem Aufruf mehr hinunterbringen. Sollten sie uns nur drohen, sollten sie nur schießen oder Granaten werfen. Wir mußten hierbleiben.
Alles war besser als der Umschlagplatz.
In dem Zimmer gab es einen Diwan und ein Feldbett und ein paar Stühle. Wir verbrachten den Tag und die Nacht hier und streckten uns aus, so gut wir konnten, die Männer auf den Stühlen und dem Boden, die Frauen und ich auf den Betten. Irgend jemand brachte einen Laib Brot zum Vorschein, jemand anderer eine Thermosflasche mit warmem Kaffee. Am nächsten Morgen fing die »Aktion« wieder an. Anscheinend löste sich jetzt das ganze Getto auf. Vater und die Männer gingen ein Versteck suchen und kehrten zurück und sagten uns, daß sie im Nebenhaus eins gefunden hätten.
Es war ein recht schlechtes Versteck. Es war eigentlich exponierter und gefährlicher als die Wohnung, aber wir gingen trotzdem hinein. In dem kleinen Keller hockten eng aneinandergedrückt ungefähr fünfzig Menschen auf dem Boden und auf einer Reihe von Brettern unter der niedrigen Decke. Licht gab es keines, dafür aber ein kleines Fenster mit eingeschlagenen Scheiben, von Kissen verstopft, das direkt auf die Straße hinausging, auf gleicher Höhe mit dem Gehsteig.
Vater sagte uns später, daß in der kalten Luft draußen der Dampf von unserem Atem deutlich sichtbar war, wie er auf die Straße sickerte. Jeder konnte das bemerken. Eine dünne Holzwand trennte uns von anderen Kellern. Sie konnte ganz leicht eingeschlagen werden. Es war wirklich ein schäbiges Versteck. Um hineinzugelangen, mußte man auf Händen und Knien durch eine Tür kriechen, die nicht größer war als ein Backrohr. Mit viel Geziehe und Geschiebe kamen Mutter und ich endlich hinein, wo wir vom feindseligen Knurren der restlichen Insassen begrüßt wurden, sowie von einem Gestank, der uns den Atem verschlug.
Wir kletterten auf ein Sims und saßen dort zusammengekrümmt unter der Decke, reglos und still, eine Nacht und einen Tag lang. Von Zeit zu Zeit zwang mich ein unerträglicher Krampf im Rücken, mir eine andere Stellung zu suchen, dann lehnte ich mich zur Seite und legte meinen Kopf auf Mutters Knie. Von Zeit zu Zeit fing Mutter mit einer anderen Frau, die neben ihr saß, zu flüstern an. Ein- oder zweimal kam Vater an die Tür und rief uns, um uns zu sagen, daß er noch da war. Die Leute am Boden ächzten und brummten. Unter ihnen war

fast vor der Niederkunft stand. Wie war sie Tür hereingekommen? Und was würde passie- :hen kam? Manchmal flammte ein Streichholz chien und starrte einen Moment lang herum.
.es Leichenbestatters über dem Keller war von Männern übernommen worden. Es war verein- Geschäft kommen und dreimal mit dem Fuß auf fen würde, sobald die »Aktion« unseren Block er- n wir vollkommen lautlos zu sein, bis die Entwar- rde.
les ersten Tages hörten wir die drei Stampfer, und .k aus. Metallgeschirre polterten zu Boden, jemand Hustenanfall, ein bisher stilles Baby fing zu brüllen an, au bekam einen Schreikrampf.
de Stimme brüllte durch die Tür, daß das nur ein Probe- esen war, es gab keine Gefahr, aber wenn wir im Ernstfall viel Krach schlügen, dann könnten wir genausogut gleich her- .ommen und uns ins Freie setzen.
.m nächsten Morgen hörten wir die Autos, Lastwagen und Motorräder vor unserem Block halten. Eine Warnung war nicht mehr nötig. Wir hörten die Stimmen der Soldaten ganz deutlich, wie sie sich auf dem Gehsteig versammelten und auf ihre Befehle warteten. Im Keller ächzte und pfiff es von schweren Atemzügen. Das mußte man doch draußen hören? Ich überlegte, in welcher Form wohl das Ende käme. Als Granate, die durchs Fenster geworfen wurde? Die Deutschen gingen nie in Keller hinein, sondern warfen statt dessen Sprengladungen. Oder würden sie uns noch einmal hinausgehen lassen, in die frische Luft? Würde Vater da sein? Die Vorstellung, ohne ihn zu sterben, war mir unerträglich. Aber vielleicht war es besser, wenn er es nicht sah?
Ein weiteres Motorrad traf ein, eine Stimme bellte Befehle. Die Motoren sprangen einer nach dem anderen an, die Autos starteten, und dann fuhr eins nach dem anderen wieder ab.
Die »Aktion« war abgeblasen.
Wir krochen aus dem Keller heraus und blinzelten in dem dunstigen Winterlicht. Die Straßen schienen still, aber wir beschlossen, lieber noch nicht heimzugehen, sondern stiegen statt dessen wieder in die Wohnung hinauf, in der wir unsere erste Nacht verbracht hatten. Dort fanden wir noch immer die gleichen Leute. Sie kamen uns wie alte Freunde vor. Die Szereks waren noch nicht zurück. Wir ver-

brachten eine weitere Nacht auf dem Feldbet
fand uns alle ans Fenster gepreßt, ängstlich di
rend. Es schien ruhig. Erleichtert kehrten wir
warteten auf die Männer, die draußen die
gleichmäßige Getrappel von Pferdehufen bra
ans Fenster zurück. Ein Bauernkarren rollte au
ein, zwei Polizisten nickten auf dem Vordersitz,
Stroh lagen zwei Frauen.
»Jetzt ist alles vorbei – schau, da bringen ein p
Frauen nach Hause«, sagte Mutter, und im gleich
wir beide vom Fenster zurück. Mutter packte mich
einen Augenblick drückten wir uns aneinander, bem
verstümmelten Leiber aus unserem Geist zu versch
gingen wir ins andere Zimmer und vermieden es, ein
schauen. Bald darauf kam Vater zurück und verkündete,
sicher wäre, nach Haus zu gehen.
Die Wohnung war leer. Die Szereks waren nicht zurückgeko
Und auch sonst niemand. Wir verbrachten den Tag damit, teilna
los sauberzumachen und aufzuräumen, Betten zu machen, zu kehre
und abzustauben. Vater war den ganzen Tag fort, und als er am Abend heimkam, sah er fieberhaft erregt aus.

»Janie geht morgen hinaus. Ich habe mit Erich gesprochen, und er wird sie erwarten. Hier zieht sich etwas zusammen, die Leute organisieren sich, bei der nächsten ›Aktion‹ haben wir mit Kämpfen zu rechnen. Schon diesmal sind ein paar Schüsse gewechselt worden. Wenn ich nur ein Gewehr in die Finger bekomme und sie dann kommen sehe ...«

Ich war starr. Also war meine Zukunft entschieden, und ich mußte sie verlassen. War das wirklich das Ende? Mutter machte einen Eimer Wasser heiß und zog mich aus. Meinen gereizten Protesten zum Trotz bestand sie darauf, mich zu waschen, als wäre ich ein Baby, langsam und mit merkwürdiger Hingabe, als wollte sie sich für immer einprägen, wie ich jetzt aussah. Dann zog sie mir sämtliche Gewänder an, die ich noch hatte, Schicht auf Schicht, bis ich mich kaum noch rühren konnte. Voll angezogen legten wir uns dann auf den Diwan, die Arme umeinander geschlungen, und warteten, daß diese endlose Nacht einmal aufhören würde. Keiner von uns schlief.

»Bist du sicher, daß du wirklich gehen willst?« fragte Mutter einmal. »Wenn du nämlich nicht gehen willst, dann werden wir dich nicht zwingen.«

Ich wußte nicht, was ich sagen sollte. War es recht von mir, sie zu verlassen?
»Du hast gehört, was Vater gesagt hat«, fuhr sie fort. »Das nächste Mal wird es Kampf geben. Weißt du noch, wieviel Angst du gehabt hast bei den Bombenangriffen? Dieses Mal wird es noch ärger. Bei Lydia bist du sicherer.«
Ja, aber... wie konnte ich ihr die Zweifel erklären, die mir langsam im Hinterkopf aufstiegen? Wie konnte ich ihnen die Versicherung abfordern, daß ich sie nur unter der Bedingung verlassen wollte, daß sie mir nachkommen würden, sobald sie nur konnten? Würden sie mir nicht alles versprechen, bereitwillig wie immer, nur damit ich tat, was sie wollten? Durfte ich ihnen trauen?
»Gibt es etwas, was du mir nicht sagen willst?« fragte Mutter. »Ist bei Lydia irgend etwas vorgefallen? Haben sie dich nicht gut behandelt? Haben sie jemals irgend etwas gesagt?«
Nein, darum ging es nicht. Ich konnte wahrheitsgemäß sagen, daß dort nie jemand unfreundlich zu mir gewesen war, aber was ich nicht sagen konnte, war, daß ich sie für immer verließ, daß wir einander nie wiedersehen würden. Denn solange ich das nicht sagte, solange war es auch nicht wahr. Aber wenn ich es einmal in Worte faßte, dann sprach ich damit ein Todesurteil aus.
»Wann kommst du zu Lydia?«
»Bald, so bald, wie ich kann. Sobald Vater etwas für sich selbst gefunden hat. Lydia wird uns allen helfen, aber du mußt zuerst gehen. Wir werden uns hier freier bewegen können, wenn wir wissen, daß du in Sicherheit bist.«
Draußen war es noch immer pechschwarz, als Vater hereinkam und sagte, wir müßten uns beeilen. Ich schluckte eine Tasse kochendheißen Tee, und wir gingen hinunter. In der kalten Finsternis der Straße brach Mutter plötzlich zusammen. Schluchzend klammerte sie sich an mich, und ich hatte plötzlich das Gefühl, daß das alles ein furchtbarer Irrtum war, daß das einzig Richtige für uns wäre, zusammenzubleiben. Vater bemühte sich, sie zu beruhigen und mich fortzuziehen, aber seine Worte klangen hilflos und hohl, und ich begann schon zu hoffen, daß wir doch noch zusammen nach oben zurückkehren würden, als ein Mann keuchend zu uns gerannt kam und sagte, wir sollten schnell machen, der Lastwagen warte schon. Im letzten Moment fiel mir das Medaillon ein, das ich trug. Wie rasend grub ich mich durch die Kleidungsschichten um meinen Hals und holte die goldene Scheibe heraus, mit dem Lorbeerkranz und dem Wort *Shadai* darauf –

dem Namen des Herrn –, auf hebräisch geschrieben. Vor langer Zeit, noch vor dem Krieg, hatte Großvater sie mir bei einer Seder-Mahlzeit um den Hals gelegt, und ich hatte sie seither immer getragen. Außer dem Ehering meiner Eltern war das das einzige Stück Gold, das wir nicht verkauft hatten. Ich legte die dünne Kette Mutter über den Kopf. Eine alte Frau tauchte aus dem Schatten des Hauses auf, legte ihre Arme um Mutter und führte sie, die noch immer weinte, in die Wohnung zurück. Ich ging mit Vater zu einer kleinen Gruppe, die neben einem Lastwagen wartete. Wortlos kletterten wir hinauf, der Motor hustete, wir schwankten alle und hielten einander fest. Eingequetscht zwischen den Mänteln der Männer sah ich die schweigenden Straßen rasch vorübergleiten.
Am Winterhimmel funkelten die Sterne. Sektor nach Sektor fuhren wir an leeren, dunklen Häusern vorbei, von niedrigen Mauern umgeben. Das Mondlicht glänzte auf den eingeschlagenen Fenstern auf, warf beunruhigende Schatten auf die schneebedeckten Gehsteige. Am Eingang zu jedem Sektor gab es eine Öffnung in der Mauer und ein kleines Feuer, von den gekrümmten Gestalten der Wachen umhockt. Bewachten sie die Geister? Ich verstand das nicht. Die aufgerissenen Münder der Fenster mit ihren gezackten Glaszähnen schrien lautlos. Hier und dort hing ein rotes Kissen oder ein halbleeres Federbett heraus wie eine geschwollene Zunge. Die ganze Stadt brüllte Mord, aber niemand kam ihr zu Hilfe.
Die mächtigen Bogenlampen am Eingang zum Getto verwandelten die Nacht in hellen Tag. Der Wagen hielt und wir sprangen herunter. Ein Mann näherte sich und murmelte Vater zu, daß heute der »Ukrainer« Dienst habe und er mich am besten wieder nach Hause nähme. Der Ukrainer war bekannt für seine Brutalität. Sogar mit den schönsten gültigen Papieren war es gefährlich, ihm in die Nähe zu kommen. Vater schaute bestürzt aus. Während er zögerte, rief mich ein langer Soldat zu sich. Ich wußte nicht, ob er der Ukrainer war. Seine Hände liefen schnell über meinen Körper, fanden nichts, und dann wies er mich an, die kleine Tasche aufzumachen, die ich trug. Wie üblich klemmte das Schloß, und während er damit kämpfte und von Sekunde zu Sekunde wütender wurde, fühlte ich mich plötzlich ganz schwach vor Panik.
In die Tasche hatte Mutter mein Nachthemd gepackt, meinen Schlafrock, Zahnbürste und Kamm. Aber ich ging doch angeblich nur über einen Tag nach draußen. Ich ging als Kind eines Arbeiters mit und sollte am Abend wieder mit ihnen zurückkommen! »Sobald er diese

Tasche öffnet, bin ich verloren«, dachte ich und schaute mich wild nach Vater um, aber der war irgendwo im Schatten, unsichtbar von meiner hell beleuchteten Stelle. Der Soldat riß die Tasche auf, schüttelte mein Nachthemd heraus, stopfte es wieder hinein, drückte mir alles in die Hand und winkte mich durchs Tor. Der Lastwagen wartete auf der anderen Seite, und Vater hob mich hinauf. Er sagte kein Wort, und ich wußte, daß er die Durchsuchung gesehen und im gleichen Augenblick wie ich das Risiko erkannt hatte, das wir da eingegangen waren.

Die Arbeiter passierten einer nach dem anderen das Tor und stiegen neben mir herauf. Als wir durch die leeren Straßen fuhren, kroch aus den Schatten langsam der Tag herauf. Ich hatte das Gefühl, daß auf dieser Seite von Warschau der Schnee weißer und die Luft reiner waren. Die Häuser, die still hinter verdunkelten Fenstern atmeten, waren voll von Leben. Es begann zu schneien, feinen, pulverigen Nebel, der kaum merklich dichter wurde. Vor einer großen Kreuzung verlangsamte der Lastwagen die Fahrt, dann blieb er stehen, der Motor tickte laut. Vater hob mich seitlich hinunter und stellte mich auf den Gehsteig. Einen Augenblick sah ich sein Gesicht über mir – die eingefallenen, gelblichen Wangen, die dunklen Augen, in denen die Tränen schimmerten. Er sagte etwas, aber ich konnte ihn nicht hören. Dann war in meinen Ohren ein plötzliches Aufheulen, Glockengebimmel, ich ertrank noch einmal, und die See füllte meine Brust mit unerträglichem Schmerz. Der Lastwagen entfernte sich. Einen Moment lang spürte ich noch Vaters Hände auf meinen Schultern, dann streckten sie sich durch den wirbelnden Schnee nach mir aus, dann fiel der weiße Vorhang vor meinen Augen, und der Lastwagen verschwand.

Reglos stand ich im Schneesturm, unfähig zu denken. Frühe Passanten tauchten aus dem Schnee auf am Weg zur Arbeit. Sie rempelten mich an und schoben mich und warfen mir erstaunte Blicke zu. Irgendwo in meinem benommenen Hirn läutete eine Alarmglocke, ein Instinkt riet mir, weiterzugehen. Blind machte ich ein paar Schritte und stolperte gegen einen weißen Pekinesen an einer Leine. Ein dicklicher kleiner Mann tauchte auf, hob den Hund auf und flüsterte mir zu, ich sollte ihm in einigem Abstand folgen. Mechanisch fing ich an, einen Fuß vor den anderen zu setzen, konzentrierte mich ganz auf diese schwierige Aufgabe. Nach einem langen Marsch kamen wir zu Hause an. Ich wartete, während Erich die Stiegen inspizierte und dann zurückkam, um mir zu sagen, daß die Luft rein war. Wir rannten die drei Stockwerke hinauf und erreichten atemlos seine Tür.

Als wir die Wohnung betraten, lief Sophie her, um mich zu begrüßen. Sie fiel auf die Knie, legte die Arme um mich und brach in Tränen aus. Lydia kam in einem durchsichtigen Négligé aus dem Schlafzimmer und lächelte mir ein Willkommen zu. Tomek sprang auf meinen Rükken, während aus dem Salon die triumphalen Klänge von Paderewskis ›Menuett‹ erklangen – meinem Lieblingsstück –, und in einer Minute hörte die Musik auf, und Paul warf sich in meine Arme.
Erich sagte scharf zu Sophie, sie möge mit dem Flennen aufhören und uns ein Frühstück machen. Es war erst sechs Uhr früh, und die ganze Familie gähnte, nicht gewöhnt an so frühes Aufstehen. Bald saß ich vor einer dampfenden Tasse Kakao, würgte ein Brötchen hinunter und gab mir Mühe, den Jungen zu antworten, die vor Freude ganz außer sich gerieten, als sie hörten, daß ich jetzt für immer hierbleiben würde. Mein Kopf war vollkommen leer. Ich hatte die größte Schwierigkeit, Worte zusammenzustellen, um die vielen Fragen zu beantworten, während die neue Stimme, die mich kurz zuvor erst gedrängt hatte, doch weiterzugehen, mir immer wieder vorsagte, daß ich jetzt völlig auf mich selbst gestellt war und mich wie ein Erwachsener zu benehmen hatte. Und vor allem mußte ich auf meine Manieren achten, um meiner Familie keine Schande zu bereiten. Ich mußte tun, was mir gesagt wurde und nie, nie irgend jemand in Verlegenheit bringen. Und irgendwie mußte ich versuchen zu überleben.

eine Schwangere, die
überhaupt durch diese
ren, wenn sie in die W
auf, und ein Gesicht er
Das leere Geschäft ein
den Wache haltenden
bart, daß jemand ins
den Boden aufstamp
reichte. Dann hatte
nung gegeben w
Am Nachmittag
sofort brach Pa
bekam einen
und eine Fr
Eine wüten
alarm gev
auch sc
ausk
A

HANSER

Wie Janinas Leben weitergeht

Gebunden. Je Band DM 29,80

Janina, deren Kindheit der Leser im ersten Teil ihrer Erinnerungen, Ein Stück Himmel, miterlebt hat, ist aus dem Ghetto gerettet. Den Krieg überlebt sie in einem katholischen Kloster, auch hier von Gefahren und Schrecken bedroht. Diesen Abschnitt ihres Lebens schildert Janina David in Ein Stück Erde, dem zweiten Teil ihrer Autobiographie. Nach dem Krieg erfährt sie, daß ihre Eltern in Konzentrationslagern umgekommen sind. Sie soll Polen verlassen, doch in welche Freiheit? In Ein Stück Fremde, dem dritten und letzten Band, begleitet der Leser Janina bei ihrem Aufbruch in eine ungewisse Zukunft. Nach bitteren Erfahrungen, die sie in Paris macht, gelangt sie nach Australien, wo sie ihr Leben selbst in die Hand nehmen wird.